法 学 求 是 前 沿 书 系

孟庆瑜　等◎著

新文科建设视域下
我国立法人才培养研究

本成果受河北大学燕赵文化高等研究院学科建设经费资助

教育部首批新文科研究与改革实践项目
"政产学研协同育人模式下的立法人才培养机制研究"
（项目编号2021090019）研究成果

知识产权出版社
全国百佳图书出版单位
北京

图书在版编目（CIP）数据

新文科建设视域下我国立法人才培养研究/孟庆瑜等著 . —北京：知识产权出版社，2024.6

（法学求是前沿书系/孟庆瑜主编）

ISBN 978-7-5130-9085-8

Ⅰ.①新…　Ⅱ.①孟…　Ⅲ.①立法—人才培养—研究—中国　Ⅳ.①D920.4

中国国家版本馆 CIP 数据核字（2023）第 240619 号

责任编辑：韩婷婷　　　　　　　　责任校对：王　岩
封面设计：杨杨工作室·张　冀　　责任印制：孙婷婷

新文科建设视域下我国立法人才培养研究
孟庆瑜　等　著

出版发行：	知识产权出版社 有限责任公司	网　　址：	http://www.ipph.cn
社　　址：	北京市海淀区气象路 50 号院	邮　　编：	100081
责编电话：	010-82000860 转 8359	责编邮箱：	176245578@ qq. com
发行电话：	010-82000860 转 8101/8102	发行传真：	010-82000893/82005070/82000270
印　　刷：	北京中献拓方科技发展有限公司	经　　销：	新华书店、各大网上书店及相关专业书店
开　　本：	720mm×1000mm　1/16	印　　张：	14.75
版　　次：	2024 年 6 月第 1 版	印　　次：	2024 年 6 月第 1 次印刷
字　　数：	242 千字	定　　价：	89.00 元

ISBN 978-7-5130-9085-8

"法学求是前沿书系" 编委会

▶ "法学求是前沿书系" ●○·●

总序

习近平总书记反复强调："历史是最好的老师。经验和教训使我们党深刻认识到，法治是治国理政不可或缺的重要手段。法治兴则国家兴，法治衰则国家乱。什么时候重视法治、法治昌明，什么时候就国泰民安；什么时候忽视法治、法治松弛，什么时候就国乱民怨。"但是，在中国搞社会主义法治建设，是一件前无古人的伟大创举，没有现成的道路可走，没有现成的模式可以借鉴，没有现成的理论可以遵循，其困难之大，超出想象。因此，我们只能坚持从中国实际出发，围绕中国特色社会主义法治建设中的理论和实践问题，把法治建设的普遍规律与中国的国情相结合，不断探索并形成中国特色社会主义法治道路、制度和理论。这就要求我们在全面推进依法治国的进程中，必须践行实事求是的思想路线，认清中国法治之真国情，探究中国法治之真理论，探索中国法治之真道路，构建中国法治之真制度，解决中国法治之真问题。唯有如此，我们才能穷中国法治之理、探中国法治之道。这也正是将本套丛书命名为"法学求是前沿书系"的目的和意义所在。同时，本套丛书的名称也暗合了河北大学"实事求是"的校训传统，体现了河北大学"博学、求真、惟恒、创新"的校风精神。

本套丛书以法治中国为目标图景，坚持建设性立场，聚焦法治中国建设中的理论与实践问题，探寻法治建设的中国之道，主要着眼于以下几个方面问题。

第一，中国法治之真国情。实践证明，任何国家的法治建设都必须立足本国国情，坚持从本国实际出发，而不能从主观愿望和想当然出发，不能从本本和概念出发，更不能照搬照抄外国的东西。在中国进行法治建设，必须要深刻揭示和正确认识中国的基本国情，并将之作为中国法治建设的出发点和落脚点。同时，中国的国情比较复杂，异于西方国家。因此，我们对中国国情的研究，必须要从多维度入手，既要研究地理意义上的中国，也要研究政治意义上的中国，更要研究文化意义上的中国。

第二，中国法治之真理论。中国的法治建设需要法治理论的支撑与指导。如果我们不能够从理论上将中国法治建设的性质、方向、道路、总目标、指导思想、基本原则、主要任务等阐释清楚，中国的法治建设就无从开展，也必然无法成功。为此，我们必须清楚地认识到，与中国法治建设的要求相比，我国远未形成与之相对应的中国特色社会主义法治理论。现有的西方法治理论既不能真正满足中国法治建设对法治理论的需求，难以引领中国法治的科学发展，也不能真正与中国的优秀文化传统相融合，难以实现传统与现代、本土与外来、国内与国际的有机统一。这就需要我们在中国法治建设的实践中，在借鉴西方法治理论的基础上，不断推进中国法治理论的探索和创新，并努力形成立足中国基本国情、总结中国法治经验、适应中国法治需求、体现中国法治规律、解决中国法治问题、彰显中国法治特色的中国特色社会主义法治理论，以为中国法治建设提供理论指导和学理支撑。

第三，中国法治之真道路。道路关乎前途和命运。法治道路是法治建设成就和经验的集中体现，是建设法治国家的根本遵循。中国法治建设之所以要坚持走中国特色社会主义法治道路，而不能照搬照抄别的国家的法治道路，是由法治与法治模式的不同决定的，也是由我国的基本国情决定的。尽管法治如同民主、人权一样具有普遍共识，但不同国家的基本国情决定了各国的法治模式不同，也决定了各国的法治建设道路不同。因而，努力探索并找到一条既不同于欧美资本主义国家又不同于其他社会主义国家，既遵循法治建设普遍原理又具有鲜明中国特色的社会主义法治道路，自然就成为中国法治建设的重要选择和任务。

第四，中国法治之真制度。法治制度既是法治建设的制度基础，也是法治建设的制度保障，集中体现了一国法治建设的特点与优势。中国的法治建设之所以要以中国特色社会主义法治制度为依托，是因为照抄照搬他国的法治制度行不通，会水土不服，会出现"橘生淮南则为橘，生于淮北则为枳"的尴尬局面。各国国情不同，每个国家的法治制度都是独特的，都是由这个国家的内生性因素决定的。只有扎根本国土壤、汲取充沛养分的法治制度，才最可靠，也最管用。因而，在中国的法治建设实践中，构建中国特色社会主义法治制度，既要坚持从国情出发、从实际出发，也要注重借鉴国外法治建设的有益成果；既要把握中国长期形成的历史传承，也要把握当前中国特色社会主义事业建设的现实需求，以实现历史和现实、理论和实践、形式和内容的有机统一。

此外，这里还须说明的是，本套丛书的作者大多为中青年学者，囿于理论基础与实践能力，难以对中国特色社会主义法治建设中的重大理论与实践问题展开深入系统研究，故此，我们只能选取中国特色社会主义法治建设中的若干具体理论与实践问题展开研究，以求"积跬步，至千里"，"积小流，成江海"。同时，鉴于能力和水平有限，本套丛书中定然存在不足甚至错误之处，恳请学界同人批评指正！

"法学求是前沿书系"编委会
2019 年 10 月

目　录 | *CONTENTS*

前言*

　　高校是法治人才培养的"第一责任人"，由于法学教育目标长期被司法中心主义占据，因此多数院校缺乏立法人才培养经验，培养力量短缺，难以独自承担立法人才培养重任。同时，立法工作的广度、维度、深度、精度也决定了立法人才培养不是一时之事、一家之事。政产学研协同育人是新文科建设的重要形态之一，是多元主体在具有共同的目标和价值观基础上的合作模式，是推动传统文科迭代升级，从专业分割转向交叉融合的关键载体，也是"卓越法治人才教育培养计划 2.0"应当坚持和贯彻的核心要义，为现阶段破解立法人才培养之困提供了应对之策。然而，实践中的政产学研协同参与法治人才培养，大多停留在形式上的合作关系成立和沟通渠道搭建，仍缺乏激发主体间内生性协同动力和目标意识耦合的创新性体制机制。因此，政产学研协同育人模式下的立法人才培养机制尚需深化转型推进。

一、创新我国立法人才培养机制的重要价值与规格定位

　　立法工作随着时代和实践的发展而革新拓展①，立法人才培养也需同步推进。立法人才培养应当在遵循革命化、正规化、专业化、职业化的法治人才

　　* 本部分系教育部首批新文科研究与改革实践项目"政产学研协同育人模式下的立法人才培养机制研究"（项目编号 2021090019）的阶段性研究成果，即教研论文《政产学研协同育人模式下我国立法人才培养的问题审思与机制创新》的主体部分。原文发表在《河北法学》2022 年第 10 期，第 76-96 页。

　　① 《习近平法治思想概论》编写组. 习近平法治思想概论 [M]. 北京：高等教育出版社, 2021：160.

培养共性要求基础上，找准特性，明确"培养什么样的人、如何培养人以及为谁培养人"，避免与传统司法人才培养模式同质化。

（一）创新我国立法人才培养机制的重要价值

1. 立法人才队伍是我国法治工作队伍的重要组成部分

全面推进依法治国，建设一支德才兼备的高素质法治队伍至关重要。[①]《中共中央关于全面推进依法治国若干重大问题的决定》明确提出"法治工作队伍"概念，包括承担立法、执法、司法职能的法治专门队伍、以律师为代表的法律服务队伍以及法学教育和研究队伍。其中，立法工作队伍主要由有立法权的各级人大立法工作部门工作人员、司法行政部门工作人员以及其他机关中负责法律法规起草的相关工作人员组成，承担着立法规划、立法文本起草、立法前/后评估、立法监督、合法性审查等多项职能。立法是法律运行活动的起点，良法才能善治，制度设计的好坏直接影响执法、司法工作分辨是非、定分止争的效果。立法工作的前提性、基础性、先进性决定了加强法治建设首要的是做好立法工作，加强立法工作队伍建设应当摆在法治工作队伍建设的核心环节。作为一项专门化、制度化的活动，立法工作具有独特的规律和理论，要求立法者必须经过系统的学习和研究，方能形成立法思维，掌握立法制度、程序和技术，因此加强立法工作队伍建设应当将人才培养作为根本保证来抓。此外，伴随着委托第三方参与立法项目规模的不断扩大，伴随着日益增长的对于中华人民共和国成立以来特别是党的十八大以来立法实践与前沿的立法理论体系和话语体系研究需求，立法人才在法律服务队伍以及法学教育和研究队伍中的重要性也不断获得提升。

2. 新时代立法工作对立法人才培养提出了新的要求

全面推进依法治国的伟大实践，要求以完备的法律体系调整和规范社会与经济运行。随着实践边界的不断扩大，法律调整的领域、规模都在不断地拓展[②]，完备的法律规范体系建设仍需持续推进，并对我国法律体系建设的内容充实性、先进性提出了新的更高的要求。

---

① 习近平. 论坚持全面依法治国 [M]. 北京：中央文献出版社，2020：115.
② 刘风景. 法治人才的定位与培养 [J]. 南开学报，2017 (5)：2.

　　一方面，实践既是法律的基础，也是法学人才培养的参照，外在条件的变化会影响法律体系的变化，继而对立法人才培养提出更高要求。维护和促进社会公平正义始终是新时代立法工作和法治建设的价值追求，新时代所呈现出的改革与发展的前进性、机遇与挑战的复杂性、民族与世界的开放性等特征，决定了新时代立法工作应当紧扣推进立法和改革相衔接，国内法治和涉外法治相统筹，以及重点领域、新兴领域、涉外领域立法等相关方面重点工作；同时决定了新时代立法人才既应当具备对于社会发展的认知和学习能力、对于立法面向从单一走向交叉的适应能力、对于新兴法律问题的识别和探知能力等方面技能[①]，也应当具备牢记初心使命，勇于担当作为，坚定斗争精神等方面的素质。

　　另一方面，《中华人民共和国立法法》（以下简称《立法法》）2015 年修改至今，地方立法能力和立法规模不断提升，高素质的立法人才越来越成为各地方适配立法权的应然运行保障。同时，随着地方事务复杂性的日趋增长以及地方立法运行机制的逐渐理顺，地方立法工作呈现分工的细化和生产的复杂化，由于职权的差异和介入阶段的不同，参与地方立法的工作人员逐渐被细化为"立法者、立法工作人员、第三方参与主体"[②] 三类。面对立法人才数量需求的增长和类型需求的多元化，实践中所采取的应对之策主要是采取开设短期立法培训班等方式，尽管其在帮助地方立法度过初阶探索期具有积极作用，但缺乏对于学习者的基础理论夯实、系统知识传授和立法思维引导，严重限制地方立法质量的提升。[③] 做好新时代地方立法工作，不仅需要内部挖潜，而且需要培养造就一大批高素质后备立法人才，如此方能为地方立法提供充足的人力资源保障。

[①] 高利红. 法学人才培养的反思与定位 [J]. 法制与社会发展，2021（5）：69-70.

[②] 目前对于立法人才队伍构成并没有明确的标准，本书认为胡弘弘教授从立法性职权、立法性职能等方面出发对立法人才队伍的人员分类具有借鉴意义。其中，立法者是指依照宪法和法律规定，国家权力机关中直接参与行使立法权的人员。立法工作人员是指不具有立法性职权，但参与立法活动、辅助立法过程的国家公职人员。第三方参与主体主要是一些专业人士、科研机构等，它们能够相对中立、专业性地协调立法活动中的诸多利益关系。参见胡弘弘，白永峰. 地方人大立法人才培养机制研究 [J]. 中州学刊，2015（8）：60-64.

[③] 李伟. 法学本科院校立法人才培养若干问题研究 [J]. 大学教育，2019（5）：16.

3. 立法人才培养的复合性需要整合外部多元力量

在立法工作所面临的实践领域和规模不断扩展的背景下,立法人才培养应当注重知识塑造的多源性以及培养主体的多元性,因此重学科建设而轻实践导向、重微观研究而轻学科融通、重院校培养而轻多元共育的传统人才培养模式,不再符合立法人才培养的内涵需要,创建具有人文灵魂、中国特色、多元互联、实践支撑等特征的立法人才培养机制成为必然之举,立法人才应当在多学科场域和多元主体协同的孕育下成长。立法具有引领和推动作用,立法工作需要紧紧把握时代脉搏,聆听时代声音,这就要求立法人才培养不能仅仅局限于以理论创新、制度创新、实践应用为指向的社会科学人才培养标准层面,还应当通过加入文学、历史学、哲学等人文学科的人文性与价值性学习,强化学习者的逻辑思维、形象思维、批判性思维等,从而提升其问题意识,在时代变革中发现新的价值。[1] 同时,法律体系建设必须随着时代和实践的发展而不断发展[2],经济社会发展在国家安全、乡村振兴、生态环保、公共卫生、前沿科技等领域法治建设的呼声、期盼,对立法者的知识广博性、思维先见性等提出了更高的要求。这些都决定了立法人才培养既应当打破原有的学科分野,建立以问题为核心的知识生产单元,完善知识的交流融合机制,开展跨学科、交叉学科领域的问题研究,使立法人才具备跨界协同的复合型研究能力与交叉学科知识储备[3],也应当打破原有的以高校为绝对主体的立法人才培养模式,针对高校在立法实践能力、立法前沿认知等方面的资源禀赋短板,建立多元协同"共建、共管、共享"人才培养机制体系,打造优势互补的资源聚焦向心力。

(二) 创新我国立法人才培养机制的规格定位

立法工作队伍作为法治专门队伍的重要组成部分,既应当满足法治工作对法治专门队伍提出的"革命化、正规化、专业化、职业化"总体要求,同时还应当符合立法工作要求的特性职业素养。对此,习近平总书记深刻指出:

---

① 徐显明. 高等教育新时代与卓越法治人才培养 [J]. 中国大学教学, 2019 (10): 8.
② 习近平. 在庆祝全国人民代表大会成立 60 周年大会上的讲话 [N]. 人民日报, 2014-09-06 (002).
③ 陈光. 论人工智能时代立法者的危机与生机 [J]. 河北法学, 2020 (8): 163.

"立法、执法、司法这三支队伍既有共性又有个性，都十分重要。"① 以习近平法治思想为指导，结合新时代立法工作的特点，立法人才培养应当满足以下方面规格定位：

1. 基于立法工作鲜明政治属性的思想政治素质

思想政治素质不同于心理素质、职业素质等，除正确的思想政治观念外，还应当包括从政履职的相关能力，包括用于履行政治责任、完成政治使命以及提升政治能力的必要素质等。② 一方面，立法工作应当始终坚持党的领导，确保立法反映党和国家事业发展要求、体现社会主义核心价值观、回应人民群众的关切期待。③ 党对立法工作的领导主要是方针政策领导，这就决定了立法人才应当始终同党中央坚定保持一致，提升对党的大政方针政策的政治敏感性，做党的方针政策的坚定执行者。另一方面，立法是统治阶级通过国家机关将自己的共同意志转化为国家意志的过程④，是一项需要满足政治稳定性和政治正当性的国家权能，立法应当充分体现人民意志，坚持立法公开，确保公众有序参与，这就决定了立法人才应当具备崇尚法治的理想信念和敬畏民意的政治智慧。同时，立法作为实现社会需求的实践活动，是确定不同利益主体权利义务关系的过程，其所代表的国家权能将对社会产生重大影响⑤，为实现良法善治必须确保立法人才具备过硬的思想政治素质。

2. 满足立法工作价值统合目标的整体性立法思维

整体性立法思维是相对于法学教育长期以来形成的以司法型人才培养为导向的教育观而言的，主要体现为：以通过国家法律职业资格考试为教学导向，以培养适应司法工作要求的法官、检察官、律师为教育目标；以开设模拟法庭、法律诊所、诉讼实务、法律文书写作等司法技能培养课程作为就业创业实务能力培养的主要内容；以卓越法律人才教育培养计划中的"双千计

---

① 习近平. 论坚持全面依法治国 [M]. 北京：中央文献出版社，2020：249.

② 萧鸣政. 新时代领导干部政治素质及其考评初探 [J]. 北京大学学报（哲学社会科学版），2018（3）：146.

③ 张文显. 习近平法治思想研究（中）：习近平法治思想的一般理论 [J]. 法制与社会发展，2016（3）：7.

④ 中共中央印发《法治中国建设规划（2020—2025 年）》[EB/OL]. (2021-01-10) [2021-12-20]. http://www.xinhuanet.com/legal/2021-01/10/c_1126966552.htm.

⑤ 裴洪辉. 合规律性与合目的性：科学立法原则的法理基础 [J]. 政治与法律，2018（10）：64.

划"为代表，以法院、检察院、律师事务所为主要面向组织教学资源。司法型人才培养导向下的学生思维塑成主要是一种法律适用式思维，即引导学生运用抽象的法律制度适用、解决现实法律问题。不同于司法型人才的个案思维，立法人才应然具备的是一种从具象到抽象的整体性思维。立法作为制度设计的过程，强调整合、比较和借鉴，既要求立法人才对政治、经济、社会、文化、生态等方面发展的客观需要形成整体汇集，对广大人民群众的共同意志形成共鸣认识，对不同方面主张具有统合能力；还要求立法人才具有从立法面向的各种社会因素中有目的地形成共同规则，有效地将法律动机转化为社会普遍遵循的法律规范的思维能力。

3. 保障立法工作规范性、技术性行进的立法学知识体系

相较于传统法学学科，立法学天然地实现了理论与实践的辩证统一，正如有学者指出："立法学的成果有直接应用价值，它对理论法学来说是应用法学；立法学成果能指引立法走向科学，它对应用法学来说又是理论法学。"[①] 现代立法建立在科学基础上，强调运用科学原理、固定范式及立法技术克服立法过程的主观性、随意性，提升立法的精准性、有效性，因此，从事立法工作不能脱离立法学基本知识，立法人才培养应当注重对立法学内容的整体框架——立法学体系进行系统学习。[②] 目前，学界对于立法学体系构造的认识整体保持一致，主要包括立法的基础理论、制度、过程、技术四个方面。其中，立法基础理论是具有普遍性的立法实践的理论表现，包括立法本质、立法概念、立法历史发展规律、立法调整范围等，学习立法基础理论对立法实践发展具有指导作用；立法制度是立法所遵循的实体性准则，包括立法主体、立法体制、立法权限等，学习立法制度是立法实践的应然准则；立法过程是立法从规划至废止所经历的发展阶段，包括立法规划、立法决策、立法解释、立法修正等，学习立法过程有助于理解立法权力运行，并帮助提升立法决策科学化、民主化水平；立法技术是立法过程应当遵照的标准、方法和操作技巧，包括立法结构、立法形式、立法语言等，学习立法技术是规

---

① 周旺生. 立法学体系的构成 [J]. 法学研究, 1995 (2): 4.
② 刘风景. 需求导向的立法人才培育机制 [J]. 河北法学, 2018 (4): 16.

范法律构造、框定法律基本品格、提升法律规范性与严谨性形式要件的前提。①

4. 确保立法工作适应党和国家事业发展新要求的学习创新能力

立法工作的特殊性要求立法人才培养应当超越现代人文社会科学条块分割的学科体系，在开放性学科框架之下开展交叉前沿型人才培养。恩格斯提出，"随着立法进一步发展为复杂和广泛的整体，出现了新的社会分工的必要性：一个职业法学家阶层形成起来了，同时也就产生了法学"②。法学的产生和发展与立法活动密不可分，立法同各部门法及其所涉及的社会关系联系紧密，学习立法活动及其规律实际上是对各部门法的具体立法问题及其所涉及的社会关系的学习，立法人才培养不仅需要掌握法学的一般规律与基本理论、立法学的基础知识，其学习范畴还应当深化和具体化为各部门法的创制问题。同时，立法调整国家在政治、经济、文化等各个领域中的社会关系③，决定了立法人才培养需要以政治学、经济学等其他学科的方法研究立法问题。从我国立法发展方向看，立法应当充分反映民意，应当与改革相伴而行。但是，在人民群众对美好生活的需要日益增长、改革开放事业进入深水区的背景下，法律所面临的调整范围不断扩大，势必会给立法工作提出新要求、新视野、新问题，这就要求立法人才应当具备终身学习的素质，始终保持勇于开拓的精神状态，担负起全面依法治国新时代的立法使命。

5. 实现立法工作适应全面对外开放新篇章的涉外法治专业素质

实行高水平的对外开放需要高水平的涉外领域立法，建立系统的涉外法律体系，既需要将国内法与国际法紧密衔接，又需要不断完善反制裁、反干涉、反制长臂管辖等涉外领域立法，充实应对涉外挑战、防范外部风险的法律"工具箱"。这对立法人才培养提出了更高的要求④，即在涉外法治人才所应当具备的语言基础、国际法知识储备等共性要求基础上，立法人才应当坚持问题导向，在复杂多变的国际局势中摸清涉外立法的现实需求；应当秉持

① 周旺生. 立法学体系的构成 [J]. 法学研究, 1995 (2)：4.
② 马克思恩格斯全集 (第3卷) [M]. 北京：人民出版社, 2002：261.
③ 周叶中, 蔡武进. 中国特色社会主义文化立法初论 [J]. 法学论坛, 2014 (5)：85.
④ 反制裁、反干涉、反制长臂管辖涉外领域立法步伐加快 [EB/OL]. 中共中央纪律检查委员会网站, (2021-03-11) [2021-12-30]. https://www.ccdi.gov.cn/yaowen/202103/t20210311_237582.html.

国家安全维护意识，提高运用法治思维甄别、防范、化解重大风险的能力；应当树立系统思维，统筹国内国际两个大局，着眼于涉外法律体系建设的整体性，将涉外实践活动的法律适用性代入对各部门法的前瞻性思考。

二、我国立法人才培养面临的突出问题——以40所院校为样本

结合立法人才培养的规格定位，综合分析 40 所目标院校的法学本科人才培养目标、课程设置、课程教材、师资队伍、教学基地等方面的现实情况[①]，可以发现，现阶段高校法治人才培养体系难以满足立法人才培养现实需要，高校立法人才培养仍面临诸多问题有待解决。[②]

（一）培养目标对立法人才培养重视不够

以目标院校法学本科人才培养方案为数据源，同前文提出的立法人才应然具备的特性要求进行对比，本书采用内容分析法，统计分析了各院校人才培养方案中的培养目标[③]，得出结果如下：

[①] 我国开设法学本科专业的普通高等学校数量多达 640 余所，其中只有 60 所建成了覆盖法学本科、硕士、博士（仅包括法学一级学科博士点）的完整人才培养体系。由于这些院校聚集了大量的法学教育资源，为法治中国建设培养了大批优秀法律人才，在一定程度上可被视为我国法学教育的标杆，对于引导我国法学教育走向具有重要作用，因此以其法学本科人才培养为样本审视我国立法人才培养环境是具有典型性的。受客观条件限制，项目团队通过走访调研、网络查询等方式只收集到其中 40 所院校的目标信息。其中，双一流建设高校 32 所，非双一流建设高校 8 所；教育部直属院校 21 所，地方院校 19 所；政法类院校 4 所，财经类院校 5 所，师范类院校 3 所，理工类院校 4 所，公安类院校 1 所，语言类院校 1 所，综合类院校 22 所。目标院校层次清晰、种类多样、结构合理，具有代表性。需要说明的是，尽管研究生阶段的立法人才培养十分重要，且部分院校已经在法学研究生教育层面就立法人才培养实现了专业化、特色化、体系化。但是，本科教育是大学的根和本，是法学教育的基础夯实、思维生成与习惯养成阶段，是培养立法人应当握紧的关键时期，应当成为开展创新立法人才培养机制研究的重要目标节点。因此，本书仅针对目标院校法学本科人才培养信息进行整理分析。

[②] 这里需要说明的是，其一，政法类院校本科人才培养分布在各个法学院，但通过整理分析，其培养目标、毕业要求、课程设置基本相同，故可以作整体考察，不再细化区分，其教学基地的数量统计也来自各学院网站。其二，由于文献数据量大，且数据获取渠道主要来自公开途径，因此在具体数据上难免出现偏差，但分析参考主要聚焦比率值，确保从总体上反映高等院校立法人才培养环境。

[③] 培养目标本身具有系统性，各高校法学本科人才培养方案中有两处明确表明人才培养目标：一是人才培养总体目标，总体目标通过界定人才培养的价值、定位、类型、特征从而反映人才培养的方向和水平；二是人才培养的毕业要求，通过条目化人才培养规格，明确毕业生需要达到毕业要求。参见白逸仙，柳长安. 工程教育改革背景下传统工科专业的挑战与应对：基于十校"电气工程及其自动化"培养方案的实证调查 [J]. 高等工程教育研究，2018（3）：55.

（1）各院校在培养目标中均强调法学人才应当具备过硬的思想政治素质。尽管各院校表述或有不同，但是思想政治素质已经被各院校视为法学人才培养的第一要务。例如，广东外语外贸大学在培养方案中提出法学人才应当具备"良好的政治素质"，中国人民公安大学法学专业培养方案中提出培养"忠诚可靠、纪律严明、素质过硬"的法学人才，中国社会科学院大学法学专业培养方案强调法学人才应当"拥护党的基本路线，热爱社会主义祖国"，等等。

（2）目标院校对学生的立法思维塑造和立法学知识体系学习均未提出要求，即便将考察标准放宽至在培养目标提出"具备科学立法能力""熟悉国家基本立法体系"等内容，符合条件的院校也只有17所，占比仅为42.5%。而在培养目标或毕业要求中明确提出"胜任司法实务工作"及相似表述的院校便达到28所，占比70%。

（3）尽管各院校在培养目标中均明确提出应用型、复合型、创新型人才培养目标，但从毕业要求来看，有15所院校的培养目标中没有对复合知识储备提出要求，占比37.5%；有8所院校的培养目标中仅要求了解或掌握人文社会科学知识，占比20%；多数院校对于复合型法治人才培养缺乏正确的认识，设定的标准过低。

（4）各院校全部将涉外法治素养纳入法学专业人才培养目标，反映出我国涉外法治人才培养步伐不断加快。但部分院校规定的法学学生应当具备的涉外素养仍然是低水平的、不全面的，有13所院校仅要求学生具备涉外语言能力，对于涉外法学专业素质则没有规定。

根据以上分析，各院校的法学人才培养目标和毕业要求设定呈现出以下特点：原则性较强、个性化不足，人才培养思路"同质化"严重，立法人才培养目标相较于司法人才而言鲜有提及，基于新时代立法工作需求的人才核心素养尚未完全细化分解到毕业要求之中。

（二）课程设置重立法理论，轻立法实务

课程是知识传递的核心载体。通过对目标院校培养方案中课程设置的分析整理，尽管有24所院校开设了立法学课程，占比60%，但只有湘潭大学将立法学设置为必修课程，其他院校均设置为选修课程①，且更多的是将立法学课程视为"兴趣课程"或者"拔高技能"，因受到学分引导和就业引导，多数学生偏向于选择学分更高或司法技能培养方向的课程，这就使得立法学很难成为学生选修的最佳课程。同时，相较于理论教学，立法学更需要学生参与立法实践，拨开立法活动的神秘面纱，但目标院校中只有华中科技大学开设了实践选修课程——"立法（虚拟仿真实验）法律诊所"，立法实践教学过程基本处于空白状态。

（三）课程教材内容创新不足，理论前沿脱节

由于立法学并未纳入马克思主义理论研究和建设工程重点教材之列，各高校立法学课程使用教材版本多样，又多为选修课程，因此很难就目标院校使用的立法学课程教材种类作精准统计。通过对 20 世纪 80 年代以来出版的20 种立法学教材进行研究梳理，可以看出立法学教材自诞生之初便根植于立法实践，在我国立法从空白到繁荣的过程之中，立法学教材为"立法学"课程提供了丰富的学习和讲授范本。② 然而，随着教材种类的不断增多，立法学教材也不免落于一般法学教材内容重复、动机异化、创新不足等传统做法，与立法实践内容与学术研究前沿发生脱节。一方面，我国立法学教材体例仍主要沿用最初立法学教材中确立的"立法原理、立法程序、立法技术"立法学研究基本范式，内容多局限于在法教义学基础上对《立法法》及相关法律法规的制度解读与释义，对于"立法与改革""立法与涉外法治""地方立法权扩容"等新时代立法工作重大实践主题回应不足，对于现实问题和社会热点关注不够，忽视了立法作为国家重大政治活动的动态性、复合性特征，导致教材之间重复率较高。另一方面，立法学教材同立法学研究前沿存在脱节，"协同立法机制""立法的科学性与规范性关系"等立法学前沿理论内容在教材中较少涉及，使学生在初学时难以获得立法学前沿思想动力和创新支持。

---

① 由于不同院校的课程设置模式不同，因此立法学在不同院校所在的课程体系或有不同，包括专业选修课程、横向扩展课程、自主发展课程等，为方便归类研究，本书统称课程属性为选修课程。

② 封丽霞. 面向实践的中国立法学：改革开放四十年与中国立法学的成长 [J]. 地方立法学研究，2018（6）：27.

（四）师资队伍立法能力偏弱，立法经验不足

各高校教师主要来自高等院校、科研院所毕业生，大多缺乏立法工作经历，有关立法的知识储备不够，缺乏立法实践经验。尽管自设区的市获得立法权以来，以高校为主要力量的第三方在立法中发挥着愈发重要的作用，高校教师立法实践经验得到明显提升，但是由于开展时间不长，立法项目有限，兼具立法实务和立法理论的高校教师占比不高，难以全面满足立法人才培养要求。同时，就校外兼职导师构成而言，多来自法官、检察官、律师、高等院校教师等职业群体，立法实务部门专家较少。以目标院校之一的河北大学法学院为例，现有专任教师64人，近年来完成地方立法文本起草、立法咨询与论证、立法前/后评估、规范性文件合法性审查、地方法规释义编写各类立法研究项目300余项，但长期参与立法实践项目的教师尚不足20%；学院现有校外兼职导师54人，其中来自全国人大常委会法工委、司法行政部门等立法实务部门的专家不足30%。

（五）教学基地立法机关偏少，培养效果不明显

由于多数院校没有公示其实践教学基地名单，因此本书选取各院校近三年发布的新建教学基地网站新闻作为数据来源①，尽管不能完全代表各院校实践教学基地的数量和质量情况，但通过分析其中立法机关所占比例得出的结论，可以在一定程度上反映各院校立法机关实践教学基地建设的总体状况。据统计，近三年目标院校新建实践教学基地392个。其中，公安局、法院、检察院等政法机关157个，占比40%；人民代表大会（简称"人大"）等立法机关10个，占比2.6%；律师事务所105个，占比26.8%；其他企事业单位120个，占比30.6%。相较于其他主体而言，政法机关占比具有绝对优势，表明各高校实践教学基地建设仍具有浓厚的司法实务中心导向，而立法机关实践教学基地建设存在明显滞后，导致立法实践教学难以开展，无法实现学生全程参与、亲身体验。

---

① 其中有7所院校由于更新网站，且旧网站无法进入，因此只能对网站更新以来的数据进行采集，但不影响最终数据对客观真实情况的反映。

三、我国当前立法人才培养的改革趋向与模式选择

加强立法人才培养是我国全面推进依法治国背景下法学教育的重要使命，然而基于样本数据分析，高校对于立法人才培养的紧迫性认识不足，决策部署着力不够，配套建设仍显薄弱。面对新时代立法人才培养的重要命题，推进立法人才培养机制改革势在必行，厘清创新立法人才培养机制的模式选择意义重大。

（一）破解我国当前立法人才培养难题的改革趋向

1. 跨越以司法为导向的法治人才培养观念

法学本科人才培养仍具有明显的司法中心主义色彩，主要表现在以司法职业技能培养为导向设计课程教学大纲，以司法案例教学为导向组织教学资源，以毕业生进入司法系统或成为优秀律师为导向设定教育教学考核评价标准等。但是，司法并不是法治的全部，法治国家实现规范治理的过程本身便包含着制度设计和制度执行两个环节，制度设计环节更多的是需要坚持分配正义，运用整体性思维统合不同主张；制度执行环节更多的是需要坚持矫正正义，运用个案思维，去伪存真，判断因果。① 同时，司法也不是制度执行环节的全部，诉讼手段也并非任何主体权利维护的最佳选择，司法机关已经明确的方向是："坚持把非诉讼纠纷解决机制挺在前面"②，以司法思维塑造和诉讼技能培养为主要方向的传统法学人才培养观念已经不合时宜。从法学本科教育的性质来看，职业教育本位固然是法学教育改革的方向③，但是法治人才培养并非一时之事，通常需要高校法学教育和岗位职业培训的结合。因此，法学本科人才培养并不需要过度专注于司法职业技能传授，还是应当坚守本科人才培养的初衷，重视法治思维、道德伦理、基本实践技能等综合素质的

---

① 邓世豹. 超越司法中心主义：面向全面实施依法治国的法治人才培养［J］. 法学评论，2016（4）：38.

② 2019年6月12日至13日，全国高级法院院长座谈会在江西南昌召开，会议围绕"坚持把非诉讼纠纷解决机制挺在前面"的要求，总结工作，分析形势，进一步明确了人民法院推进多元化纠纷解决机制和现代化诉讼服务体系建设的目标要求和思路措施。参见中国法院报评论员. 坚持把非诉讼纠纷解决机制挺在前面［N］. 中国法院报，2019-06-14（1）.

③ 徐显明. 中国法学教育的五大发展趋势［J］. 法制咨询，2013（Z1）：49-51.

培养和法学知识的整体性构建，并在此基础上引导学生形成法律职业认知，获得法律职业责任感、荣誉感和使命感。

2. 破除以高校为绝对本体的法治人才培养模式

立法人才培养应当建立高校与不同主体之间的双向互动平台。一方面，立法工作具有高度复杂性，需要立法者具备较高的理论与实践能力素养，而仅凭借高校教育教学资源恐难以满足立法人才素质要求，立法人才培养亟须突破传统的以高校为绝对本体的法治人才培养模式，有效融合不同主体场域内的各类立法人才培养资源与要素。另一方面，随着"开门立法"趋势的日渐显著，立法工作在内容和形式上表现出更多的丰富性与开放性，科研院所、律师事务所等主体对于立法工作的参与度不断提升，其表现出的立法人才需求和参与立法人才培养的积极性日益旺盛，建立资源融合共通、多元价值共创、风险成本共担、利益所得共享的人才培养多元主体协同共育模式的呼声日益高涨。尽管卓越法治人才教育培养计划明确提出"深协同"，但所涉主体中的"法治实务部门"仅限于政法部门，对于协同路径也并未作出规定。有鉴于此，应当打破高校与有关主体多向交流的体制机制壁垒，将各主体的优质资源引入立法人才培养过程，并明确不同主体在参与教材开发、课程设计、平台建设、培养标准等立法人才培养环节中的功能与责任。

3. 优化以立法人才培养为目标的法学人才培养方案

美国法社会学家罗伯特·塞德曼预见性地指出："中国需要成千上万的立法起草者，历史的紧迫性要求法学院系着手从事这种培训。"[①] 如今，我国法学教育经历数次改革后已经走向了卓越法治人才培养的应然之路，对于立法人才培养，更多的并非大刀阔斧的革新，而是需要对人才培养目标、课程设置、教案编订、教学资源配置等方面的立法人才培养要素给予重视与补足。其中，包括但不限于以下方面：（1）各高校将"熟悉立法理论与实务"等相关表述纳入法学人才培养目标，并将立法人才应当具备的特性要求落实进毕业条件；（2）有条件的高校应当将立法学课程设置为必修课程，并逐步推广至所有院校，同时配套立法实践课程；（3）围绕新时代立法工作重大实践主

---

① 罗伯特·赛得曼，吴伟. 开展立法学研究 适应时代需求：兼评吴大英、曹叠云《立法技术论纲》[J]. 中外法学，1990（3）：68.

题和立法学理论研究前沿进行课程体系重构和教学内容更新；（4）以培养学生整体性思维和分配正义观为核心创新教学组织形式、教学模式和手段；（5）积极对接立法实务部门搭建校外实践平台，突破立法学和其他外部学科壁垒，促进教学实践交叉融合。

（二）政产学研协同育人模式：创新我国立法人才培养机制的模式选择

基于"三角协调"理论和教育供需理论，政产学研协同育人模式和立法人才培养之间内在具有协同逻辑与供需逻辑，立法人才培养应当在政产学研协同育人模式下运行展开。

1. 协同逻辑：立法人才培养需要多元主体协同参与

通过前文分析，立法人才培养的重点在于学生的价值统合能力、学习创新能力、职业场景代入能力等方面，而相应能力的获得仅凭发挥高校传统职能难以实现。根据"三角协调"理论，现代大学从来不是孤立存在的，也不能任由政府或市场任何一方的独自影响，这是因为在市场经济体制下高校的"闭门造车"或政府的"过度干预"均无法长期维持高等教育的供需平衡状态，而完全由市场主导高等教育运行将无法保障社会对高等教育的普遍性需求。高等教育的有效运行应当兼顾政府和市场力量，并充分发挥高校教书育人的能动性，形成以政策影响为主要表现的政治权力、以资源配置为主要表现的市场（社会）逻辑、以人才培养为主要表现的学术权利三种势力的交融结合，而高等教育人才培养的创新力发挥也往往需要相关主体打破彼此界限，在多元互动、相互渗透中衍生新职能，释放创新力。就立法人才培养而言，其人才培养过程应当允许立法机关、科研机构等其他主体的协同参与。由于高校开展立法人才培养尚处于起步期，且各主体参与立法人才培养的初心动因和目标期望各不相同，因此立法人才培养的应然目标达致不能寄希望于多元主体的简单相加和自由组合，而是需要以满足多元主体根本利益一致性为前提，以实现人才培养过程中多元主体优势互补、利益共享、风险共担为目标，在"三角协调"模型下建立促进资源（知识）运转与优化、人员流动与交叉、平台重构与优化的政产学研协同育人模式。① 该模式下的立法人才培养将高校置于培养链条的中心环节，立法机关、社会企业等主体通过发挥各自职能辅助提升高校的人才培养能力，通过整合各主体的目标意愿，有效融合不同主体场域内的优质资源和创新要素，最终形成集立法实践、理论研究、教学开发于一体的先进教育系统。

2. 供需逻辑：立法人才培养供给与需求的动态平衡

立法人才培养的高等教育供需关系包括两个方面，一方面是高校和学生以及家长之间围绕教育产品、教育机会等产生的机会供需关系，另一方面是高校和立法机关等人才需求方建立的产品供需关系②，立法人才培养存在的问题在这两个方面均有体现。首先，我国法学高等教育具有"大水漫灌"式供给特征，很难满足受教育者个性化的教育需求和同质规避的受教育意愿，若仍坚持以高校为绝对主体的供给结构则势必将加剧法学人才培养的机会供需结构失衡。其次，法学人才培养产品供需关系调整存在失灵，有两方面原因。一方面，政策缺位、供需双方短视等因素导致高校和法治人才需求方在人才需求规格、类型等方面存在信息失真与时间落差，进而导致立法人才作为相较于司法人才的小众需求，其需求信息反馈往往存在延迟；另一方面，法治人才培养供需引导被政府过度关照导致高校与社会和市场的自发配置被忽视，使得供需双方依赖既定方针政策下的教育资源配置，例如，在卓越法治人才教育培养计划的指引下，高校将主要资源集中于司法人才培养。基于对我国人才培养机会与产品供需关系存在问题的分析，我国立法人才培养存在的主要问题是人才培养观念滞后和供需关系错配的多重交织，其根源在于立法人才培养的供需结构失衡和来自供给侧的体制瓶颈束缚与机制堵塞，该问题的解决不仅有赖于技术难题的突破，更需要立法人才供需双方在专业结构、类型结构以及需求结构等方面加强匹配度，并推动社会意识和文化结构实现配

---

① 邵进. 产学研深度融合的探索与思考：基于三重螺旋模型的分析 [J]. 中国高校科技, 2015 (8)：8-9.

② 孟庆瑜，李汉卓. 地方高校涉外法治人才培养的目标定位与实现机制：基于我国自贸试验区建设的人才需求分析 [J]. 河北法学, 2021 (8)：78-79.

套转变。① 立法人才供需问题的解决既应当寄希望于推动供给侧结构性改革，联合政府、高校、市场、社会等多元主体的力量加强立法人才有效供给；又应当在立法人才培养供需双方之间建立衔接机制，保证资源、信息等要素的及时畅通；最关键的还应当打破供需双方界限，建立起政产学研职能清晰、各尽其责的合作制度与平台。

四、政产学研协同育人模式下我国立法人才培养的运行机制

政产学研协同育人模式下的立法人才培养注重人才培养主体的多元性、培养资源的聚合性以及培养过程的体系性；注重通过破除多元主体之间的体制机制桎梏，以科学的机制设计整合政产学研优质教育教学资源，广泛促进各主体形成互为要素、互为动力、互为制约的长效联动机制。因此，只有注重机制设计和改革的牵引作用并开展深入系统研究，才能为政产学研协同育人模式下的立法人才培养提供不竭的内源动力支持。其中政治引领机制提供政治方向保障，运行保障机制提供合法、合理性保障，要素协同机制提供人才培养体系化保障，资源共享机制提供多元主体长效联动保障，考核评价机制提供培养目标一致性保障。

（一）政治引领机制

习近平总书记指出："法治当中有政治，没有脱离政治的法治。"② 历史和实践证明，在国家的政治体制中，政治理论、政治逻辑、政治立场对法治的影响是内在的、持久的、根深蒂固的③，立法人才培养必须坚持走中国特色社会主义法治道路，坚持以习近平新时代中国特色社会主义思想及其法治思想为指导，确保立法人才培养始终坚持正确的政治方向。《高等学校课程思政建设指导纲要》规定："落实立德树人根本任务，必须将价值塑造、知识传授

---

① 朱玉成，周海涛. 研究生教育供给侧结构性改革透视：内涵、问题与对策 [J]. 学位与研究生教育，2018（3）：55.

② 习近平：领导干部要做尊法学法守法用法的模范 带动全党全国共同全面推进依法治国 [EB/OL]. 中国共产党新闻网，2015－02－03 [2022－02－17]. http://cpc. people. com. cn/n/2015/0203/c64094－26496095. html.

③ 《习近平法治思想概论》编写组. 习近平法治思想概论 [M]. 北京：高等教育出版社，2021：258.

和能力培养三者融为一体、不可割裂。"立法工作具有鲜明的政治属性，对立法人才的思想政治素质提出了更高的要求，政产学研协同育人模式下立法人才培养应当将思想政治理论培育放在首位，并将其有机融入学生的教育教学实践，着力提升学生投身法治中国建设的使命感和责任感。推进"三全育人"工作是高校落实立德树人根本任务的当然要求，思想政治理论课程和课程思政建设是高校立德树人的主渠道和重要抓手。因此，应当在加强高校思政课程建设的同时，充分挖掘立法人才培养课程中蕴含的思政元素，将知识传授、能力培养和价值塑造紧密地结合起来。① 这一过程需要承担立法人才培养责任主体的共同参与，需要全方位、全过程协同育人，尤其对于立法课程而言，每一项法律法规背后的政治理论分析和历史使命解读仅凭高校教师的理论研究积累很难引起学生的情感共鸣，这就需要立法机关充分发挥引领作用，为立法人才的思想政治教育提供政策指引、资源支持和方向把关。例如，通过回顾立法实践历程等方式为学生讲好立法故事，以此更好地展现国家根本政治制度的优势、特点与功效，展示我国立法工作的经验与成就，提升学生的民族自豪感与荣誉感，提升立法课程思政的育人立体感。

（二）要素协同机制

培养立法人才应当具备的知识、能力与素质需要一定程度的真实环境和实践配合，政产学研协同育人模式将立法实务部门、高校等主体以合作的联结方式组成更大的教育系统，破除培养机制壁垒，通过吸收立法实务专家参与培养方案制定、师资团队组建、课程体系设计、教材资源编写、实践基地建设、立法项目实施等环节，不断提升协同育人效果。具体而言：

（1）协同制订培养方案。顺应高素质立法人才培养需求，尊重法治人才培养规律和教育教学运行规律，通过高等学校与立法实务部门之间的定期会商和研讨机制，按照"稳定、优化、提升"的原则要求，对标对表立法工作队伍的价值定位、知识体系、实践能力和创新精神，发挥校地双方积极性，科学制订培养方案，为立法专门人才培养提供专业性、可执行的总方案和总依据。

---

① 王学俭，石岩. 新时代课程思政的内涵、特点、难点及应对策略［J］. 新疆师范大学学报（哲学社会科学版），2020（2）：53.

（2）协同组建师资团队。推动校地合作向立法机关拓展，引入多领域、多层级的立法实务专家，实现校外立法专家队伍规模扩大、结构优化和能力提升。同时，实施"双师型立法团队培育计划"，推动校内教师通过立法机关交流挂职、赴外研修、项目承担等多种方式，积累立法实务经验，提升立法实操能力。

（3）协同打造课程体系。在开设立法学理论和实践课程，将立法学列入专业必修课程的基础上，进一步整合法理学、法史学等理论课程的立法理论体系，深挖刑法、民法、行政法等实务课程的立法实践资源，充分发挥高校与立法机关的协同育人优势，实现课程设计、课程讲授、课程评价的全过程协同，建设立法理论、立法技术、立法实践三大课程群，确保课程体系既能反映立法实务工作的实践经验，又能吸收立法理论的最新成果。

（4）协同开发教材资源。高校与立法机关共同商定教材研发计划，共同组建教材编写团队，共同拟定教材大纲，共享信息资源，合作编写、共同审定，打造满足新时代立法工作需要的立法教材，提升教材的针对性、实用性和时代性。

（5）协同建设实践基地。通过创新机制、拓展领域、提升层次等多种方式，遵循互惠互利的原则，加强同立法机关深度合作，建设立法研究基地、立法联系点等。将立法实践教学同立法实践基地使用相结合，设定基地运行体系化指标和评价标准，提升立法实践基地育人实效。

（6）协同实施立法项目。高校应当面向国家及地方立法需求，充分发挥高校研究智库功能，根据立法规划、计划要求，科学谋划立法合作项目，创新立法协作机制，指导学生全过程参与立法调研、起草、论证等工作，为高素质立法专业人才培养提供全流程实践条件支撑。同时，以项目为依托，共同开展立法理论与实践研究，并加强同出版社、媒体等的合作，共同推进法律法规宣传，形成高质量的立法理论研究与实务成果。

（三）资源共享机制

资源共享是政产学研协同育人模式下立法人才培养的重要条件支撑，通过人才、信息、平台资源的有效对接和深度整合，能够实现多元主体之间立法资源的科学配置、共建共享。

人才资源共享是确保政产学研协同参与立法人才培养的核心，是首先要

破除的壁垒。一方面，应当定期进行高校与立法机关之间的人才交流，要求
立法学课程教师"走出去"提升立法实践能力，同时将富有立法实践经验和
理论功底的立法机关工作人员"请进来"出任校外导师。另一方面，还需建
立长效配套措施，通过在双方之间建立实质性战略合作关系，确保专业教师
接触立法机关核心实务工作，确保校外导师参与立法人才培养全过程，并在
此期间给予其"正式"身份确认和工作保障。

信息资源包括各主体创造并积累的与立法人才培养相关的资源总和，建
立常态化信息交流机制是确保政产学研协同育人有效开展的前提。政产学研
各主体通过建立人才培养信息共享交流平台，实现人才培养信息互动。其具
体工作包括以下两个方面：一是建立立法人才培养联席会议制度，通过定期
会商，研究确定立法人才培养应当遵循的标准，明确立法人才培养方向与主
体职责，研究制定多元主体亟须协调衔接的制度或方案；二是建立人才培养
信息交流共享平台，该平台以硬件资源建设为基础，集信息收集采集、处理
应用、用户分享等功能于一体，政产学研各主体可以通过该平台共享人才培
养资源，发布人才招募信息、立法咨询征求意见等，缓解信息不对称导致的
意见分歧。

平台资源是政产学研协同参与立法人才培养的载体，该平台由各主体共
建共享，以立法项目和立法人才培养项目为支撑，依托高校法治人才培养体
系、立法机关立法实务资源保障体系、高校和科研机构法学理论研究体系以
及其他社会资源外部支撑体系，配套科研设备与运行管理制度，建立资源协
调与共享机制，打造成为集人才培养、项目建设、理论研究于一体的资源整
合与共享平台。

（四）运行保障机制

政产学研协同参与立法人才培养需要资金保障、政策支持和基地支撑。
其中，资金是政产学研协同育人模式下立法人才培养必须依赖的基础性资源，
过去法学人才培养单纯依靠财政拨款的形式缺乏可操作性的激励和保障，难
以支撑立法人才培养事业的可持续发展。对此，在政产学研协同育人模式下，
除固定的政府拨款外，鼓励人大、政府等立法机关设立立法人才培养专项资
金，并在高校设立专门的奖学金、助学金，吸引学生参与，同时为避免财政

过度包揽，可以建立专门的立法人才培养基金，由各级立法机关按比例投入财政资金，并由此吸引重点领域、前沿领域的相关行业企业资金进入，协同参与立法人才培养。

政策支持为政产学研协同参与立法人才培养提供合理性、激励性保障。2011 年，《教育部 中央政法委员会关于实施卓越法律人才教育培养计划的若干意见》（简称《卓越法律人才计划》）发布；2018 年，《教育部 中央政法委关于坚持德法兼修 实施卓越法治人才教育培养计划 2.0 的意见》（简称《卓越法治人才计划 2.0》）发布，两部计划为推动我国法学教育模式实现整体转型提供了政策指引，探索形成了一整套政产学研协同培养法治人才的教育教学方法。然而，由于两部计划均未明确提出立法人才培养目标，使得立法人才培养缺乏政策支持和运行保障。针对相关问题，应当加强立法人才培养的政策保障和平台建设，将卓越法治人才教育培养计划的制定、实施主体拓宽至全国人大常委会法工委、司法部等立法主体，将培养"卓越立法人才"列入卓越法治人才教育培养计划的总体思路和目标要求，并明确立法机关、高校等参与立法人才培养主体的改革任务和重点举措。同时，具有立法权的各地方应当围绕卓越法治人才教育培养计划中的立法人才培养要求开展战略研究、规模布局和政策支持，具体包括：制定适合本地区立法需要及高校特征的教育运行与发展制度体系、发展规划，建立立法机关同高校间的人才培养合作关系与框架；制定促进和保护政产学研协同参与立法人才培养的政策法规，将调动高校、企业等参与立法人才协同培养的积极性置于突出位置；在财政支持、项目配套等方面制定具体的配套政策，协调和平衡各主体之间的利益关系。

建成立法人才教育培养基地能够确保政产学研各主体长期、稳定参与立法人才培养。该基地可以根据国家及地方立法需求划分为面向重点领域和新兴领域立法人才培养基地，侧重性选择实力较强的综合性大学，通过加强高校与相关领域的行业企业、科研院所等合作，培养学生对党和国家事业发展、行业新业态新模式相关立法的关注度、灵敏度；面向涉外领域立法人才培养基地，可以选择涉外法律人才教育培养基地院校，通过加强高校和涉外主体合作，培养学生针对国际制度规则博弈制定对策措施的能力；面向民族自治地方立法人才培养基地，可以选择民族类院校或民族自治地方法学实力较强的院校，主要面向民族自治地方立法需求培养立法人才；面向地区和区域协同立法人才培养基地，可以在各省级地方选择办学实力较强、立法经验丰富、区域特色明显的院校，主要为满足地方立法和区域协同立法需求培养立法人才。

（五）考核评价机制

政产学研协同育人模式下立法人才培养的考核评价包括两个方面，其一是针对政产学研协同育人模式运行情况，其二是针对立法人才培养质量情况。

首先，立法人才培养过程中政产学研各主体在不同阶段投入的教育成本各有不同，故导致其在不同阶段所扮演的角色重要性存在区别。为保证该模式的运行流畅，减少不同阶段由于责权利的不同所引起的利益纠纷，因此对该模式考核评价设定的目的并非督导式的评判，更多地在于确保多元主体持续参与立法人才培养，推动其形成主体之间积极协作、风险共担的状态。对此，对政产学研协同育人模式运行情况的考察应当注重过程性评价，即通过对该模式运行过程中的各类信息加以实时、动态的反馈，及时揭示、判断和生成模式运行状态，通过开展过程性评价可以使初始松散的运行模式通过连续的价值认知进而不断完善建构，也能够跟随立法实践活动而进行人才培养模式的能动性调整。对于模式运行考核评价关注的信息具体包括：（1）立法人才培养是否始终坚持政治引领；（2）是否紧跟立法实践需要；（3）对各主体及利益相关者责权利的分配和实施情况；（4）决策过程中各主体及利益相关者的参与度、配合度；（5）围绕立法人才培养的要素协同实施以及资源共享情况。

其次，鉴于针对法治人才培养考核评价的实践与理论研究均已较为成熟，本书仅从政产学研协同育人模式下立法人才培养质量考核评价设计的特殊性上提出以下几点：（1）考核主体由高校拓宽至立法实务部门等多元主体，提升其在实践课程等方面的考核评价话语权；（2）建立复合性考核标准，包括思想品德、业务知识、体能素质、工作经历、综合技能等方面，并围绕立法人才应然具备的特性要求修订评价标准和方法；（3）采取直接考核和间接考核相结合的形式，增加立法项目表现、撰写项目研究报告等考核方式，提高其在考核评价结果中的分值占比；（4）必要时引入第三方教育评价机制，在多元主体运行不协调时提出客观、独立评价。

第一章
立法人才培养的重要意义

坚持全面依法治国，推进法治中国建设是党的二十大对新时期法治建设作出的战略部署，法治中国目标在中国共产党的坚强领导和习近平法治思想的科学引领下得以扎实推进，系统展开。党的十八大以来，中国法治建设取得了历史性成就，其中包含的系列理论创新和生动实践，不断塑造着中国特色法治话语体系，彰显了中国法治的生命力和活力。"奋力建设良法善治的法治中国"明确了法治中国建设的目标和要求，立良法，求善治成为法治中国建设的两大核心命题，以良法促善治则成为其中的必然逻辑。欲达到良法善治，需坚持立法先行，不断加强和改进立法，坚持科学立法、民主立法、依法立法，不断提高立法质量。"完善以宪法为核心的中国特色社会主义法律体系"是新时期我国立法工作的重要方向和目标，科学立法是立法工作的重要原则。紧紧抓住提高立法质量这个关键，有赖于立法人才队伍的优化培养和发展壮大。要实现以高素质立法人才队伍助推高质量立法，必须持续加强立法人才培养这一基础环节，这无疑对法学教育提出了新的更高要求。站在全面推进依法治国，建设法治中国的新的历史起点上，法学教育要着眼于为全面依法治国培养高素质法治人才这一使命，精准对接高素质立法人才培养的需求，按照"创新法治人才培养机制"的要求，持续深入推进立法人才培养体系和模式的改革创新，力争以高素质立法人才培养为良法善治奠定坚实基础。

第一节　法治中国，立法为先

法者，治之端也。当今世界，法治基于其在国家治理中的独特性和优越性，已成为各国推崇的主流价值和美好愿景。在社会转型和文明发展的总体进程中，不同国家虽然在发展方式、文明形态方面存在差异，但均以法治作为提高国家治理能力和水平、实现国家发展壮大的重要依托和努力方向。可以说，法治作为一种国家治理的基本方式已经深深融入世界现代化的浪潮之中，而以"法治中国"为鲜明特色的中国式现代化无疑缔造了世界瞩目的文明形态和发展道路。

一、法治中国是全面依法治国的奋斗目标

党的十八届四中全会通过的《中共中央关于全面推进依法治国若干重大问题的决定》是新时期我国全面推进依法治国的纲领性文件，深刻回答了我国法治建设的重大理论问题，提出了全面推进依法治国的总目标是建设中国特色社会主义法治体系，建设社会主义法治国家。自此，法治国家这一全面推进依法治国的奋斗目标正式得到确立，并随着法治建设理论和实践的深入不断升华。

（一）法治中国目标的生成和演进

建设社会主义法治国家，一方面指明了我国国家治理方式变革和治理水平提升的前进方向，另一方面则进一步凸显了法治国家建设历程中"中国特色"的时代要求。进言之，法治国家目标的提出乃是聚焦于中国的法治问题，法治中国目标的实现亦需在中国法治的时空场景中方能行稳致远。

当代中国的法治建设的成效不是一蹴而就的，而是经历了从无到有、从探索起步到发展成熟的长期过程。其间，伴随着中国革命、建设和改革开放的历史进程，法治中国的目标逐渐被提出并最终确立，法治中国的内涵也随着法治建设理论与实践发展而深化、拓展。新中国成立开辟了中国历史新纪元，同时也开启了中国法制的新阶段。以一系列重要法律的制定颁行为标志，

中国社会主义的法制建设开始起步，法制在社会主义建设事业中的作用得以显现，为法治中国目标的形成奠定了初步基础。党的十一届三中全会提出"加强社会主义法制""健全党规党法"，我国改革开放和社会主义现代化建设进入"以法治国"时期，法治中国目标自此初具雏形。党的十五大报告提出的"依法治国，建设社会主义法治国家"是中国法治建设的重要里程碑事件，依法治国成为党领导人民治理国家的基本方略，法治国家成为政治体制改革和民主法制建设的重要目标，法治中国目标可谓基本确立。党的十八大以来，中国的法治建设持续深入推进，法治中国目标也更加明确和清晰，党的十八届三中全会通过的《中共中央关于全面深化改革若干重大问题的决定》专题阐述了"推进法治中国建设"内容，党的十八届四中全会通过的《中共中央关于全面推进依法治国若干重大问题的决定》就全面推进依法治国的总目标展开了系统论述，党的十九大将全面依法治国上升为坚持和发展中国特色社会主义的基本方略，党的十九届四中全会明确了坚持和完善中国特色社会主义法治体系的具体要求，中央全面依法治国工作会议正式确立了习近平法治思想，党的二十大报告专章论述"坚持全面依法治国，推进法治中国建设"，提出了"在法治轨道上全面建设社会主义现代化国家"的重大论断，这一系列关于法治中国建设的重大决策部署，实现了法治中国目标的理论飞跃和时代进阶。

（二）法治中国目标的内涵与要求

从以法治国到依法治国再到全面依法治国，中国的法治建设紧随时代发展的步伐而前进，始终与党和国家特定阶段的使命任务紧密相连①，法治中国目标的内涵亦随之而不断更新和拓展。在不同历史时期和发展阶段，法治中国目标蕴含在不同的法治话语之中，从党的十五大报告到党的二十大报告文本来看，"法治中国"这一目标分别表达为"加强法制建设""加强社会主义法制建设""全面落实依法治国基本方略，建设社会主义法治国家""全面推进依法治国""深化依法治国实践""坚持全面依法治国，推进法治中国建设"，其内涵和要求也实现了从"有法可依、有法必依、执法必严、违法必

---

① 江必新. 法治建设的中国智慧与中国经验 [J]. 求索，2023 (1): 5.

究"到"科学立法、严格执法、公正司法、全面守法"再到"建设中国特色社会主义法治体系，建设社会主义法治国家"的整体性塑造和系统化提升。

习近平总书记指出，全面依法治国是一个系统工程，要整体谋划，更加注重系统性、整体性、协同性。① 当前，中国的法治建设在习近平法治思想的科学引领下，在全面依法治国的战略推动下，已经形成了涵盖立法、执法、司法、守法、监督各环节，以及法治国家、法治政府、法治社会各层次的中国特色社会主义法治体系，走出了党的领导、人民当家作主和依法治国有机统一的中国特色社会主义法治道路。在中国式现代化的时空场景下，法治中国建设事业正在朝着中国式法治现代化的方向阔步前进。

二、良法善治是法治中国建设的核心要义

党的二十大报告明确了中国式现代化的发展道路，法治作为国家治理和社会主义现代化建设的重要依托，必然要沿着中国式现代化的发展方向，着力推动实现中国式法治现代化。这意味着，法治中国建设的各方面和全过程，都要围绕服务和保障中国式现代化这一中心主题，真正做到"在法治轨道上全面建设社会主义现代化国家"，谱写新时代良法善治的法治篇章。

（一）良法善治是法治中国理论的重大创新

建设法治中国，必须坚持以习近平法治思想为指导。习近平法治思想是习近平新时代中国特色社会主义思想的重要组成部分，是马克思主义法治理论中国化、时代化的最新成果。"十一个坚持"精准表达了习近平法治思想的核心内容，为全面依法治国提供了根本遵循和行动指南。其中，良法善治作为贯穿习近平法治思想的一项重要原则②，阐明了法治中国建设的道路和方向、立场和观点、价值和方法、本质和特征等系列理论问题，是新时代法治中国建设的重大理论创新。

"法律是治国之重器，良法是善治之前提"，"坚持科学立法、民主立法、

---

① 中共中央宣传部，中央全面依法治国委员会办公室. 习近平法治思想学习纲要［M］. 北京：人民出版社，学习出版社，2021：96.

② 宋方青. 习近平法治思想中的立法原则［J］. 东方法学，2021（2）：35.

依法立法，以良法促进发展，保障善治"。习近平总书记多次论述良法善治，科学揭示了法治的最佳形态是形式法治与实质法治相统一，法治的实践导向是以良法为基础的善治①，科学回应了法治和治理、良法与善治的关系问题，在法治与国家治理的交叉融合中创造出良法善治②这一科学论断，实现了法治对人治的超越，实现了良法善治对法律之治的超越，实现了中国特色的良法善治对西方法治中心主义的超越。对于中国现代法治建设而言，这无疑彰显了中国智慧，是法治中国理论的原创性贡献。

（二）良法善治是法治中国实践的重要经验

回望新中国成立以来的法治奋斗史，中国共产党带领中国人民不断探索法治、布局法治，在持续推进法治中国建设的伟大实践中，取得了法治中国事业的历史性成就，积累了全面依法治国的宝贵历史经验。实践证明，法治中国事业取得如此重大成效，其中的一条重要经验就是坚持良法善治。

事实上，在中国革命、建设和改革发展的各个阶段，立良法、谋善治始终是中国共产党开展法治建设的重要主题。立良法，集中体现为坚持和完善以宪法为核心的中国特色社会主义法律体系。始终坚持尊重和维护宪法权威。从《共同纲领》问世，新中国的宪法经历了四次变迁、五次修正，为党和国家各项事业发展提供了有力的根本法保障。在宪法统领下，坚持不断加强和改善立法，积极开展法律的立改废释工作，强化重点领域、新兴领域立法，推动法典编纂实施，修改完善《立法法》等相关法律，形成了中国特色社会主义法律体系，产出了一系列具有时代意义和标志性的法律成果，真正实现了从有法可依到有良法可依。谋善治，集中体现为全面推进依法治国。法治的固有含义包含了良法和善治两个方面。③ 全面推进依法治国，是站在党和国家事业全局高度作出的重大战略决策部署，是实现国家治理现代化、走向善治的必由之路。在依法治国的实践道路上，中国共产党将依法治国纳入"四

---

① 周佑勇. 论习近平法治思想的世界观和方法论 [J]. 理论视野，2023（3）：49-50.

② 刘红臻. 国家治理现代化的法学解读与阐释："民主、法治与国家治理现代化学术研讨会"综述 [J]. 法制与社会发展，2014（5）：88-89.

③ 王利明. "良法""善治"并举 四中全会将绘就"法治中国"路线图 [J]. 人民论坛，2014（27）：50.

个全面"战略布局，探索确立中国特色社会主义法治道路，建设完善中国特色社会主义法治体系，坚持发展中国特色社会主义法治理论，始终坚持依法治国、依法执政、依法行政共同推进，坚持法治国家、法治政府、法治社会一体建设，全面推进科学立法、严格执法、公正司法、全民守法，切实践行"在法治轨道上全面建设社会主义现代化国家"，真正实现了以法治促改革、谋发展、稳秩序、保民主、护公平，达到了公共利益最大化的善治目标。① 法治中国建设的实践，正是在良法善治的基础上不断开辟新局面、创造新辉煌。

（三）良法善治是法治中国话语的重要标识

构建中国特色法学话语体系是增强我国国际影响力、提高国际话语权的必然要求。习近平总书记指出，要加强对我国法治的原创性概念、判断、范畴、理论的研究，加强中国特色法学学科体系、学术体系、话语体系建设。② 从一般意义上，话语体系是由诸多概念、理论、信念和经验所组成的思想体系的系统表达，以其承载的思想力量而形成话语权。③ 中国特色法学话语体系基于中国特色社会主义法治所具有的民族性、时代性和先进性特点，具有强大的感召力、生命力和说服力，集成了中国法治建设理论和实践的最新成果。党的十八大以来，以习近平同志为核心的党中央，对于全面依法治国，建设法治中国形成了系列新思想、新理论，提出了具有鲜明中国特色和时代特色的创新性概念，"良法善治"就是其中的重要标识性概念。

中共中央印发的《法治中国建设规划（2020—2025 年）》明确了新时期法治中国建设的目标和要求，提出"奋力建设良法善治的法治中国"。"法治中国"这一宏大命题包含着诸多相互区别却又紧密关联、贯通一致的概念体系，"良法善治"以其所包含的体制、制度和机制要素，承载的价值理念，彰显的中国智慧，无疑构成了中国法治话语体系的核心概念。可以说，良法善治，不仅是一个单独的法治概念，还是一个概念体系和理论体系，它不仅凝结了中国法治改革和建设的最宝贵经验，还擘画了法治中国建设和发展的最

① 俞可平. 走向善治 [M]. 北京：中国文史出版社，2016：84.
② 习近平. 坚持走中国特色社会主义法治道路 更好推进中国特色社会主义法治体系建设 [EB/OL]. （2022-02-15）[2023-07-03]. https://www.gov.cn/xinwen/2022/02/15/content_5673681.htm.
③ 张文显. 论建构中国自主法学知识体系 [J]. 法学家，2023（2）：4.

美好图景。以良法善治为代表的中国特色法治话语体系必将在世界法治话语体系中占据高地。

三、"立法先行" 是良法善治的逻辑起点

《中共中央关于全面推进依法治国若干重大问题的决定》提出，建设中国特色社会主义法治体系，必须坚持立法先行。立法先行是全面推进依法治国、建设法治中国的重要原则。在良法善治的体系之下，立法先行是贯彻良法善治理念的逻辑起点，是实现良法善治价值目标的首要环节。

从构造上看，良法善治是一个包含良法、善治、良法与善治关系的范畴，由此可以延伸出两个基本命题：良法是善治的前提和基础；善治是良法的目标和价值。这两个命题的展开，皆以立法先行为起点。

首先，善治是良法之治，善治以良法为出发点。在中国法治建设的不同阶段，良法有不同层次上的表达和要求。面对改革开放初期"无法可依"的局面，良法的第一层次表达为"有法可依"，侧重立法数量上的要求；在中国特色社会主义法律体系已经形成的基础上，良法的第二层次表达为"科学立法"，开始强调立法质量上的要求；在全面推进依法治国的新时期，良法的第三层次表达为"完备的法律规范体系"，在立法数量和质量要求基础上，还提出法律体系上的要求。判定一部法律是否为"良法"，应从是否顺应时代潮流、是否反映多数人意志、是否符合客观规律、是否便于理解和执行①等多方面加以考察，这些标准无论是从法的内在品性、立法程序还是法的实施及其效果角度，都离不开一个关键词——立良法。换言之，对于古今中外关于良法的各种判断标准，都需要通过"立良法"加以实现，以立良法这一行为将"观念中的良法"转化为"现实中的良法"，以立良法这一环节保障法的顺利实施和良好效果。因此，良法之治必须坚持立法先行。

其次，良法是善治之法，良法以善治为落脚点。作为国家治理的最高境界，善治是社会发展到治理阶段的政治学概念，呈现出与治理阶段相适应的

---

① 余渊. 论良法的生成［M］. 北京：法律出版社，2018：16-19.

法治性、参与性等特征。① 善治中的"善"，不仅强调治理结果上的善，还包括治理方法和手段上的善。"善"是一种较为笼统且抽象的概念，关于善治的评价标准或构成要素存在不同观点，如道德、专业、制度三要素说②，合法性、法治、透明性、责任、回应、有效、参与、稳定、廉洁、公正十要素说③，实行法治、保护人权、实现社会正义、提高政府效率、社会功能多元化五条件说④，等等。这些要素和条件都不约而同地指向一个共同的答案——法治。进言之，善治不仅包括治理方法上的善，还包括治理结果上的善。善治目标的达成必须依靠法治，一方面，法治与善治存在相通的价值因素，法治所内涵的民主、自由、平等、人权、理性、文明、秩序、正义、效益与合法性等价值⑤皆是善治所具备的价值基础；另一方面，法治保障着善治其他要素的实现，通过立法、执法、司法、守法、监督各环节能够为公正、参与等各要素提供行为规范依据，平衡协调不同主体的权利义务关系，法治能够以最权威、高效的方式保障国家的善治。在依靠法治保障善治的过程中，立法始终发挥着引领和推动作用，实现善治必须坚持立法先行。

最后，法治贯穿于良法善治的始终。良法善治这一中国特色社会主义法治的概括式表达，融贯了良法、法治、善治中的优良因素，是实质的法治。良法善治以良法为始、以善治为终，必将统一于全面依法治国的伟大实践中，因而也必然要遵循立法先行的原则。

第二节 科学立法，人才为本

立法关系党和国家事业全局。立法先行明确了国家治理中先立法还是先行为的问题⑥，良法善治则进一步提出了法治建设中提高立法质量、完善中国

① 程冠军. 走向善治的中国：十八大以来治国理政观察 [M]. 北京：中共中央党校出版社，2015：177-178.

② 王一俊. 善治之道 [M]. 北京：法律出版社，2018：序言第 2 页.

③ 俞可平. 论国家治理的现代化 [M]. 北京：社会科学文献出版社，2014：68-69.

④ 姚大志. 善治与合法性 [J]. 中国人民大学学报，2015（1）：54-55.

⑤ 张文显. 法哲学范畴研究（修订版）[M]. 北京：中国政法大学出版社，2001：156.

⑥ 胡建淼. 如何在国家治理中坚持立法先行原则？[N]. 学习时报，2020-05-06.

特色社会主义法律体系的任务和要求。习近平总书记指出，人民群众对立法的期盼，已经不是有没有，而是好不好、管用不管用、能不能解决实际问题；不是什么法都能治国，不是什么法都能治好国；越是强调法治，越是要提高立法质量。① 基于全面依法治国推动中国式现代化建设，加强和改进立法工作永远在路上。

一、科学立法引领全面依法治国

立法是法治的起始环节，一切执法、司法、守法活动都以立法为基础。站在全面建设社会主义现代化国家的新的历史起点上，全面依法治国迎来了新的使命和任务，要把全面依法治国有机融入中国式现代化的全过程、各领域，必须高度重视立法工作。

（一）全面依法治国要求加强和改进立法

建设中国特色社会主义法治体系是全面推进依法治国总目标的重要组成部分，是全面推进依法治国的总抓手。实现这一总目标，把握这一总抓手，需要围绕法律规范体系、法治实施体系、法治监督体系、法治保障体系、党内法规体系这五个方面的具体任务展开，其中又以建设完备的法律规范体系为首要。党的二十大提出"完善以宪法为核心的中国特色社会主义法律体系"，这不仅指明了完备的法律规范体系的应然形态，也框定了新时期我国立法工作的方向和目标。

党的十八大以来，在全面依法治国的战略背景下，我国形成了具有中国特色、符合中国国情的立法制度，立法体制机制不断健全，立法形式不断丰富，立法领域更加广泛，立法质量稳步提升，立法工作取得了显著成就。但是，着眼于全面建设社会主义现代化国家的实践需求，立法工作仍然存在薄弱环节和明显短板，立法不平衡、不协调、不适应等问题依然存在，立法先行所面临的来自"立法的先天滞后性、立法权与其他公权力的非理性关系、行政高权的传统、公权力主体的自利性"① 等多方面制约因素仍未得到根本性解决，"以高质量立法保障高质量发展" 依然任重道远。

习近平总书记强调，要抓住立法质量这个关键，深入推进科学立法、民主立法、依法立法，统筹立改废释纂，提高立法效率，增强立法系统性、整体性、协同性。② 坚持全面推进依法治国，适应国内外形势变化以及党和国家事业发展的需要，必然要总结立法实践经验的基础上，持续加强和改进立法，为全面依法治国提供基本法律依据。

（二）科学立法是立法工作的基本原则

加强和改进立法工作，科学立法是题中要义。自党的十八大首次确立依法治国 "十六字方针" 以来，科学立法作为一项重要内容被纳入全面依法治国体系之中并成为指导立法工作的基本原则。随着法治建设的全方位、系统化展开，科学立法在发挥法律服务和保障治国理政中的地位和作用更加凸显，作为一项立法原则也在《立法法》中得到确认。③ 科学立法的提出，一方面是基于我国法治建设中仍然存在立法水平和质量不高、立法在社会经济发展中的功能尚未充分发挥等现实问题，另一方面旨在通过科学立法原则的确立，推动科学立法各项举措和机制的制度化、规范化，真正使立法工作迈上新台阶，实现良法善治。

作为一项理论研究命题，学术界在科学立法的概念、标准、实现路径等方面展开了广泛深入研究，学者分别从科学、立法、科学立法角度阐释了科学立法的内涵，提出了合目的性、合规律性、合理性、合法性、合逻辑性等诸项科学立法的标准④，对于丰富科学立法理论，切实提高立法的科学性具有

---

① 关保英. 依法治国背景下立法先行问题研究 [J]. 中州学刊，2018（11）：68-69.
② 习近平. 坚持走中国特色社会主义法治道路 更好推进中国特色社会主义法治体系建设 [EB/OL]. （2022-02-15）[2023-07-03]. https://www.gov.cn/xinwen/2022/02/15/content_5673681.htm.
③《中华人民共和国立法法》第7条第1款规定，立法应当从实际出发，适应经济社会发展和全面深化改革的要求，科学合理地规定公民、法人和其他组织的权利与义务、国家机关的权力与责任。第2款规定，法律规范应当明确、具体，具有针对性和可执行性。该条具体体现了科学立法的原则。
④ 裴洪辉. 合规律性与合目的性：科学立法原则的法理基础 [J]. 政治与法律，2018（10）；熊明辉，杜文静. 科学立法的逻辑 [J]. 法学论坛，2017（1）；冯玉军，王柏荣. 科学立法的科学性标准探析 [J]. 中国人民大学学报，2014（1）.

重要意义。作为一项法治实践活动，国家在坚持和推进科学立法方面也推出了系列举措和制度化安排，包括加强宪法实施和监督、修改《立法法》、发挥人大在立法中的主导作用、赋予设区的市地方立法权、立法协商和开门立法等。习近平总书记关于加强和改进新时代立法工作的系列重要论述为科学立法提供了思想指引和根本遵循，坚持和推进科学立法具有良好的理论基础和现实条件。

虽然理论上对科学立法侧重于价值维度还是工具维度、指向于"作为立法的活动"还是"关于立法的活动"①、聚焦于立法的科学性问题还是科学立法的综合性问题存在不同观点，但从全面依法治国的实践角度审视，关于科学立法的各项观点主张并不存在根本对立或实质分歧。因为在全面依法治理的系统工程之中，立法既是一项技术性活动，又是在价值引领下的活动；立法既具有一般社会实践活动的普遍性特征，又是一项具有独特性的法治实践活动；立法既关注过程本身，又重视活动成果；立法既因对象的客观属性而要遵从客观规律，又联结法治其他环节而需考量主观目的。故而站在全面依法治国全局的高度，科学立法的标准应当从包含理念、原则、价值、实体、程序、制度等多角度综合评价，并且立法的科学性评价结果与否会随着时代的发展而不同，科学立法的标准也处于动态变化之中。对科学立法不能作固化理解，应结合时代需求赋予其内涵，将其置于全面依法治国总体格局中加以理解和贯彻。从这个意义上看，科学立法可以称作科学地进行立法以及实现立法科学性的各项活动的总称，作为一项需要始终坚持和不懈追求的立法原则与立法目标，相关的认识论标准、策略论标准、公平正义标准、合理因素标准、程序标准、技术性标准、执行性标准、政治与专业标准②等都应纳入科学立法的体系之中。

(三) 习近平法治思想是科学立法的根本遵循

科学立法必须始终坚持和贯彻习近平法治思想。习近平法治思想是马克思主义法治理论中国化时代化的最新成果，深刻阐释了全面推进依法治国、

---

① 裴洪辉. 合规律性与合目的性：科学立法原则的法理基础 [J]. 政治与法律，2018 (10)：65.
② 刘松山. 科学立法的八个标准 [J]. 中共杭州市委党校学报，2015 (5)：80-89.

建设法治中国的系列重大问题，是全面依法治国的科学理论引领和思想根基。科学立法既是习近平法治思想的重要内容，又是贯彻落实习近平法治思想、全面推进依法治国的内在要求。实现科学立法，要深入领会习近平法治思想中的立法理念与要求，以习近平法治思想作为新时期推进科学立法的根本遵循。

习近平总书记从全面依法治国的总体目标和现实问题出发，围绕提高科学立法作出系列论述，对坚持和推进科学立法具有重要理论意义。针对科学立法，他指出，科学立法的核心在于尊重和体现客观规律。① 立法作为一项特殊的实践活动，需要充分尊重和体现作为立法对象的事物本身的客观规律，尊重和体现立法工作及法治运行的客观规律，同时还要尊重和体现中国基本国情和经济社会发展的本土规律。在立法与改革的关系问题上，习近平总书记指出"科学立法是处理改革和法治关系的重要环节"，科学阐明了立法在全面深化改革和全面依法治国中的重要地位；先后提出"要实现立法和改革决策相衔接，做到重大改革于法有据、立法主动适应改革发展需要"②，"要把改革发展决策同立法决策更好结合起来，既通过深化改革完善法治，又通过更完善的法治保障各领域改革创新，确保国家发展、重大改革于法有据"③ 的科学论断，表明科学立法不仅应当实现立法内容的科学建构，还应融入"四个全面"战略布局，在立法目标上实现科学引领和适应改革发展需要，在立法制度上通过深化改革实现自我更新和发展，即通过科学立法保障全面深化改革，以立法改革实现立法的科学化。在以科学立法保障提高立法质量问题上，习近平总书记提出立法体制方面"要加强党对立法工作的集中统一领导，完善党委领导、人大主导、政府依托、各方参与的立法工作格局"，法律体系方面"要在确保质量的前提下加快立法工作步伐，增强立法的系统性、整体性、协同性，使法律体系更加科学完备、统一权威"，立法形式方面"要丰富

① 中共中央文献研究室. 习近平关于全面依法治国论述摘编 [M]. 北京：中央文献出版社，2015：49.

② 中共中央文献研究室. 习近平关于全面依法治国论述摘编 [M]. 北京：中央文献出版社，2015：51.

③ 习近平：在中央人大工作会议上的讲话 [EB/OL]. (2022-02-28) [2023-10-07]. https://www.gov.cn/xinwen/2022-02/28/content_5676076.htm.

立法形式，增强立法的针对性、适用性、可操作性"，立法程序方面"要严格按照法定权限和程序制定行政法规、监察法规、部门规章，保证法规、规章的质量"等系列要求。① 习近平总书记同时还就立法工作的本质明确提出了强化立法工作队伍建设的要求，指出"立法是为国家定规矩、为社会定方圆的神圣工作，立法人员必须具有很高的思想政治素质，具备遵循规律、发扬民主、加强协调、凝聚共识的能力"②。这些关于科学立法的重要论述指明了当前我国推进科学立法的内在逻辑、总体脉络和具体路径，在习近平法治思想的引领下，科学立法正在朝着更高水平、更深层次发展。

二、人才队伍支撑立法质效提升

坚持推进科学立法、民主立法、依法立法，不断提高立法质量，需要具备思想引领、政治保证、立法体制机制健全以及组织保障等多方面的条件。其中最直接、最基础的一项条件是建设一支坚强有力的立法工作队伍。法律的制定和实施，有赖于从事这些实践活动的主体在其中发挥作用，立法工作队伍建设的好坏，对于立法质量和效率的提升至关重要。

（一）人才队伍是立法工作的重要支撑

立法是由特定主体依据一定的职权和程序，运用一定的立法技术，制定、认可和变动法这种特定的社会规范的活动。③ 作为立法活动的运行者，立法主体对立法工作的过程和结果会产生实质影响，在立法方面发挥着重要的支撑作用。对于立法工作而言，立法活动主要围绕"谁来立""立啥法""如何立"三个层次展开④，这三个层次均与立法工作队伍紧密相关。其一，"谁来立"指向于立法主体问题，立法主体从理论上包括享有立法权、进行立法工作、参与立法工作的主体，在实际立法工作中具体化为立法工作队伍的各类机构、人员或组织。其二，"立啥法"指向于立法对象问题，它取决于国家发

---

① 习近平：在中央人大工作会议上的讲话 ［EB/OL］.（2022-02-28）［2023-10-07］. https://www.gov.cn/xinwen/2022-02/28/content_5676076.htm.

② 习近平. 论坚持全面依法治国 ［M］. 北京：中央文献出版社，2020：116.

③ 周旺生. 立法学教程 ［M］. 北京：北京大学出版社，2006：60.

④ 邓世豹. 立法学：原理与技术 ［M］. 广州：中山大学出版社，2016：5.

展目标和社会现实需求等多方面的因素，具体化为立法项目的选取、论证、评估等系列问题，最终体现为立法决策。立法对象关系立法的及时性、精准性，立法决策充分考验立法者对立法需求的敏锐性以及对已有立法的掌控度，合格的立法者应当能够及时有效地对现实需求做出立法回应，并协调好法律之间的关系，使法律规范之间不存在重复或冲突。其三，"如何立"指向于立法的手段方式问题，涉及立法程序和立法技术问题。立法是一项程序性、技术性活动，立法的各类活动都需依照法定的程序和环节，按照法定的职能权限进行，立法必须符合语言格式、逻辑规则和法律规范等形式要求。① 立法者对于立法程序以及立法技术的掌握和运用能够直接反映到立法的权威性、稳定性以及立法的形式合理性方面，立法者是否具备特定的知识和能力也将最终影响立法意图的实现。

《中共中央关于全面推进依法治国若干重大问题的决定》提出，全面推进依法治国必须全面加强法治工作队伍建设。习近平总书记在 2017 年 5 月视察中国政法大学时指出："建设法治国家、法治政府、法治社会，实现科学立法、严格执法、公正司法、全民守法，都离不开一支高素质的法治工作队伍。"无论是从实体上还是形式上，立法工作队伍都是保证立法质量和效率的重要条件和支撑因素。立法工作队伍是法治工作队伍的重要组成，坚持科学立法，实现良法善治必须高度重视立法工作队伍建设。

（二）立法人才队伍的定位

立法人才队伍是专门从事立法活动的主体，由立法活动的政治性、专业性、理论性、实践性等特性所决定，立法人才队伍必然是服务中心大局、精通立法技术、恪守法治信仰、投身立法实践的专门主体。加强立法人才队伍建设，应在习近平"法治工作队伍建设理论"② 和关于人大工作、人才工作重要论述的指导下，正确定位立法人才队伍，才能找准角色，真正发挥立法人才队伍对于科学立法和良法善治的重要作用。

---

① 邓世豹. 立法学：原理与技术 [M]. 广州：中山大学出版社，2016：11.
② 蒋传光，赵诗杨. 习近平法治工作队伍建设理论及原创性贡献 [J]. 贵州社会科学，2022（12）：72-81.

从立法工作本身的特性及其作为法治基础环节的角度出发，定位立法人才队伍应当围绕专门性、专业性、法治性和政治性四大方面进行把握。第一，立法人才队伍是专门从事立法工作的主体。立法是对权利资源、权力资源以及其他有关社会利益进行法定制度性配置的专门活动。① 这项活动的展开具有专门的权力基础，需要设定专门的国家机关行使立法权，设定专门的法律制度和程序规范立法权的行使，建立专门的立法人才队伍从事立法工作，作为专职立法理论或实践的主体。第二，立法人才队伍掌握立法知识和技能，具备立法专业知识和综合素质。立法活动的进行遵循立法规律、立法原理、立法制度和立法技术，立法主体不仅要熟练掌握立法专业知识和技能，还需要具备经济、政治、社会、文化、生态环境等领域的相关知识，能够运用立法这一手段达到规范特定领域行为、调整特定社会关系的目标。第三，立法人才队伍具备法治信仰，在法治思维和法治价值导向下进行立法活动。立法活动不仅是制定规则的活动，还是一项价值关涉性活动，立法人才队伍在设定规则的同时也在进行价值博弈和选择②，基于对法律的权威性、稳定性、可预见性的认识，对于所认同和追求的公平、正义、自由、秩序、安全等价值予以立法确认和表达，通过立法为价值实现提供依据。第四，立法人才队伍肩负政治使命，需要具备很高的政治素养。立法是通过法定程序将党的主张和人民意志转化为国家意志的过程，是一项关系党和国家发展事业全局的政治活动。国体、政体、国家结构形式等决定了立法主体和立法权限划分，立法人才队伍必须立足本国政治现实，坚定政治立场，既对国家政治领域的事务作出科学、合理的规定，确保国家政治活动规范有序；又能及时反映国家政治需求，使立法活动符合国家政治目标。立法要讲政治，立法人才队伍也就必须具备政治意识、政治素质。

（三）高素质立法人才队伍助推高质量立法

高质量立法是新时期推进立法工作的方向和关键。中央全面依法治国委员会第二次会议强调，发展要高质量，立法也要高质量，要以立法高质量保

---

① 周旺生. 立法学教程 [M]. 北京：北京大学出版社，2006：53.

② 吴占英，伊士国. 我国立法的价值取向初探 [J]. 甘肃政法学院学报，2009（3）：10.

障和促进经济持续健康发展。① 高质量立法有赖于高素质人才，建设高素质立法人才队伍是实现高质量立法的必备条件。

建设高素质立法人才队伍对于实现高质量立法具有重要意义。一方面，立法工作呈现复杂性、复合性、创新性和实践性等特点，高质量立法面临着新挑战和新任务。在中国特色社会主义法律体系已经形成并日益完备的基础上，立法不能只看速度和数量，更要考察精细化、针对性、可操作性和时效性。立法人才既要全面把握国内改革发展需求和目标，又要精准研判国际风险和局势走向，真正做到"法律体系必须随着时代和实践发展而不断发展"②。另一方面，为解决当前我国立法存在的问题和难题，迫切需要打造高素质的立法人才队伍。立法的重复性、同质化问题，立法程序运行粗化问题，立法成本收益不匹配问题③尚未得到有效解决，地方立法"放水"问题④以及地方立法中存在的"形象工程、选择性治理、超越中央职权、威胁法制统一、避重就轻"等风险与弊害⑤仍然难以破除，这些立法实践中存在的立法质量不高问题，一定程度上也是立法人才供给失衡、立法人才素质不高造成的。因此，无论是顺应新时代立法特点和需求还是破解立法中存在的难题，都离不开建设高素质立法人才队伍。

以高素质立法人才队伍助推高质量立法，需要明确高素质立法人才队伍的意涵。对此，学者分别从不同维度提出了立法人才应当具备的能力和素养。例如，从立法资格权限能力、提供良法的能力和独立承担立法责任的能力方面解读了立法能力的基本构成；⑥ 从立法政策把握能力、立法项目调研能力、立法项目选择能力、法律草案起草能力、与多元主体沟通能力、法律法规解

① 完善法治建设规划提高立法工作质量效率 为推进改革发展稳定工作营造良好法治环境 [EB/OL]. (2019-02-26) [2023-07-01]. https://m.gmw.cn/baijia/2019-02/26/32561861.html.
② 习近平在庆祝全国人民代表大会成立六十周年大会上的讲话 [EB/OL]. (2014-09-06) [2023-07-03]. http://www.npc.gov.cn/zgrdw/npc/xinwen/2014/09/06/content_1877767.htm.
③ 刘莘，金成波. 立法成本收益分析在中国：理念更新与制度确立 [J]. 江苏社会科学, 2016 (3): 151-153.
④ 沈寿文. 论"立法放水"的认定 [J]. 理论探索, 2023 (1): 114-115.
⑤ 关保英. 地方立法推动行政法发展的法治评价 [J]. 法学, 2022 (12): 44-47.
⑥ 曾林翔晨，江国华. 新时代国家立法能力建设的挑战与路径 [J]. 湘潭大学学报（哲学社会科学版）, 2022 (2): 84-85.

释能力方面分析了立法行为能力的构成;① 从统一的职业语言、职业思维、职业知识、职业技术、职业信仰和职业道德方面阐述了立法人才的职业素养;② 从发现能力、起草能力、决策能力、协调能力、说理能力、审议能力、解释能力方面论述了新时代立法工作者应当具备的专业能力;③ 从法理素养角度阐述了立法专业性的体现;④ 等等。这些有关立法能力和立法素养的研究对于理解和确立高素质立法人才队伍的内涵标准具有重要参考意义。按照习近平总书记关于"建设德才兼备的高素质法治工作队伍","推进法治专门队伍革命化、正规化、专业化、职业化,确保做到忠于党、忠于国家、忠于人民、忠于法律"⑤,"打造政治坚定、服务人民、尊崇法治、发扬民主、勤勉尽责的人大工作队伍"⑥ 的指示要求,立法人才队伍建设也必然要依此推进。换言之,高素质立法人才队伍建设不仅要关注立法人员的个体素质,还要提升立法队伍的整体素质;⑦ 不仅要注重立法主体的思想政治素质、整体性立法思维、立法学知识体系、学习创新能力⑧等,还特别强调立法者以人民为中心、忠于党和国家、崇尚民主和法治等内在的崇高职业道德。而要实现以高素质立法人才队伍助推高质量立法,则必然要从立法人才的教育和培养这一基础环节展开。

第三节　教育培养，改革为要

法学教育是法治人才培养的必经途径，基于法学学科的专业性和法治实

---

① 孙丽虹，张东华. 立法行为能力的内涵、构成及提升路径研究 [J]. 河北法学，2023 (6)：148-149.

② 李克杰. 论立法人才的范围、职业素养与培养模式 [J]. 齐鲁师范学院学报，2017 (4)：25.

③ 田成有. 新时代立法工作者的专业能力建设 [J]. 人大研究，2021 (11)：50-51.

④ 赵立新. 浅议立法工作者的法理素养 [J]. 吉林人大，2022 (2)：36-37.

⑤ 习近平. 习近平谈治国理政：第四卷 [M]. 北京：外文出版社，2022：297.

⑥ 习近平：在中央人大工作会议上的讲话 [EB/OL]. (2022-02-28) [2023-10-07]. https://www.gov.cn/xinwen/2022-02/28/content_5676076.htm.

⑦ 张洪波. 论立良法的条件和路径机制 [J]. 学术探索，2022 (10)：140-141.

⑧ 孟庆瑜，李汶卓. 政产学研协同育人模式下我国立法人才培养的问题审思与机制创新 [J]. 河北法学，2022 (10)：80-83.

践的复合性，法治人才培养必须建立在专业化、正规化、职业化法学教育的基础上。站在全面推进依法治国，建设法治中国的新起点，法治人才培养需要持续更新理念，改革创新培养模式和机制，为实现中国式法治现代化提供有力保障。

一、法学教育夯实法治人才培养之基

致天下之治者在人才，成天下之才者在教化，教化之所本者在学校。[①] 人才培养离不开教育，法治人才培养依赖于系统的法学教育和培训过程。在全面依法治国背景下，法治人才培养迎来新的契机，同时也面临着新的任务和挑战，唯有通过不同类型、不同层次法学教育的全面开展，才能提供可靠的人才支撑。

作为高等教育的组成部分，法学教育通过专门的课程设置和教学环节的开展直接或间接产出法治人才，这些法学教育的"产品"供给服务和保障法治职业领域，构成了法治事业的核心力量。一方面，法学教育向被教育者提供法治专业知识教学。法学学科具有独特的专业属性，法律概念、法律关系、法律语言、法律逻辑、法律思维和法律方法等法学的基本知识和法治基本原理必须通过接受法学教育方可获得，具备相应的专业知识储备是进行法治职业工作的首要条件。另一方面，法学教育向被教育者提供法治实践教学。法学专业具有显著的实践应用属性，无论是从事法学理论研究工作还是法治实践事务，都以客观的法治实践为观察对象或活动场域。面向法治实践的法学教育，注重从法律制度到实施各环节的技能培养和提升，包括但不限于规则创设能力、文书写作能力、沟通协商能力、逻辑推理能力等，这些技能构成了法治实践中识别、判断、解决各类具体法律问题的必备条件。在知识教学和实践教学过程中，思想政治教育和职业伦理、职业道德教育贯穿始终，使法治人才能够树立正确的法治观念和价值取向，能够按照"德法兼修"的要求投身法治建设理论和实践，真正将全面依法治国落到法治的每一处细节之中。此外，从法治人才分布的职业类型和领域来看，高等法学教育不仅要为专门法治职业领域培养后备法治人才，还要为法治国家建设培养社会各领域

---

① ［宋］胡瑗. 松滋儒学记［M］//周德昌. 北宋教育论著选. 北京：人民教育出版社，1998：65.

的参与者和管理者①，法学教育对于国家治理各项事业来说都发挥着重要功能。

当前，在全面开启建设现代化国家的新征程上，法治人才培养正面临着前所未有的契机和挑战。其中，以《法治中国建设规划（2020—2025年）》《关于加强新时代法学教育和法学理论研究的意见》为代表的国家顶层设计为法治人才培养指明了方向和道路，同时也提出了更高、更新的时代要求。而随着数字化、智能化、信息化、国际化发展趋势的日益增强，处在转型期的中国法治对人才培养的需求更为迫切，法治人才培养面临的难题和挑战也更加复杂。我们唯有从法学教育方面着手，以需求为导向培养符合时代发展潮流的法治人才，才能在百年未有之大变局中筑牢人才之基。

二、法学教育对接立法人才培养之需

法治人才培养在全面依法治国中占据重要地位。习近平总书记在2017年5月3日考察中国政法大学时指出，法治人才培养上不去，法治领域不能人才辈出，全面依法治国就不能做好。着眼于为全面依法治国培养高素质法治人才这一使命，法学教育必须在坚持正确政治方向和科学理论指导的基础上，"深入研究和解决好'为谁教、教什么、教给谁、怎么教'的问题"。教育的一个重要功能就是培养党和国家事业所需人才，法学教育作为法治人才的供给端，必须面向全面依法治国对法治人才的需求，明确其定位、目标、内容以及方法路径。具体到立法层面，在以高素质立法人才推动高质量立法的思路之下，法学教育只有精准对接科学立法、良法善治等立法需求，才能有的放矢地进行立法人才培养工作。

首先，法学教育的目标要对接立法人才培养需求。习近平总书记曾多次论及法治人才培养目标，在考察中国政法大学时指出，新时代的法学教育应当立德树人、德法兼修，不仅要提高学生的法学知识水平，而且要培养学生的思想道德素养，培养大批高素质法治人才；在2020年2月5日中央全面依法治国委员会第三次会议上指出要积极探索法治人才培养机制，从思想政治素质、业务工作能力、职业道德水准三个方面建设社会主义法治工作队伍；

---

① 焦富民. 全面依法治国视域下高素质法治人才培养机制的优化 [J]. 学术界，2023（5）：102.

在 2021 年 12 月 6 日十九届中央政治局第三十五次集体学习时强调要努力培养
造就更多具有坚定理想信念、强烈家国情怀、扎实法学根底的法治人才。总
体来看，为全面依法治国培养"德法兼修"的法治人才正是法学教育的目标
所在，这一目标还需从两个层次展开。其一，立法人才是法治人才的组成部
分，立法人才培养自然也应列入法学教育的目标。传统法学教育秉持"司法
中心主义"理念①忽视了国家和社会对于立法人才的需求，法学教育的目标多
定位于"法官能力之培养"②。这实际上并未充分重视立法在全面依法治国中
的地位和作用，也与当前科学立法、建设完备的法律规范体系以及良法善治
对立法人才的需求并不匹配，因而，法学教育目标之下必然包含培养"德法
兼修"的立法人才。其二，"德法兼修"的立法人才这一目标，具体化为
"法学知识水平"和"思想道德素养"两个方面的目标。对于立法人才培养
而言，需要进一步具体化为立法学的知识水平和思想道德素养；从立法权和
立法行为的独特性角度，立法人才应当具备更高的政治素养、更为扎实的法
学理论功底、更广博的知识、更敏锐的洞察力、社会调查与分析能力和立法
思维。③这也是法学教育目标对接立法人才培养需求的要义。

　　其次，法学教育定位要对接立法人才培养需求。目标引领方向，方向决
定道路。"德法兼修"的目标明确了法学教育的方向和道路，同时也深刻回答
了长期以来有争议的"法学教育是素质教育还是职业教育"的定位问题。从
已有研究来看，学界关于法学教育的定位存在明显不同的认识。既有从法学
教育与法律职业的目的相关联的角度将其定位于职业教育的观点④，也有从大
学教育的一般性角度提出法学本科教育是素质教育的观点。⑤法学教育的定位
不同，相应的教育模式和方法也就不同。在职业教育定位下，法学教育具有
职业化训练的特点，注重传授职业知识、职业方法和能力，多采取诊所式教

---

①　邓世豹. 超越司法中心主义：面向全面实施依法治国的法治人才培养 [J]. 法学评论, 2016
(4)：34.

②　葛云松. 法学教育的理想 [J]. 中外法学, 2014 (2)：290.

③　李伟. 法学本科院校立法人才培养若干问题研究 [J]. 大学教育, 2019 (5)：16-17.

④　龙卫球. 法学教育和法律职业关系的双重意蕴 [J]. 中国法学教育研究, 2006 (2)：28-32.

⑤　曾宪义, 张文显. 法学本科教育属于素质教育：关于我国现阶段法学本科教育之属性和功能
的认识 [J]. 法学家, 2003 (6)：1；杨志坚. 素质教育的针对性、价值取向和法学本科教育的改革
调整 [J]. 法学家, 2003 (6)：10.

学和案例教学；素质教育定位下则突出强调思想政治教育和人文精神、法治思维的培育，注重学术性和研究性的教学。当然，从法学教育定位研究的主流观点来看，职业教育和素质教育的区分是相对意义上的，在法学教育是职业教育的观点之中也提出了素质培养和提升的要求①，提出法学教育是素质教育的学者也认为素质教育是精英、专业和通识教育的一体统一。② "德法兼修"的目标也恰恰表明了当前法学教育定位已经超越了单纯的素质教育还是职业教育的问题，而是高水平的素质教育与高质量的职业教育的统一。③ 在这个意义上，德法兼修的理念贯穿于立法人才培养的全过程，法学教育的定位依然是面向法律职业的。就法律职业本身的需求来看，教育部 2018 年发布的《普通高等学校法学类本科专业教学质量国家标准》以及 2021 年发布的《法学类教学质量国家标准（2021 年版）》在明确法学类专业教育是素质教育和专业教育基础上的职业教育基础上，指出法学类专业人才的培养目标是培养德才兼备、具有扎实的专业理论基础和熟练的职业技能、合理的知识结构，具备依法执政、科学立法、依法行政、公正司法、高效高质量法律服务能力与创新创业能力，坚持中国特色社会主义法治体系和熟悉国际规则的复合型、应用型、创新型法治人才及后备力量。立法人才培养也需面向立法领域的职业需求，在坚持职业教育定位的基础上，致力于培养集专业、素质和能力于一体的立法人才。

再次，法学教育体系要对接立法人才培养需求。法学教育是法治建设的基础和前端环节，是由法学学科体系、课程体系、教材体系、教学体系等构成的系统。法学教育体系建设必须紧紧围绕法治建设的实践，既要充分抓住法治建设进程中的有利契机大力发展和促进法学教育，不断为法学教育事业创造良好条件；又要及时发现和科学回应法治建设实践中的新老问题，持续加强教育体系的建设和调整，为法治建设事业提供人才支撑和智力支持。立法人才培养是法学教育的重要组成部分，对标中国特色社会主义立法实践需

① 曹义孙. 中国法学教育的主要问题及其改革研究 [J]. 国家教育行政学院学报, 2009 (11): 59-61.

② 张巍. 法学教育定位之误区及其理性认识 [J]. 前沿, 2010 (8): 102.

③ 杨宗科. 习近平法治思想与法治学体系 [J]. 法律科学（西北政法大学学报）, 2022 (2): 16-17.

要，法学教育体系要全面检视各部分各环节是否将立法人才培养纳入其中，能否为各层次、各领域、各环节的立法工作提供合格、充足的立法人才供给。从应然角度看，面向立法人才培养需求的法学教育体系建设和完善应当着力从法学学科体系、法学课程体系、法学教材体系、法学教学体系以及教学模式诸方面展开。① 法学学科体系中应当在法学一级学科之下包含立法学这一分支学科，立法学无论是作为独立的二级学科还是作为专门的研究方向归属于宪法学或法学理论，都应做到与立法在国家法治体系中的地位和作用相匹配；法学课程体系中立法的专业课程和相关课程设置要与立法人才培养目标和立法实践的时代进程相一致；法学教材体系中立法学理论与实务教材的编写和修订要始终与最新的立法指导思想、立法理论成果、立法规范文本、立法实务特点相配套；法学教学体系中立法方面应当实现本科、硕士、博士学历层次的全覆盖，学术型和专业性人才培养一体推进，既能达到立法理论的多维贯通与深入拓展，又能持续向社会输出具备立法工作素质与能力的专业人才；法学教学模式选择上应当与立法工作的专业性与综合性、知识性与实践性特征相适应，立法教育教学工作应当探索和实施学科交叉联合培养、政产学研协同育人等多种教学模式，从立法对象的客观规律和立法本身的规律属性出发寻找不同学科的共同点和关联性以支撑复杂社会问题的解决②，发挥大学院校、立法机关、社会企业等多主体的职能优势和资源要素以形成立法知识、理论、实践有效协调、一体推进的教育格局。③

三、教育改革引领高素质立法人才培养之路

"创新法治人才培养机制"是党的十八大以来法学教育面临的重要使命。中国的法学教育自 1978 年恢复重建以来，在国家的发力推动和社会的广泛需求之下发展迅速，教育的规模、层次和结构都取得了长足进展，为社会主义法治建设和国家各项事业培养了大批优秀法治人才，在各行业、各领域发挥

---

① 汪全军. 立法工作者人才培养问题研究 [J]. 法学教育研究，2020（4）：428-435.
② 刘艳红. 从学科交叉到交叉学科：法学教育的新文科发展之路 [J]. 中国高教研究，2022（10）：10-11.
③ 孟庆瑜，李汶卓. 政产学研协同育人模式下我国立法人才培养的问题审思与机制创新 [J]. 河北法学，2022（10）：89.

了重要作用。经过四十多年的建设和发展，法学教育在人才培养上实现了由被动供给到主动供给，由追求培养规模到注重培养质量，由借鉴模仿西方到探索自主发展的跨越式转变，至今已经形成了具有中国特色的法学教育体系和模式。

应当看到，法学教育在快速发展的同时，也存在诸多问题和不足。法学教育的定位属性模糊、法治人才供给和需求的结构失衡、法学教育和法律职业的衔接不够、法学教育的封闭性、法学教育实践性缺乏和道德教育缺失等问题备受诟病，也严重制约了法治人才培养的质量和水平。针对法学教育中存在的各种问题及症结，党和国家持续推进法学教育改革进程，先后制定了《教育部 中央政法委关于实施卓越法律人才教育培养计划的若干意见》（以下简称《卓越法律人才计划》）、《教育部 中央政法委关于坚持德法兼修实施卓越法治人才教育培养计划 2.0 的意见》，明确提出"深化高等法学教育改革"的任务要求，科学确立应用型、复合型、创新型卓越法治人才培养的目标，不断增强法学教育的实践性、开放性，更加注重伦理道德和人文素养，不断优化法治人才培养理念的策略，明显提升法学教育的质量和水平。

进入全面依法治国新时期，《法治中国建设规划（2020—2025 年）》以及《新时代法治人才培养规划（2021—2025 年）》对法治人才培养提出了新要求，法学教育事业在法治中国建设背景下迈上了新台阶。2023 年 2 月 26 日，中共中央办公厅、国务院办公厅印发《关于加强新时代法学教育和法学理论研究的意见》，该意见坚持以习近平法治思想为根本遵循，紧密结合全面依法治国、建设法治中国的战略布局和中心任务，系统提出了新时代进行法学教育和法学研究的目标、方向、要求、路径，深刻阐释了法学学科、法学教育、法学教材、法学教师队伍等法学教育体系建设和完善的具体问题，为法学教育的高质量发展提供了总纲领和路线图。

值得注意的是，该意见多次提及改革创新，无论是从"改革法学院校体系""创新发展法学理论研究体系"的标题设置上，还是"创新教育方法手段""探索法律专业学位研究生入学考试改革""推进法学专业教师队伍改革"等具体表述上，都能看出当前和今后一段时期"改革创新"依然是推进法学教育的主旋律。习近平总书记在肯定我国法学教育和法治人才培养成效的基础上指出了目前存在的问题和不足，包括"重形式轻实效""重专业轻思想政治素质""法学学科结构不尽合理""学科理论建设滞后于实践""知识教学和实践教育结合不够"等，可以说这些问题依然是我国目前法学教育亟须解决和改善的重点方面，而解决之道就在于法学教育的改革创新。

推进法学教育改革创新需要结合不同类型法治人才培养的特点进行具体谋划设计。聚焦立法工作目标任务和立法人才的现实需求，法学教育改革创新可谓势在必行，意义重大。首先，立法面临新形势。在中国特色社会主义法律体系已经形成的基础上，立法工作以"法律规范的科学完备"为目标导向，立法的重点工作不再仅仅局限于集中立法或者频繁修法，而是要通过一系列的制度性安排和社会环境的创造，逐步实现已载入宪法和法律的基本价值和原则①，通过不断提升立法技术和优化立法程序，在系统梳理和精准提炼的基础上推进法律的科学化和体系化。其次，立法呈现新特点。借鉴国民经济社会发展规划的有益经验，我国法治建设也开始注重编制和实施规划来引领各领域各环节的工作，法治中国建设迈向了规划时代。② 立法工作的规划属性凸显，通过立法规划对未来一段时期的立法目标、方向和重点任务做出指导，对当前和今后的立法需求做出预测和制度安排，不仅能够改善和提升立法工作本身的针对性和科学性，还能有力提高法律制度和法律体系的协调性和实效性。在规划引领下，结合特殊区域、特别领域和专门事项的立法需求，通过授权行政机关暂行立法、授权司法机关试点探索立法、授权地方先行先试立法，为改革创新提供法治依据。③ 这种试验性立法能够在灵活性的基础上保障改革的顺利进行，为立法提供经验和参考，同时这种探索性、创新性的立法形式也会产生不确定的风险和隐患，立法者必须在充分论证和评估的基础上作出决策。最后，立法面对新挑战。重点领域、新兴领域、涉外领域立法工作面临多学科交叉融合、多重利益主体关系协调、重要国内国际规则的判断和运用等挑战和难题，对立法主体的理论功底、知识结构、自然科学素养和政治思想素质提出了更高、更新的要求，立法者需要具备扎实的立法理论、知识和技术储备，具备对新产业、新技术相关问题的调研学习和沟通合

① 蒋苏淮. 中国特色社会主义法律体系建成后"立法中心主义"的转向 [J]. 河北法学, 2012 (4)：4.
② 马怀德. 迈向"规划"时代的法治中国建设 [J]. 中国法学, 2021 (3)：18.
③ 李丹阳. 试验性立法的中国实践 [J]. 学习与探索, 2016 (2)：73.

作能力，加强和提升运用国际法维护国家主权、安全和利益的能力，切实承担起立法的时代使命和任务。

在立法工作的新形势、新特点和新挑战之下，法学教育必须充分观照立法人才培养，并在教育体系和教育模式上进行改革完善。传统法学教育过于强调专业细分和部门划分，片面注重知识传授和文本掌握，明显缺乏对立法职业所需能力和素质的培养，立法人才培养是法学教育中明显薄弱的环节。面向高素质立法人才培养的时代需求，当前的法学教育在立法人才数量规模上以及人才层次和质量上，仍需进一步加强和改进，法学教育的改革和创新是培养新时代高素质立法人才的必由之路。

第二章
新文科建设视域下我国立法人才培养的理念重塑

"新文科"之"新"不仅在于重塑人文精神、提振文科教育,从人才培养角度而言更在于一种人才培养思维的转变和人才培养理念的重塑。有学者将"新文科"概括为"古今打通、文理打通、人文与社科打通、中与西打通、知与行打通的'五通文科'"①。将"新文科"理念融入高等法学教育,对于提升新时代立法人才培养质量,实现高等法学教育内涵式发展意义重大。具体而言,就是要在法学教育中坚持"德法兼修、守正创新、知行合一、交叉融合、协同共享"五位一体的人才培养理念。其中,"德法兼修""守正创新""知行合一"属于基本理论层面的理念。"德法兼修"从价值论角度明确了立法人才培养的价值导向;"守正创新"从方法论角度指明了立法人才培养的方向路径;"知行合一"从认识论角度阐明了立法人才培养的核心内容。"交叉融合"和"协同共享"属于具体实践层面的理念。"交叉融合"着眼于内生性动力的强化,旨在从学科建设的角度引领立法人才培养模式的创新;"协同共享"着眼于外源性动力的增强,旨在从共同体构建的角度引导立法人才培养机制的完善。五大理念相互贯通、相互促进,是具有内在联系的集合体,"德法兼修"是精髓,"守正创新"是核心,"知行合一"是本质,"交叉融合"是手段,"协同共享"是保障。五者高度契合,既不能顾此失彼,也不可相互替代,具有不可争辩的内在统一性,应当得到全面贯彻。

---

① 徐显明. 新文科建设与"新法学"教育的挑战和应对 [J]. 新文科教育研究, 2021 (1): 13.

第一节　德法兼修

强化价值引领是新文科建设的内在要求。法学问题归根结底是价值问题。随着全面依法治国的深入推进，法学教育作为卓越法治人才的"孵化器"显得越发重要。新文科建设视域下的法学教育不再局限于传统的"知识人"或"技术人"的培养，而是转向培养德法兼修、融通价值，既懂法理又通人情的法治人才。自 2017 年习近平总书记在中国政法大学考察时发表重要讲话之后，我们进一步明确了法学教育培养人才的目标就是培养德才兼备的高素质法治人才，而培养的核心内容就是"德法兼修"。"德法兼修"也是高等法学教育由"外延式扩张"转向"内涵式发展"的必然要求。

一、"德法兼修"的价值意蕴

（一）"德法兼修"是卓越立法人才培养的根本目标

2018 年 9 月 17 日《教育部 中央政法委关于坚持德法兼修实施卓越法治人才教育培养计划 2.0 的意见》（以下简称《卓法计划 2.0 意见》）在"总体思路"部分明确了培养"德法兼修"的一流法治人才的总目标。2023 年 2 月中共中央办公厅、国务院办公厅印发的《关于加强新时代法学教育和法学理论研究的意见》在"工作原则"和"主要目标"部分也明确了坚持"德法兼修"，"持续培养大批德才兼备的高素质法治人才"的总要求，这标志着"德法兼修"已经成为卓越法治人才培养的根本目标和刚性要求。"德法兼修"强调德法融合式教育，即德性教育与智性教育相融合。"德法兼修"是习近平总书记在中国政法大学考察时对我国法学教育坚持立德树人，培养高素质法治人才的殷切期望。准确理解"德法兼修"的内涵有助于我们深刻把握立法人才培养的内涵和要求。"德"即"道德、品性、政治品质"，象征着修身治理的境界，落实在法学的德性教育中，旨在培养学生具有高尚的道德操守、道德修养、正义良知和法治信仰。"法"在汉语中既指静态的法律制度、法律体系，也泛指规矩、标准、公平正义等①，落实在法学的智性教育中，旨在培养学生具备法律专业知识和法律职业技能。"德"与"法"是法治人才安身立命的两大支柱。德为魂、法为器，"德法兼修"就是既要"修法治"也要"修德治"，将国家法治德治精神和主流价值观内化为法治人才的信念和品质，培养"修私德、守公德、循道德"的高素质法治人才。

（二）"德法兼修"是中国法治发展道路的必然选择

"德法兼修"的育人理念已在中国传统文化中有所体现。中国古代培养人才的精髓就是德性教育，这也源于统治者对于德治的重视。古人为"德"找到的现实载体便是"礼"，意思是治国以道德为导向，施政的举措便是推行"礼治"。早在三皇五帝时期，礼乐文化就开始萌芽，西周时期便形成了以《周礼》为核心的礼乐规范体系。春秋末期，孔子在此基础上进一步构建了以"仁爱"为基础的道德规范体系，而以孔子为代表的儒家思想则构成整个中国传统社会的文明秩序原理。儒家思想注重"修身治家"与"治国平天下"的有机结合，所以追求德治成为儒家思想的重要政治目标。相应地，德行修养成为此后历朝历代人才培养的核心目标，如曾子在《大学》中提出"大学之道，在明明德，在亲民，在止于至善"；左丘明在《左氏春秋传》中提出"太上有立德，其次有立功，其次有立言"；等等。此外，礼不仅是道德规则，也是立法之本，其表现形式往往是行为规范，需要靠国家强制力保障实施，尤其是对违礼行为的追究惩罚，必然要诉诸具有普遍威慑力的法律，用法治来维护礼治。汉武帝时期，"礼法合一"的进程开始加速，并逐渐形成独特的"礼法文化"。"行德以礼""以礼立法"将德礼与法律紧密相连，施行法律的目的便是维护礼治、捍卫道德，由此构筑起"德法合治"的完备体系。以德法合治、明德慎罚、德主刑辅为主要特征的中国传统法治文化，为社会主义国家法治建设和法治人才培养提供了有益借鉴。

现代法治社会首先是通过法律的治理，但"徒法不足以自行"，同样需要德治的支撑。换言之，国家治理需要法律和道德协同发力。这是因为，法律和道德相辅相成，道德诉求的弘扬需要法律的强力支撑，而法律的公平正义

---

① 李玉基. "德法兼修"高素质法治人才培养体系的构建和创新 [J]. 法学教育研究, 2017 (4)：61.

则需要道德加以周详阐释。法律肯定或否定什么，归根结底是由法律背后的伦理价值观决定的，且要在一定程度上与社会民众所认同的道德观念相契合。没有道德支撑的法律不可能在人民群众中树立法治的真正信仰，进而也会因为得不到民众认同而丧失权威。就此而言，法治和德治也具有内在共通性，一方面，二者在本质上都属于文化范畴，法治思维、法治理念、法治意识无不包含道德内容，所以对"法的道德性"的研究始终是法学研究不可回避的内容。① 另一方面，法治作为治国理政的基本方式，其运行离不开道德教化的支撑，只有将法的规范作用与道德的教化作用相结合，以道德滋养法治精神，实现法律强制与道德自觉的有机统一，才是真正的法治。中国特色社会主义法治道路是现代法治与中华传统法治文化、社会主义核心价值观等有机融合的法治道路，其目标是实现良法善治。习近平总书记的重要讲话也指出："中国特色社会主义法治道路的一个鲜明特点，就是坚持依法治国和以德治国相结合，强调法治和德治两手抓，两手都要硬。"② 法律与道德、法治和德治的辩证关系为"德法兼修"的法治人才培养提供了根本依据，要求法治人才能够准确理解法治和德治的基本内涵、相互关系和实践运用，深刻领会中国特色社会主义法治道路，从而提升运用法治和德治推进社会治理的自觉性。

二、"德法兼修"的时代内涵

（一）"德法兼修"是全面依法治国对卓越立法人才的刚性需求

全面依法治国作为国家治理的一场深刻革命，其长期性、系统性、复杂性需要大量法治人才共同参与和持续推进。2017 年 5 月 3 日，习近平总书记在中国政法大学考察时强调，科学立法、严格执法、公正司法、全民守法都离不开一支高素质的法治工作队伍。法治人才培养上不去，全面依法治国就不可能做好。③ 科学立法是全面依法治国的重要环节，其目的是为了提升立法质量，实现良法善治。古希腊著名法律思想家亚里士多德将良法作为法治的

---

① 梁平. 德法兼修：新时代卓越法治人才培养的实践进路探索 [J]. 河北法学, 2021 (3)：54.

② 北京市习近平新时代中国特色社会主义思想研究中心. 法治与德治相结合的现代意蕴 [N]. 光明日报, 2019-10-11 (06).

③ 习近平在中国政法大学考察时强调 立德树人德法兼修抓好法治人才培养 励志勤学刻苦磨炼促进青年成长进步 [N]. 人民日报, 2017-05-04 (001).

内涵之一，认为只有包含正义内核、能够彰显公平正义的法律才是良法，也只有良法才应得到人们的普遍遵守。党的十八届四中全会审议通过的《中共中央关于全面推进依法治国若干重大问题的决定》也强调，"法律是治国之重器，良法是善治之前提，建设中国特色社会主义法治体系，必须坚持立法先行，抓住提高立法质量这个关键。要恪守以民为本、立法为民理念，贯彻社会主义核心价值观，使每一项立法都符合宪法精神、反映人民意志、得到人民拥护。要把公正、公平、公开原则贯穿立法全过程。"上述内容从伦理道德层面对立法质量提出了明确要求。2020 年 2 月 5 日，习近平总书记在中央全面依法治国委员会第三次会议上强调，要从思想政治素质、业务工作能力、职业道德水准三个方面建设社会主义法治工作队伍。目前我国的立法体制是"一元、两级、多层次"，即中央有统一立法权，中央和地方分别享有各自的立法权。《立法法》经过两次修订，实现了立法权限的不断下放和地方立法权限的逐步扩大。立法层次的多样化和立法队伍的扩大化趋势对立法人才的质量提出了更高要求。立法作为调整社会关系的首要环节，从源头上决定了社会利益的分配以及公民权利的赋予、限制和剥夺。社会关系的复杂性又决定了立法过程的艰难性，并在很大程度上考验着立法者所具备的专业知识和人文素养。一个道德教育缺失的立法者，所立之法必然因缺乏道德的滋养而失去应有的正义基础，而良法的产生则必然依赖于具有坚定理想信念、高尚道德情操、知行合一的卓越立法人才。所以，立法人才培养必须以德法兼修为目标，将立法人才的法治信仰、法治信念、法治情怀、法治精神的培育，植根于中国特色社会主义教育和社会主义核心价值观的培育之中，从而满足全面依法治国对于卓越立法人才的素质要求。

（二）"德法兼修"是新时代高校立德树人根本任务的使命使然

"立德树人"是高校的根本任务和立身之本。党的十八大明确把"立德树人"作为教育的根本任务；党的十九大进一步强调要"要全面贯彻党的教育方针，落实立德树人根本任务"；党的二十大在此基础上更加突出德育的重要性，强调"育人的根本在于立德"。"国无德不兴，人无德不立"是习近平总书记对"立德树人"重要作用的高度概括。习近平总书记也多次强调教育的根本任务是"立德树人"，只有坚持立德树人，才能够培养出符合社会主义现代化建设需求的建设者和接班人。2016 年 12 月 7 日，习近平总书记在全国高校思想政治工作会议上特别指出，高校的思想政治工作事关高校培养什么样的人、如何培养人以及为谁培养人的根本问题，全国高校均应坚持把"立德树人"作为学校工作的中心环节。① 关于法学教育的人才培养目标，习近平总书记在中国政法大学考察时再次强调，全面依法治国的重大历史任务要求坚持中国特色社会主义法治道路，立德树人、德法兼修，培养大批高素质法治人才。此外，《卓法计划 2.0 意见》也明确提出了高等法学教育要坚持立德树人、德法兼修，深化高等法学教育教学改革，培育一流法治人才的要求，并且指明了高等法学教学改革的具体任务和重点举措。"厚德育，铸就法治人才之魂"作为首要改革任务，要求注重培养学生的思想道德素养，要大力加强中国特色社会主义法治理论、社会主义核心价值观教育，既要重视传授知识，又要注重价值引领。可见，新时代高校"立德树人"的根本任务具体落实到法学教育领域就是要在法治人才培养过程中坚持"德法兼修"，从而最终实现法治人才"德才兼备"的根本目标。

（三）"德法兼修"是法学教育主动融合新文科建设的价值引领

为提升新时代高校人才培养质量，2018 年 10 月印发的《教育部关于加快建设高水平本科教育全面提高人才培养能力的意见》（以下简称《加快建设高水平本科教育意见》）等文件，决定实施包括"卓越法治人才教育培养计划 2.0"在内的"六卓越一拔尖"计划 2.0，全面推进"四新"建设，其中就包含新文科建设。2020 年 11 月 3 日，教育部新文科建设工作组发布《新文科建设宣言》（以下简称《宣言》），对新文科建设作了全面部署。《宣言》强调要牢牢把握文科教育的价值导向性，要求高等教育"坚持立德树人，提高学生思想觉悟、道德水准、文明素养，培育担当民族复兴大任的新时代文科人才"。新文科的核心在于创新，从"卓越法律人才教育培养计划"（以下简称"卓法计划 1.0"）的实施到"卓越法治人才教育培养计划 2.0"（以下简称"卓法计划 2.0"）的推进；从"卓越法律人才"的概念提出到"卓越法治人才"的内涵深化，实现了法治人才培养理念的创新。实现这一创新的标志就

---

① 黄进. 坚持立德树人、德法兼修培养高素质法治人才 [J]. 中国高等教育，2017（10）：10.

是"德法兼修"的提出。"德法兼修"正是新文科建设对法学教育提出的新要求。党的十九大报告指出："人民美好生活需要日益广泛，不仅对物质文化生活提出了更高要求，而且在民主、法治、公平、正义、安全、环境等方面的要求日益增长。"这些要求与法治、法的价值密切相关。满足人民群众的这些新要求，保障人民群众的新兴权利，并实现法的各项价值的平衡协调，只能通过立法来实现。立法是在法律领域的创新行为，立法人才的价值取向深刻影响所立之法的价值导向。新文科建设在创新中强化价值引领的要求与法学教育坚持"德法兼修"的根本要求殊途同归。所以，法学教育发展亟须回应"从法律之治到良法善治"的新发展理念，以"德法兼修"为价值引领，主动融入新文科建设，实现从"法律人才到法治人才"的培养目标转型。① 同时，在新文科建设的推进下，法学教育应坚持以人民为中心的价值立场，培养学生树立坚持人民主体地位和人民至上的理念，培养具有创新意识、民族精神、爱国情怀和爱民之心的卓越立法人才，实现法学教育内涵式发展，从而建设更高水平的法治文明。

三、"德法兼修"的理念遵循

（一）始终坚持坚定正确的政治方向

贯彻"德法兼修"的育人理念要坚持把坚定正确的政治方向放在首位。习近平总书记多次强调要牢固树立中国特色社会主义道路自信、理论自信、制度自信、文化自信，确保党和国家事业始终沿着正确方向胜利前进，为我们指明了政治方向。我国的社会制度是中国特色社会主义制度，法治建设的目标自然是建设社会主义法治国家。所以，高校培养法治人才必须坚持社会主义的办学方向，这也是新时代法学教育的基本政治前提。《中共中央关于全面推进依法治国若干重大问题的决定》也提出了"培养造就熟悉和坚持中国特色社会主义法治体系的法治人才及后备力量"的总要求，为法治人才培养坚持社会主义的政治方向提供了依据。具体到立法人才培养，由于立法工作具有鲜明的政治属性，所以在立法人才培养的顶层设计上更应突出政治属性。

---

① 张文显. 中国法学教育的改革发展问题 [J]. 北京航空航天大学学报（社会科学版），2018 (2)：2.

首先，培养目标应以社会主义法治理念为指导，围绕立法人才培养的规格定位、服务面向和素质要求，专门制定符合社会主义性质和新时代法治建设需求的立法人才培养目标。其次，课程设置应着重体现社会主义性质和意识形态，增设社会主义法治理念等相关课程。再次，教材选用应以马克思主义理论研究和建设工程教材为主，确立意识形态的主阵地。最后，师资队伍应坚持社会主义核心价值观，确保社会主义的政治本色。总之，只有在立法人才培养的过程中始终坚持社会主义的政治方向，才能使"德法兼修"的人才培养目标实现惠及全体人民，从而体现法学教育的社会价值。

（二）全面贯彻课程思政的基本理念

立法是统治阶级通过国家机关将自己的共同意志转化为国家意志的过程，是一项需要满足政治稳定性和政治正当性的国家权能。立法应当充分体现人民意志，坚持立法公开，确保公众有序参与，这就决定了立法人才应当具备崇尚法治的理想信念和敬畏民意的政治智慧。同时，立法作为实现社会需求的实践活动，是确定不同利益主体权利义务关系的过程，其所代表的国家权能将对社会产生重大影响①，为实现良法善治必须确保立法人才具备过硬的思想政治素质。所以，立法人才培养应当将思想政治教育放在首位，并将其有机融入学生的教育教学实践，着力提升学生投身法治中国建设的使命感和责任感。推进"三全育人"工作是高校落实立德树人根本任务的当然要求，思想政治课程和课程思政建设是高校立德树人的主渠道和重要抓手。因此，高校在加强思政课程建设的同时，也应充分挖掘立法人才培养课程中蕴含的思政元素，将知识传授、能力培养和价值塑造融为一体。②《卓法计划2.0意见》明确要求将社会主义核心价值观教育贯穿法治人才培养的全过程和各环节，积极开展理想信念教育、社会公益教育、中华优秀传统法律文化教育等，推进法学专业课程思政建设，将思想政治教育有机融入课程设置、课堂教学、教材建设、师资队伍建设等。《宣言》也强调要全面推进高校课程思政建设，

---

① 裴洪辉. 合规律性与合目的性：科学立法原则的法理基础 [J]. 政治与法律, 2018 (10)：64.
② 王学俭, 石岩. 新时代课程思政的内涵、特点、难点及应对策略 [J]. 新疆师范大学学报 (哲学社会科学版), 2020 (2)：56.

推动习近平新时代中国特色社会主义思想进教材、进课堂、进头脑。在新文科建设视域下，立法人才培养应从我国的法治实践出发，着力在专业教学课堂上将中国特色社会主义法治的信念、精神力量和价值注入学生内心，积极推进"思政课程"向"课程思政"的创造性转化，从而在思政课程的显性教育与专业课程的隐性教育相互融合的过程中，实现知识传授与价值引领的同频共振。[1]

（三）明确职业道德教育的重要作用

立法人才的道德培养应以法律职业道德培养为核心。法律职业道德属于高层次道德，其以公民的个人道德为基础，是个人道德的升级。[2] 与个人道德认知可以自然形成的特性不同，法律职业道德的专业性、群体性和规范性特点使其在很大程度上需要通过法学教育进行培养和塑造。同时，与普通人相比，法律人所遭受的道德角色困境更加特殊，面临的挑战也更为艰巨。尤其是立法者掌握着社会利益分配的重要权力，其职业道德素养的高低直接影响社会公平正义的实现与和谐稳定的维护。目前，仍有不少高校忽视对学生法律职业道德素质的培养，以及法律精神和法律至上意识的培育，如有部分高校尚未开设法律职业伦理课程，还有部分高校将法律职业伦理课程设置为专业选修课程，不仅学分低，而且在实践中经常面临因选课人数不足而停课的风险，对学生起到的教育引导作用十分有限。这种人才培养模式会不可避免地导致某些法学毕业生沦为法律职场上的"掮客"。[3] 一些政法官员的落马，正是对这种传统法学教育模式的无情"打脸"。为减少法律人职业道德"沦陷"的现象，提升法律职业群体的社会公信力，亟须在法学教育环节夯实法律人的职业道德基础，明确法律职业道德教育的正确定位。但是，与专业知识和职业技能的教育不同，法律职业道德教育无法在短期内被准确评价，其培养更具有长期性和艰巨性，且需要依靠实践才能检验。所以，法律职业道德教育不应仅限于在法律职业伦理课程中进行，还应融入法治人才培养的全

---

① 郭为禄. 坚持立德树人培养一流法治人才 [J]. 中国大学教学, 2020 (5): 10.
② 张文彦. 道德层次性与道德建设成效性 [J]. 理论学刊, 2008 (12): 11-13.
③ 李学尧. 非道德性: 现代法律职业伦理的困境 [J]. 中国法学, 2010 (1): 35-37.

过程，与其他专业理论课程、专业实践课程相结合，使"德法兼修"真正内化于心，外化于行。

第二节　守正创新

知常明变者赢，守正创新者进。当前人类正处于百年未有之大变局，面对错综复杂的国际形势和日新月异的技术革新，法学教育作为人文社会科学教育的重要组成部分，在新时代承担着回应国家法治建设需求和人民期待的重任。为直面时代带来的重大挑战，法学教育唯有守正才能不迷失方向，唯有创新才能培养符合时代需求的法治人才，唯有守正创新才能以新的法学理论指导新的法治实践。新文科的提出为法学教育的守正创新指明了方向，也为卓越立法人才培养注入了新的活力和内涵。在新文科建设的推进下，我国法学教育正逐步探索出一条具有中国特色的法学教育发展之路。

一、守正创新的核心意涵

（一）守正与创新的辩证关系

正确认识和处理守正与创新的辩证关系，是新时代法学教育改革的重要前提。守正是中华优秀传统文化的核心价值，也是马克思主义哲学的科学方法论。守正，意为恪守正道，但守正并不是墨守成规和循规蹈矩，而是守住本和源、根和魂。就高等法学教育而言，守正就是在法治人才培养过程中坚持守原理之正、方向之正和道路之正，即坚持马克思主义指导地位不动摇，坚持社会主义办学方向不动摇，坚持走中国特色社会主义法学发展道路不动摇。守正道而开新局。社会发展中的新情况新问题层出不穷，需要及时研究、提出、运用新思想、新理念和新办法来应对。创新是哲学社会科学发展的不竭动力，但创新不是凭空幻想和恣意妄为，而是在把握事物发展规律的基础上充分发挥人的主观能动性，进而实现理论、实践和现实三重维度的创新。实践证明，守正与创新相辅相成，守正是创新的前提和基础，创新是守正的目的和路径。只有守正才能恪守正道、尊重规律、固本强基，只有创新才能与时俱进、推陈出新、赢得未来。守正离不开创新，否则就会故步自封；创新也离不开守正，否则就会迷失方向。所以，必须要坚持守正与创新的辩证统一，在守正中擎旗稳舵、保持航向，在创新中寻求突破、激发动能。守正与创新之间的辩证关系深刻彰显了"变"与不变、继承与发展、原则性与灵活性的统一，为高等法学教育改革提供了科学方法论。①

（二）新文科内核之守正创新

守正创新是新文科的内核。《宣言》的"遵循"部分明确提出要"坚持走中国特色的文科教育发展之路"，从"坚持尊重规律、坚持立足国情、坚持守正创新、坚持分类推进"四个方面论述了走中国特色文科教育发展之路的具体遵循内容。其中，在"坚持守正创新"部分提出，"在传承中创新是文科教育创新发展的必然要求"。"新文科建设既要固本正源，又要精于求变，要立足两个大局，不断从中华优秀传统文化中汲取力量，主动适应并借力现代信息技术手段，实现文科教育高质量高水平发展。"这一要求为传统文科向新文科转变提供了方法论指引。与传统文科相比，新文科最大的特点就是"新"。有学者将新文科之"新"总结为以下四个方面：一是话语体系新，即由西方话语体系主导转向中国话语体系主导。二是基本内容新，即由纯文科转向文理交叉的学科。三是功能作用新，即从以探讨人文社科所涉对象的规律性为主转向对社会价值观的重塑和形成国家软实力为主。四是方法论新，即从运用传统的人文社科方法转向运用现代科技及学会算法，彰显新文科的科学性。②

（三）新法学建设之守正创新

法学是传统文科学科，新文科建设在法学领域推进就是建设"新法学"。"新法学"之"新"着重体现在法学学科体系、学术体系和话语体系之新。有学者基于"五通文科"的特性概括出了"新法学"的特性，即"新法学"是"融汇古今、兼修文理、融通价值、比较借鉴、知行合一的'五合法

---

① 吴毅君，董伟. 深刻把握守正创新的丰富内涵［N］. 光明日报，2023-11-14（06）.
② 徐显明. 新文科建设与卓越法治人才培养［J］. 中国高等教育，2021（1）：8-10.

学'"。"五合法学"的概念充分彰显了"新法学"的守正创新特质。其中，"融汇古今"就是以中国特色社会主义法学为载体，将中华优秀传统法律文化融入法学教育，挖掘中华优秀传统法律文化的当代价值，实现传统与现代的理性衔接。"兼修文理"就是将作为文科的法学学科与作为理科的大数据、计算机算法等相关学科进行交叉融合与相互借鉴。"融通价值"就是将人文社会科学中总结出的规律性发现用于重塑社会价值观，形成国家软实力。① "比较借鉴"就是在坚持中国特色法治理论的道路、制度、理论、文化自信的基础上，借鉴吸收西方优秀的法治理论，进而构建中国法治话语体系。"知行合一"就是立足中国法治实践发展中国特色社会主义法治理论，并将其运用于指导中国法治实践，形成理实融合与贯通。②

二、守正创新的现实依据

（一）新法学三大体系建设的新需要

新法学建设是法学学科体系、学术体系、话语体系的统一。其中，法学学科承担着培养法治人才、服务经济社会发展等重要职责。法学学术体系包括法学知识体系、法学理论体系和法学教材体系。法学话语体系是法学理论和知识的语词表达，是学术体系的语言载体。③ 只有构建起中国特色法学话语体系，才能树立中国法学的道路、制度、理论和文化自信。然而在法学建设的实践中，法学学科体系存在相对封闭的问题，学科内部和学科之间存在难以突破的壁垒；法学学术体系深受近代"西法东渐"的影响而长期呈现"西方法学在中国"之形态，法学知识体系尚未完全摆脱对西方法学理论的依赖④；法学话语因西方法律移植的历程而导致西方话语烙印明显，中国特色的法学话语体系尚未建立，西方国家始终掌握着国际法治领域的话语权。由此造成的结果便是法学课堂教育与法律应用的"水土不服"。同时，由于大部分教师接受的也是以西方法学话语为主的法学教育，惯性思维的形成和实践经

---

① 徐显明. 高等教育新时代与卓越法治人才培养 [J]. 中国大学教学，2019 (10)：7.
② 王周户，杨思怡. 以习近平法治思想引领新时代法学教育 [J]. 法学教育研究，2022 (4)：12.
③ 田心铭. 学科体系、学术体系、话语体系的科学内涵与相互关系 [N]. 光明日报，2020-05-15 (11).
④ 王健. 西法东渐：外国人与中国法的近代变革 [M]. 北京：中国政法大学出版社，2001：前言.

验的不足折射在法治人才培养方面就不可避免地导致法学教育与现实需要存在着某种程度的割裂，难以培养适应中国特色社会主义法治事业需要之人才。① 为培养具有中华文化自信和社会主义核心价值观念的社会主义法治人才，法治人才培养应建立在成熟的中国特色社会主义法学知识体系之上。这就需要在全面依法治国的实践中，对法学学科体系、学术体系、话语体系进行守正创新，丰富中国特色社会主义法治理论，建设具有中国特色的新法学，从而让学生在法学教育中真正感悟到中国法律的真谛。

（二）新时代立法工作实践的新要求

全面推进依法治国的伟大实践，要求以完备的法律体系调整和规范社会与经济运行。随着实践边界的不断扩大，法律调整的领域、规模都在不断地拓展②，完备的法律规范体系建设仍需持续推进，并对我国法律体系建设的内容充实性、先进性提出了新的更高要求。实践既是法律的基础，也是法学人才培养的参照，外在条件的变化会影响法律体系的变化，继而对立法人才培养提出更高要求。维护和促进社会公平正义始终是新时代立法工作和法治建设的价值追求，新时代所呈现出的改革与发展的前进性、机遇与挑战的复杂性、民族与世界的开放性等特征决定了新时代立法应当紧扣推进立法和改革相衔接，国内法治和涉外法治相统筹，重点领域、新兴领域、涉外领域立法相兼顾等相关方面重点工作；同时决定了新时代立法人才既应当具备对于社会发展的认知和学习能力，对于立法面向从单一走向交叉的适应能力，对于新兴法律问题的识别和探知能力等方面技能③，也应当具备牢记初心使命，勇于担当作为，坚定斗争精神等方面素质。④ 与立法工作的重要性和紧迫性相比，目前立法人才培养并未受到高校法治人才培养的足够重视，传统的"以司法为中心"的人才培养导向仍未完全改变。因此，有必要对高校法治人才

---

① 张文显. 关于构建中国特色社会主义法学体系的几个问题 [J]. 中国大学教学，2017（5）：9-11.
② 刘风景. 法治人才的定位与培养 [J]. 南开学报，2017（5）：3.
③ 高利红. 法学人才培养的反思与定位 [J]. 法制与社会发展，2021（5）：69-70.
④ 孟庆瑜，李汶卓. 政产学研协同育人模式下我国立法人才培养的问题审思与机制创新 [J]. 河北法学，2022（10）：82-83.

的培养目标、专业建设、课程建设、评价标准等方面进行守正创新，突出对立法人才培养的重视，以回应新时代立法实践对卓越立法人才的新需要。

（三）高等教育内涵式发展的新需求

当今世界百年未有之大变局加速演变，在纷繁复杂的国际形势中，法治已成为国家的核心竞争力，只有统筹推进国内法治和国际法治建设，才能有效应对国内国际法治建设的各种挑战。伴随着综合国力的不断提升，中国日益走向世界舞台中央，与其国际地位相匹配的法治建设应当是"法治大国"和"法治强国"的建设。相应地，法学教育也要成为世界一流法学教育，这是对我们法学教育提出的新定位。① 同时，随着我国高等教育进入普及化阶段，以高质量发展为主题、以改革创新为根本动力的高等教育质量革命悄然掀起，旨在推进高等教育从粗放式扩张转向内涵式发展，以实现"由高等教育大国向高等教育强国转变"的目标。守正创新是高等教育实现内涵式发展最关键、最核心的要义。高等教育唯有守正，才能走上正确的发展道路；唯有创新，才能以变应变，实现高质量发展。法学教育在新时代所展现出的对于法律实践教学、法律职业伦理教育、交叉学科培养、新兴学科建设等方面的重视，正是其推进内涵式发展，参与国内高等教育质量革命的具体表征。同时，法学教育也要遵循世界高等教育发展的基本趋势，以质量提升为主线，不断通过评估、认证、督导等各种质量保障措施的建设，提升法学教育质量，推动新法学发展新格局的形成。

（四）技术革新对法学教育的新期待

联合国教科文组织于 2015 年出版的《反思教育：向"全球共同利益"的理念转变?》对教育作出了高瞻远瞩的思考，即时代在变，教育也必须改革。为了人类可持续发展的未来，必须呼吁新的教育形式，培养当今及今后社会和经济所需要的能力。面对世界新一轮科技革命和产业革命，面向世界经济社会发展需求，高等教育亟须积厚成势、蓄势待发、谋势而动。2018 年 11 月，习近平总书记在 APEC 工商领导人峰会上指出，新科技革命和产业革命

---

① 徐显明. 高等教育新时代与卓越法治人才培养 [J]. 中国大学教学，2019（10）：10.

的时代浪潮奔腾而至，不应变、不求变将使我们错失发展机遇，甚至错过整个时代。2019 年 10 月，习近平总书记在致第六届世界互联网大会的贺信中再次强调，新一轮科技革命和产业革命加速演进，人工智能、大数据、物联网等新技术应用新业态方兴未艾。科学技术的迅猛革新给新时代立法工作带来了巨大挑战，大批的法律空白亟须填补，需要大批既懂科技又懂法律的复合型立法人才。在此背景下，新法学必须紧跟时代潮流，积极应对大数据、人工智能、计算机算法等新兴技术带来的法律挑战，以及第三轮信息技术革命给法治变迁带来的挑战，将现代信息技术与法学教育教学紧密结合，充分利用现代信息技术成果创新法学教育方式和教育内容，让新法学在守正创新中迎接挑战、突破自我，培养能够满足信息技术时代立法要求的立法人才。

三、守正创新的实践理路

（一）立法人才培养之守正理路

守正回答的是"为谁培养人""培养什么样的人"的根本性问题，是法治人才培养的根基。方向准，方能把握大势、明确定位、行稳致远。所以，立法人才培养要始终坚持马克思主义法治理论指导思想，坚定不移地走中国特色社会主义法治道路。充分发挥党总揽全局、协调各方的领导核心作用，全面贯彻党的法学教育方针，培养符合党和国家事业发展要求、满足人民群众期待、匹配国家综合实力的新时代立法人才。

1. 坚持马克思主义法治理论指导思想

法学是政治性很强的学科，法学教育应坚持以马克思主义法学思想、习近平法治思想和中国特色社会主义法治理论为指导，这是新时代法学教育的政治方向。习近平总书记反复强调，办好法学教育，要坚持以马克思主义法学思想和中国特色社会主义法治理论为指导[1]，实现新时代中国特色社会主义法治思想进教材、进课堂、进头脑。[2] 马克思主义法治理论是不断丰富和发展的科学理论，中国共产党在领导中国人民进行革命、建设和改革的伟大实践

---

① 习近平. 论坚持全面依法治国 [M]. 北京：中央文献出版社，2020：175.

② 习近平. 坚持走中国特色社会主义法治道路 更好推进中国特色社会主义法治体系建设 [J]. 求是，2022（4）：9.

中，坚持把马克思主义法治理论与具体的中国国情、时代特性、人民需求紧密结合，同中华优秀传统法律文化有机结合，不断开辟马克思主义法治理论中国化时代化的新境界。习近平法治思想是马克思主义法治理论中国化时代化的最新成果，是当代中国的马克思主义法治理论。因此，当代中国法学教育应坚持以习近平法治思想为根本遵循。《关于加强新时代法学教育和法学理论研究的意见》强调，要"深入学习贯彻习近平法治思想，坚持用习近平法治思想全方位占领法学教育和法学理论研究阵地，教育引导广大法学院校师生和法学理论工作者做习近平法治思想的坚定信仰者、积极传播者、模范实践者"[①]。具体而言，一是要推进习近平法治思想的学理化阐释、学术化表达、体系化构建。二是要将习近平法治思想的理论成果向课程体系、教材体系、教学体系转化。三是要全面推进习近平法治思想进教材、进课堂、进头脑，开设习近平法治思想理论与实践相关课程，打造习近平法治思想专门课程模块，开展好面向全体学生的习近平法治思想教育。

2. 坚持走中国特色社会主义法治道路

我国古代制度中蕴含的大量优秀法治基因，为当今社会主义法治建设提供了丰富的养料。独特的历史传统、民族精神、民主革命历程塑造了中国法治道路、法学理论体系和话语体系的独特性。习近平总书记反复强调，中国法治有中国特色，我们需要借鉴外国法治有益经验，但不能照搬别国模式和做法，要从中国国情和实际出发，走适合自己的法治道路，决不能走西方"宪政""三权分立""司法独立"的路子。[②] 对于法学教育和法学研究，习近平总书记也强调，要立足我国实际国情，正确解读中国现实，回答中国问题，提炼标识性学术概念，打造具有中国特色和国际视野的学术话语体系，尽快把我国法学学科体系和教材体系建立起来。[③]《关于加强新时代法学教育和法学理论研究的意见》也明确要求，新时代法学教育和法学理论研究要坚定不移走中国特色社会主义法治道路，坚持党的领导、人民当家作主和依法治国的有机统一，引导广大法学院校师生在原则问题和大是大非面前旗帜鲜明、

---

① 中办国办印发"关于加强新时代法学教育和法学理论研究的意见"[N]. 人民日报, 2023-02-27 (001).

② 习近平. 论坚持全面依法治国 [M]. 北京：中央文献出版社, 2020：229.

③ 习近平. 论坚持全面依法治国 [M]. 北京：中央文献出版社, 2020：176.

立场坚定，全面贯彻党的教育方针，着力培养社会主义法治事业的建设者和接班人。所以，新法学建设应当传承中国传统优秀的法律制度和法律文化，把握党领导法治建设的百年光辉历程和历史经验，在新时代的推进中始终保持中国风格、凸显中国特色、形成中国气派。

（二）立法人才培养之创新理路

创新是新文科建设的生命线，也是新法学建设实现自我革命的必经之路。目前，本科高校对于立法人才培养的紧迫性认识不足，决策部署着力不够，配套建设仍显薄弱。面对新时代立法人才培养的重要命题，需要从法治人才培养目标、培养思路、培养路径三个方面进行创新。

1. 以"多元导向"更新人才培养目标

新时代卓越法治人才培养应转变传统的以司法为中心的人才培养理念，建立"多元导向"的人才培养理念。法治国家实现规范治理的过程本身便包含着制度设计和制度执行两个环节，制度设计环节更多的是需要坚持分配正义，运用整体性思维统合不同主张，制度执行环节更多的是需要坚持矫正正义，运用个案思维，去伪存真，判断因果。[①] 同时，司法也不是制度执行环节的全部，诉讼手段也并非任何主体权利维护的最佳选择，司法机关已经明确的方向是"坚持把非诉讼纠纷解决机制挺在前面"。[②] 可见，以司法思维塑造和诉讼技能培养为主要方向的传统法学人才培养观念已经不合时宜。习近平总书记强调，全面推进依法治国、建设社会主义法治国家，必须"准确把握全面推进依法治国工作布局，坚持依法治国、依法执政、依法行政共同推进，坚持法治国家、法治政府、法治社会一体建设"[③]。然而，传统的法学教育对立法人才及新型法律服务业所需人才的培养几乎处于空白状态。社会主义法治国家建设进程的加快使社会对法治人才产生了多元需求，固守传统以司法为中心的法治人才培养理念显然难以为继，法学教育必须覆盖整个法治体系。其中，立法人才培养必须作为卓越法治人才培养计划的重点内容来抓。随着

---

① 邓世豹. 超越司法中心主义：面向全面实施依法治国的法治人才培养 [J]. 法学评论，2016（4）：38.

② 中国法院报评论员. 坚持把非诉讼纠纷解决机制挺在前面 [N]. 中国法院报，2019-06-14 (01).

③ 习近平. 加快建设社会主义法治国家 [J]. 求是，2015 (1)：6.

地方事务复杂性的日趋增长以及地方立法运行机制的逐渐理顺，地方立法工作呈现分工的细化和生产的复杂化，由于职权的差异和介入阶段的不同，参与地方立法的工作人员逐渐被细化为"立法者、立法工作人员、第三方参与主体"三类。① 相应地，立法人才培养也应根据学校层级、服务面向、办学类型等进一步细化立法人才的培养方向、培养类型和培养层次，以满足不同层级、不同领域、不同角色的立法人才需要。

2. 以"五通引领"创新人才培养思路

新时代立法人才培养应以新文科建设的"五通引领"更新人才培养理念。一是"知与行"贯通，就是要立足中国法治实践需要，积极回应新时代全面依法治国实施过程中出现的新问题，进行立法理论创新，并用新理论指导立法人才培养实践，培养能够学以致用的高素质立法人才。二是"古与今"贯通，就是在法学教学中要汲取中国传统法治文化中的精髓，将其转化为新时代立法人才培养的资源。三是"中与西"贯通，就是新法学教育要兼收并蓄，在立足中国特色法治理论的基础上，吸收世界先进法律文化，助力重构中国特色法学学科体系、学术体系和话语体系。四是"文与理"打通，就是立法人才培养要形成对新时代跨学科、跨领域法律问题的回应能力，尤其是对人工智能、算法、区块链等新兴技术领域的立法规制，需要从文理交叉的角度对新法学进行升级改造，建立以问题为核心的知识生产单元，完善知识的交流融合机制，开展跨学科、交叉学科领域的问题研究，使立法人才具备跨界协同的复合型研究能力与交叉学科知识储备。② 五是"人文与社科"打通，就是要打通学科壁垒，使新法学获得其他社会社会科学的支持，从而助力学生深刻理解法治理论和解决法治实践中的问题。③

3. 以"技术赋能"创新人才培养路径

近20多年来，大数据、人工智能、区块链、算法等新兴技术的发展对教育教学活动产生了相当大的影响，并已经进入人们的精神世界，影响个体的意识和思维方式，同时也成为推动新时代法学教育内涵式发展的技术力量。

---

① 胡弘弘，白永峰. 地方人大立法人才培养机制研究 [J]. 中州学刊，2015 (8)：60-61.
② 陈光. 论人工智能时代立法者的危机与生机 [J]. 河北法学，2020 (8)：170.
③ 刘坤轮.《新文科建设宣言》语境中的新法科建设 [J]. 新文科教育研究，2021 (2)：77.

质量提升是科学技术赋能法治人才培养的核心价值。法学教育的快速发展受益于现代信息技术的支持。随着现代信息技术嵌入法学教育程度的不断加深，借助技术工具能够为法学教育提供高深精密的知识资源，更好地引导法学教育实现追求真理、服务国家法治建设、培养卓越法治人才的目标。科学技术的飞速发展，使法学教育既迎来机遇，也面临挑战。一方面，法学教育应高度关注和积极拥抱新科技，创新教育教学方式，提升教学管理水平。在教学方式上注重探索技术智慧，搭建智慧教育教学平台，开展智慧教学，例如可以利用人工智能、大数据分析某个法律概念、法律条文在现有审判中出现的频率或者快速搜寻某些概念和术语，从而提升教学质量和效率。在教学管理上可以借助电子计算机和网络系统构建具有强大处理能力的教学管理机制，实现高速度、远程化、高效率的教学管理。[1] 另一方面，法学教育应回应新兴技术领域的立法需要，与现代信息技术融合，创新教育教学内容。将现代信息技术知识融入法学专业课程中，更新课程体系，培养能够适应新兴技术变革和法治国家建设需要的立法人才。

第三节　知行合一

知行合一是认识世界、改造世界、推动人类社会发展的重要方法论，也是新文科和新法学的重要内涵之一。党的十八大以来，习近平总书记就什么是知行合一、为什么要知行合一、怎样做到知行合一发表了一系列重要论述，形成了新时代知行合一观。这一马克思主义认识论的最新理论成果不仅弘扬了中华优秀传统文化，也丰富和发展了马克思主义理论，为新时代法学教育以及卓越立法人才培养提供了思想指南。

一、知行合一的思想内涵

（一）中华优秀传统文化中的知行合一观

"知行合一"是中国传统哲学的重要范畴，其思想核心是"知"与"行"

---

[1]　何志鹏. 卓越法治人才培养的实践解读［J］. 中国大学教学，2019（6）：33.

的关系。老子、荀子、刘向、王阳明、朱熹等古代著名思想家都对此进行过论述。如老子主张知先行后，认为有道之人，不出户就可以知今日之天下；不望窗外，就可认识天道之规律。荀子主张先行后知，"知之不若行之"，认为"行"是认识的来源和目的。王阳明明确提出"知行合一"的观点，但当时的"知行合一"并非现今一般的认识与实践的关系。在王阳明看来，"知"是良知，也即人的道德意识和思想意念；"行"是"致良知"，即人的道德践履和实际行动；"知"和"行"不可分作两事。所以，王阳明的"知行合一"包含两层意思：一是"知中有行，行中有知"，强调道德意识离不开道德行为，道德行为也离不开道德意识，应反对教育上的知行脱节，因为知只有表现为行才能算真知。二是"以知为行，知决定行"，强调道德对人行为的指导作用，应当按照道德的要求去行动。不过中国传统文化中的"知行合一"并未指明"知"与"行"的辩证统一，而只是强调形而上学的"等同或同一"。

（二）马克思主义认识论中的知行统一观

马克思主义经典作家虽然没有明确提出"知行合一"的概念，但是论证了认识与实践的辩证关系。马克思主义认识论认为，认识和实践相互影响、相互促进，二者是不可分离的关系。一方面，实践是认识的基础，即认识的出发点和落脚点。实践不仅为认识提供了发展动力，也提供了检验标准。换言之，没有实践，认识既不会发生，也不会发展。正如马克思所言，哲学家们只是用不同的方式解释世界，问题在于改变世界。[①] 恩格斯认为，人的思维最本质的基础正是人所引起的自然界的变化，而不仅仅是自然界本身。[②] 列宁认为，实践在认识中起决定性作用，生活和实践的观点应当是认识论的首要和基本的观点。[③] 另一方面，认识是实践的向导，并指导实践不断深入。科学的认识对于人们改造世界的活动有巨大的推动作用，错误的认识则会把实践引向歧途。简言之，没有认识的深化，就没有实践的深入。在指导中国革命和建设的过程中，毛泽东在《实践论：论认识和实践的关系——知和行的关

---

① 马克思恩格斯选集：第 1 卷 [M]．北京：人民出版社，2012：136.
② 马克思恩格斯选集：第 9 卷 [M]．北京：人民出版社，2009：483.
③ 列宁选集：第 2 卷 [M]．北京：人民出版社，2012：103.

系》一文中指出，马克思主义关于认识和实践的辩证统一关系就体现在"实践、认识、再实践、再认识"这样一个往复循环的发展过程中，这"就是辩证唯物论的知行统一观"。在社会主义建设和改革过程中，邓小平总结了新中国成立以来的正反两方面经验，提出了"解放思想、实事求是""实践是检验真理的唯一标准"等观点，要求社会主义建设要在实践中总结新的"知"，并指导下一步的"行"。随着改革开放的持续推进，中国共产党人将知行关系理论与社会主义现代化建设紧密结合，形成了"三个代表"重要思想、科学发展观等一系列新"知"，并对中国特色社会主义事业的"行"起到了巨大推动作用。中国共产党正是始终坚持了辩证唯物论的知行统一观，注重认识与实践的相互促进作用，才实现了一次又一次的理论创新和实践突破。

（三）新时代中国特色社会主义思想中的知行合一观

党的十八大以来，习近平总书记在领导新时代中国特色社会主义建设实践中，在充分汲取马克思主义经典作家关于认识和实践关系的理论的基础上，将其与中华优秀传统文化中的知行合一观有机结合，并进行创造性转化和创新性发展，形成了具有鲜明特色的新时代的知行合一观。新时代的知行合一观包含两层意思：一方面，"知"是基础和前提，必须以知促行。这里的"知"是广义的"知"，既包括"见闻之知"，也包括"德性之知"。"见闻之知"即对客观事物的本质、属性和规律的认识，即各种科学文化知识。习近平总书记高度重视"见闻之知"，认为知识就是力量和财富，知识可以改变一个人、一个民族和一个国家的命运。古今中外，传承、创新、学习和运用知识始终与历史进步、社会发展共存，是人类提高自己、国家发展兴盛的重要基础。[1] "德性之知"就是良知，即理想信念和道德修养。[2] 习近平总书记也多次阐明了道德修养的重要性，强调要不断加强道德修养，提高道德认识、陶冶道德情操、锤炼道德意志、提升道德境界，进而以道德的力量赢得人心、取得成就。[3] 以知促行的关键在于学习，通过学习科学文化知识，进行理想信

---

① 习近平. 勤学善思 学以致用 提高战略思考和政治决断能力 [N]. 学习时报, 2012-09-10 (01).

② 习近平. 论党的宣传思想工作 [M]. 北京：中央文献出版社, 2020：4.

③ 中共中央文献研究室. 习近平关于社会主义文化建设论述摘编 [M]. 北京：中央文献出版社, 2017：137.

念教育，奠定实践基础。另一方面，"行"是重点和关键，必须以行促知。这里的"行"是具有连续性的"行"，旨在不断提高实践能力，为获得新"知"持续提供动力源泉。"行"的重点和关键作用体现在以下三个方面：其一，行是知的源泉和动力。所谓实践出真知，就是只有在实践中才能认识和把握、深化和发展真理。其二，行是知的目的和归宿。习近平总书记强调，学习的目的在于运用，也即服务实践、提高工作本领和解决实际问题的能力，应将学到的各种知识落实到行动上，否则就没有达到学习的目的。① 其三，行是知之真的检验标准。习近平总书记指出，坚持马克思主义认识论的实践观点，就是要坚持在实践中认识、检验和发展真理。我们之所以要学习和坚持马克思主义，是因为马克思主义是被历史和实践证明的科学的理论。② 以行促知的关键在于理论联系实践，以实践的发展不断推进理论创新。

新时代知行合一观的理论创新着重体现在以下两个方面：一是强调"知信行"的动态转化。"知"和"行"都具有动态发展性，只有不断实现"知"和"行"关系的转化，持续生成新的认识和新的实践，才能推动事物不断向前发展。"知"向"行"的真正有意义的转化需要依靠"信"来完成。进言之，就是要将对事物本身的客观认识上升到思想自觉，即形成"信"，再用思想自觉去指引行动自觉，也即用"信"指引"行"，最终形成"知信行"的统一。二是主张"学思用"的融合贯通。"学"是"用"的前提，"用"是"学"的归宿。换言之，没有理论指导的实践是盲目的实践，而脱离实践的理论也会成为僵化的教条。因此，必须要坚持理论联系实践，做到学以致用、以用促学。习近平总书记多次强调学习和实践的重要性，认为学习是成长进步的阶梯，实践是提高本领的途径。广大青年学生既要向书本学习也要向实践学习，进而在学习中提高理论修养、坚定理想信念，在实践中积累经验、增长见识、提升本领。③ "学"与"用"相互贯通的桥梁是"思"。孔子云，"学而不思则罔，思而不学则殆"。不学，则无知；不思，则迷茫。可见，"学"与"思"同样重要，要相互结合。习近平总书记强调，要多思多想，

---

① 习近平. 领导干部要爱读书读好书善读书 [N]. 学习时报，2009-05-18（A3）.
② 习近平. 论党的宣传思想工作 [M]. 北京：中央文献出版社，2020：326.
③ 习近平. 在同各界优秀青年代表座谈时的讲话 [N]. 人民日报，2013-05-05（002）.

学深悟透，对于新理论的学习，只有多思多想才能把握其要义，悟透其精髓，才能正确运用其指导实际工作。① 所以，必须要"思"在实处，真正学懂弄通，将所学知识内化于心，才能"用"在实处，外化于行，实现学用相长。综上，新时代的知行合一观的精髓就是以"学"促深"知"，以"思"促坚"信"，以"用"促笃"行"，进而实现学思用的贯通、知信行的统一。这一伟大理论创新为新时代法学教育的发展以及法治人才的培养提供了有益启示，就是要在法治人才培养过程中坚持理论教学与实践教学相结合，坚持知识建构与能力塑造相结合，培养能够满足全面依法治国实践需要的应用型卓越法治人才。

二、知行合一的理念交融

新法学作为"五合法学"的重要内涵之一就是知行合一。在法学教育中，法学教育的职业教育理念和实践教育理念均回答了法学教育为何要坚持知行合一的问题，为卓越立法人才培养坚持知行合一提供了有力依据。

（一）"知行合一"与法学职业教育理念的交融

法律职业的特殊性决定了法学教育本质的职业导向性，即法学教育是职业教育，旨在将法学理论知识转化为实践能力，培养从事法律职业的人才。这种职业导向的法学教育体现在世界各国的法学教育中，如美国的法学教育是一种本科后职业教育，几乎所有美国法学院的学生在毕业后都会选择到实务部门执业。② 德国法学教育的职业导向性更为突出，其法学教育的目标经历了由"具有法官能力"到"具有全方位工作能力的法律人才"的目标转变。③ 尽管每个国家的法学教育体制机制不尽相同，但始终将法律实践能力的培养贯穿于法学教育的全过程。我国法学教育如何定位一直存在争议。有不少学者认为将法学教育定位在职业教育，在一定程度上意味着其教育品质的降低。但也有学者认为，法学毕竟是社会科学，解决社会问题应当是其重要

---

① 人民日报评论员. 把理论学习、调查研究、推动发展、检视整改贯通起来 [N]. 人民日报，2023-04-08（001）.

② 李响. 美国法学教育的人才培养机制及其借鉴 [J]. 学位与研究生教育，2019（5）：69.

③ 杨大可. 法学教育的德国经验：发展、革新与启示 [J]. 中德法学论坛，2020（2）：139.

功能，法学院校应当在培养目标上回应社会实际需求，以法律职业教育作为人才培养的主要目标取向。① 近年来，我国法学教育的职业导向越发明显。《全面依法治国决定》将法学教育的任务界定为培养"法治专门人才"，以及《卓法计划2.0意见》关于培养"卓越法治人才"的表述等都意味着我国法学教育正沿着职业教育的路径发展。同时，《法学类教学质量国家标准（2021年版）》也指明了"法学类专业教育是素质教育和专业教育基础上的职业教育"，为法学教育强化实践教学、强化法律职业伦理教育提供了依据。法学职业教育理念与知行合一的理念殊途同归，学生"知"在法学教育里，"行"于法律职业中，只有以"知行合一"的理念为指导，对学生进行知识构建、能力培养、价值塑造三位一体的培养，才能让学生在理论与实践的学习中形成内心的法治自觉，建立法治信仰和中国的法治自信，进而将所知所学用于未来的法律职业岗位中，实现自身的职业价值。

（二）"知行合一"与法学实践教育理念的交融

法律的生命力在于实施，所以法治人才必须具备将法治理论运用于法治实践的能力。这也决定了法学教育的实践指向性。作为社会实践者的法治人才在现实中能否解决各种法律问题成为衡量和检验法学教育是否科学合理的黄金标准。正如习近平总书记指出，法学是实践性很强的学科，法学教育要处理好知识教学与实践教学的关系。② 所以，"知行合一"体现在法学教育中就表现为理论教学与实践教学的良性互动。实践教学固然重要，但也绝不能因为法律的实践性就低估了理论的意义。科学的法治理论对法治实践具有普遍指导性，现实也只有经过理论的纯化、梳理和升华之后，才能更有效地进入教学体系中，提升学生的学习效率，使学生获得举一反三的分析解决问题的能力。③ 因此，法学理论知识的学习是法治人才培养的有效途径。改革开放后，我国法学教育在恢复重建的基础上，开始构建以法律知识体系为中心的灌输式教学方法。但随着法学教育规模的日益扩大化和社会对法律人才需求

---

① 王晨光. 法学教育改革现状与宏观制度设计：日韩经验教训反思与中国改革刍议 [J]. 法学，2016（8）：67.

② 习近平在中国政法大学考察 [N]. 人民日报，2017-05-04（001）.

③ 何志鹏. 卓越法治人才培养的实践解读 [J]. 中国大学教学，2019（6）：30.

的日益多元化，法学教育理论与实践脱节的问题逐步暴露。很多法学毕业生走入法律实务领域，不仅发现自己所学的专业知识不足以支撑职业需要，更感到在大学的象牙塔中完全没有接触和掌握法律实务技能。为此，教育部相继启动实施了"卓法计划 1.0"和"卓法计划 2.0"，明确了重实践的改革任务，以解决法学理论与法治实践相脱节的问题，各高校也开始重视法学实践教学。总而言之，对于法科生而言，仅了解法学基本原理是远远不够的，只有通过实践提高动手能力，才能真正领悟法学的真谛。理论代替不了实践，书本不等于智慧。只有通过法治实践才能不断深化对法治理论的认识，实现知行合一。

三、知行合一的实践指向

知识教学与实践教学相贯通是落实知行合一理念，提高法治人才培养质量的重要举措。就立法人才培养而言，知识教学与实践教学相贯通既要求找准各自的定位，又要求将二者进行有机融合。

（一）在中国法治实践中构建立法学的知识体系

立法学相较于传统法学学科天然地实现了理论与实践的辩证统一，正如有学者指出，"立法学的成果有直接应用价值，它对理论法学来说是应用法学；立法学成果能指引立法走向科学，它对应用法学来说又是理论法学"①。现代立法建立在科学基础上，强调运用科学原理、固定范式及立法技术克服立法过程的主观性、随意性，提升立法的精准性、有效性。因此，从事立法工作不能脱离立法学基本知识，立法人才培养应当注重对立法学内容的整体框架——立法学体系进行系统学习。② 法学教育应当紧紧围绕建设中国特色社会主义法治体系、建设社会主义法治国家的总目标，坚持以马克思主义法学理论和新时代中国特色社会主义法治理论为指导，构建中国自主的立法学知识体系。同时，立法学知识体系的构造必须建立在中国立法实践的基础上，即立法学知识必须从中国的法治实践中总结，且能够准确反映全面依法治国

---

① 周旺生. 立法学体系的构成 [J]. 法学研究，1995（2）：3.

② 刘风景. 需求导向的立法人才培育机制 [J]. 河北法学，2018（4）：21-22.

的重大理论创新、制度创新、实践创新以及现实问题。比如，面对社会转型中新兴领域的法律问题，立法人才培养必须回应中国社会发展的需求，创新法学二级学科体系和专业设置，建立立法人才的复合型知识结构。此外，在新文科建设视域下，还应在知识教学中融入中国法治实践与法治建设的鲜活案例和独特经验，融入中国传统优秀法律文化；在教学内容的设计上充分体现中国风格，让学生在知识学习中感悟、发现和解决中国法治实践问题，培养学生的本土法治意识。

（二）在法治理论创新中探索中国式的实践教学

实务技能的培养是立法人才培养的重中之重，立法人才实践能力培养的核心是立法技术能力的培养，包括立法准备阶段、由法案到法的阶段、立法完善阶段的立法技术，涉及立法的一般方法、法的体系构造、法的形式设定、法的结构营造、法的语言表达等方面内容。[①] 中国作为成文法国家，与西方判例法国家的立法理论和立法方式有本质区别。因此，中国立法人才的立法技术能力培养必须以中国立法学理论为指引。基于中国的法学实践教学模式在很大程度上是对欧美国家法学教学范式的引进的现实，"新文科"的提出意味着中国法学实践教学应当立足于中国法治实践，以新时代中国特色社会主义法治理论为指导思想，在实践中塑造立法人才的国情意识。习近平总书记在考察中国政法大学时强调，我们有我们的历史文化、体制机制和国情，我们的国家治理有其他国家不可比拟的特殊性和复杂性，也有我们自己长期积累的经验和优势，在法学学科建设上要有底气，有自信。[②] 所以，我们应当在借鉴英美国家实践教学模式的基础上，在新时代中国特色社会主义法治理论的不断创新中，探索建立符合中国特色、国情以及法治需求的中国式实践教学模式，实现法学实践教学与国情、民情、社情、法情的同步。让学生在实践学习中理解、提升和应用知识学习成果，同时培养立法人才的社会责任感、国情意识、问题意识和创新能力。

---

① 周旺生. 立法学体系的构成 [J]. 法学研究，1995 (2)：3.

② 于志刚. 法治人才培养中实践教学模式的中国探索："同步实践教学" [J]. 中国政法大学学报，2017 (5)：41.

（三） 在同步实践教学中实现知信行的全面统一

当前法学实践教学所面临的普遍问题就是专业实习和实践大多在完成知识教学之后的阶段开展，造成了知识学习与实务能力培养的脱节。而且，从各高校的培养方案来看，立法人才培养的相关课程以理论教学课程为主，鲜有立法实务和实践课程，知识教学与实践教学内容的"孤岛化"突出，导致实践教学被符号化、形式化和同质化。新时代卓越立法人才的实践能力不再是简单且被动的实操能力，而是能够主动发现和解决问题，进而在法治框架内进行创新、改革和发展的能力。因此，有必要推进实践教学由验证式和末端式的传统教学模式转向平行式、嵌入式的新型教学模式。为此，中国政法大学首创了"同步实践教学"模式，同步推进职业技能和职业伦理，真正实现了实践教学与知识教学的合一，成为法学实践教学改革的成功典范，也是立法人才培养应当贯彻的新理念。"同步实践教学"理念意在推动知识学习和实践学习同步进行，将实践教学全程、常态地融汇到知识教学过程中，并且分散到整个教学过程中去，推动立法人才培养落实知中信、信中行、行中知，真正实现"知信行"的全面统一。[1]

第四节 交叉融合

"交叉融合"是新文科建设的最大特点。在新文科建设视域下，"交叉融合"主要指学科交叉融合。近年来，教育部、财政部、国家发展和改革委员会联合印发的《统筹推进世界一流大学和一流学科建设实施办法（暂行）》《关于高等学校加快"双一流"建设的指导意见》《关于"双一流"建设高校促进学科融合 加快人工智能领域研究生培养的若干意见》等文件均对实施学科交叉融合、培育新兴学科提出了明确要求。这表明，国家高度重视通过学科交叉融合的途径培养一流文科人才。随着新文科建设的全面推进，"学科交

---

[1] 于志刚. 法治人才培养中实践教学模式的中国探索："同步实践教学"[J]. 中国政法大学学报，2017（5）：44-45.

叉、跨界培养"也成为新时代卓越法治人才培养的必然趋势。

一、交叉融合的逻辑脉络

学科体系支撑着人才培养的整个过程，包括学科发展目标、定位、分类框架、研究方向等诸多要素。① 各个学科因研究对象不同而相对独立，不同类别的学科又由多个不同层级的子学科构成，进而形成符合各自发展规律和知识结构的学科体系。学科交叉即多学科之间的交叉融合，旨在通过打破传统学科之间的壁垒，促进基础学科与应用学科、人文与社科、文科与理科等多种学科类型的交叉融合，构建协调可持续发展的学科体系，以满足国家社会发展对复合型高层次人才的培养需要。相应地，法学教育在法学知识生产、法学学科发展和人才培养模式方面也发生了明显转向。

(一) 法学知识生产逻辑：从"学科本位"到"问题导向"

实践、知识和教育三者关系的动态演变推动形成不同的知识观、知识形态和知识生产模式，进而催生出对应的教育模式。在工业时代，知识的专门化发展推动学科技术的精细化和系统化，进而催生现代大学基于学科专业的人才培养模式。随着科学技术的突飞猛进，人们开始反思传统人才培养模式的功利主义和知识窄化等风险。由于学科的深度分化，不同学科之间的壁垒森严，难以相互沟通、相互借鉴、相互交流，进而不可避免地导致了学科思维的狭隘性、孤立性以及学科之间的纷争性，严重阻滞重大理论的突破和社会危机的化解。信息时代的到来使人们认识到任何一门学科自身都不足以处理日益复杂的社会问题，且相互联系的不同知识体系之间具有互补性，应秉持交叉融合的知识观，并推动知识生产模式的转型。② 在法学领域，法学知识生产由学科本位转向问题导向已成必然趋势。在这种生产模式下，法学知识生产由基于部门法学的理论知识深化，开始转向基于跨学科的法治实践的应用情境生成，更加突出法学知识生产适应社会发展、解决实践问题和服务应用需求的指向。这意味着，解决法治实践问题成为法学知识生产的根本旨趣。

---

① 吴晓明. 构建中国特色哲学学科体系的目标与任务 [N]. 光明日报，2020-05-18 (15).
② 罗纳德·巴尼特. 高等教育理念 [M]. 蓝劲松，译. 北京：北京大学出版社，2012：31.

由于重大、复杂的法律问题往往牵涉诸多学科，所以在问题导向的知识生产模式中，法学知识最终所指向的是多学科相互补充、相互促进的创新网络和法学知识集群的构建。学生在这一过程中则进行跨学科的研究和学习，并形成与特定法律问题相关联的多学科视野以及知识整合思维。

（二）法学学科发展逻辑：从"分化区隔"到"交叉融合"

学科通常指学问或知识主体的特定分支。学科是高校人才培养的载体，其改革与发展往往会带动人才培养模式的变革。18 世纪末，社会科学从道德哲学中的分离标志着现代学科体系的诞生，大学的分科教育模式随之展开。此后，各学科日益形成自己的研究领域、研究范式等，学科边界开始形成，分科教育模式得到强化。但是，学科的过度分化也造成了知识生产的"板结化"，使跨学科研究举步维艰。在法学领域，随着社会问题的日益跨界化和社会需求的日益多元化，传统法学学科已无法完成培养学生在未来职业中应对复杂挑战的使命。为此，一些国家的知名高校开始致力于打破学科壁垒，推进法学学科与其他学科的交叉融合，创新法治人才培养机制。20 世纪 20 年代，美国大学率先推行交叉学科人才培养模式，设置"交叉学科""综合学科"两个学科群，还在其他学科群内设置交叉类一级学科，实行多部门合作。日本、欧洲等国家和地区也陆续探索学科交叉融合的人才培养方式。2020 年底，我国国务院学位委员会、教育部正式设置"交叉学科"门类以及"集成电路科学与工程"和"国家安全学"一级学科，成为促进我国学科交叉融合的突破口。我国的法学学科在新文科建设的推进下，也正在努力打破学科分化区隔的传统，推进法学学科内部的小交叉以及学科外部与其他学科的大交叉，形成"法学+"的新兴学科领域。

（三）法治人才培养逻辑：从"专业教育"到"跨界培养"

新的知识生产模式形塑新的人才培养模式，促使大学人才培养从传统的专业教育迈向新的跨界培养模式。20 世纪末，高等教育的大众化发展迅速，社会性使命增强，大学的人才培养模式开始转向学校、政府、企业等多主体协同培养的模式。大学积极融入"学术—产业—政府"三螺旋的跨学科创新系统，学科边界被逐步打破。大量交叉科学问题被相继提出，如中国科学家在 2005 年提出了 100 个关乎人类重大利益的交叉学科难题，需要培养大量具有跨界思维的人才来解答，"多元协同、跨界培养"的人才培养理念开始盛行。就法治人才培养而言，由于传统法学教育过度局限于法学专业，法治人才培养倚重工具理性而忽视价值理性，导致了法律职业的特殊供需矛盾，即高端法治人才产量不足，低端法律人才过于饱和。新文科建设的跨学科培养理念为法学教育供给侧结构改革指明了方向。法学教育需要匹配外在的地区市场需求、国家法治建设要求、人民的美好生活向往和社会的整体效应，构建起"一化四型"（国际化、应用型、复合型、创新型）的跨学科交融的卓越法治人才培养模式，实现教育链、人才链、产业链、创新链的多链集成和深度融合，并形成法治人才的创新网络和知识集群，以此培养具有更高价值追求、更强资源整合力的跨域跨界的卓越法治人才，从而适应多元复杂社会的人才培养需要。

二、交叉融合的价值归路

（一）顺应新文科新法科建设的新思维

在当今信息技术时代，经济全球化与社会多极化相互交织，解决人类社会的重大难题不仅需要创新性的方案，更需要统揽全局的整合性思维，所以新文科的建设初衷在于解决长期存在的人文社会科学教育长期与实践、社会脱节的问题。同时，作为新形势下对传统文科建设和人才培养模式的反思，新文科建设旨在逾越学科障碍，促进多学科知识的深度交叉融合，推动传统文科建设的转型升级，进而培养具有新的人文精神、人文思维、人文素养的新文科人才。[①] 综合性、整体性、融合性是新文科最显著的特点，文理贯通、学科重组和学科交融则是新文科建设的重要途径。在新文科建设思维之下，人文社会科学的创新发展必须走综合化、整体化之路，进行学科交叉和知识整合。新法科作为新文科建设的重要组成部分，其"新"之特点主要体现在法学学科内部以及与外部其他学科的深度交叉融合。[②] 与传统法学学科相比，新法科背景下的部门法学以及法学学科与其他人文、社会、自然学科之间均

---

① 李凤亮. 新文科：定义·定位·定向 [J]. 探索与争鸣，2020（1）：5.
② 张俊宗. 新文科：四个维度的解读 [J]. 西北师大学报（社会科学版），2019（5）：13.

不再是泾渭分明的孤立关系，学科之间的相互交融成为必然趋势。但是，跨学科的交叉融合既不是要摒弃法学学科的学科和理论优势，也不是脱离法学建筑的"空中楼阁"，更不是直接简单地引用其他学科的理论知识，而是强调知识的整合运用，以此拓展法学学科的理论版图和研究模式，目的在于培养和锻炼法科生从不同科学视角研究社会重大问题、解决复杂问题的综合能力。法学学科与人文学科的跨界融合有助于法学学科吸收和传承民族精神，强化法学的民族特色，增添法学的本土元素；法学学科与社会学科的科际互动有助于夯实法学的理论基础，拓展法学的研究视野，丰富法学的研究范式；法学学科与自然学科的交叉调和有助于开展法学的实证研究、创新法学的实践平台、增强法学的问题意识，从而破解当前中国法学学科滞后于时代发展的困境。这也是新法科建设的意义所在。

（二）回应卓越立法人才培养的新诉求

立法工作的特殊性要求卓越立法人才的知识结构应当是倒"T"型，既需要具备多学科的基础知识，又需要具备跨领域的法治实践能力。所以，立法人才培养应当超越现代人文社会科学条块分割的学科体系，在开放性学科框架之下开展交叉前沿型人才培养。传统法学学科多强调专业细分化，导致立法人才的知识构成相对单一，缺乏多维度的研究视角、多元素整合的知识基础以及跨领域的创新和问题解决能力，难以胜任新时代高难度、复杂化的立法工作。恩格斯提出，"随着立法进一步发展为复杂和广泛的整体，出现了新的社会分工的必要性：一个职业法学家阶层形成起来了，同时也就产生了法学"[①]。法学的产生和发展与立法活动密不可分，立法同各部门法及其所涉及的社会关系联系紧密，学习立法活动及其规律实际上是对各部门法的具体立法问题及其所涉及的社会关系的学习，立法人才培养不仅需要掌握法学的一般规律与基本理论、立法学的基础知识，其学习范畴还应当深化和具体化为各部门法的创制问题。同时，立法调整国家在政治、经济、文化等各个领域中的社会关系[②]，这决定了立法人才培养需要以政治学、经济学等其他学科的

---

① 马克思恩格斯全集：第 3 卷 [M]. 北京：人民出版社，2002：261.
② 周叶中，蔡武进. 中国特色社会主义文化立法初论 [J]. 法学论坛，2014（5）：85.

方法研究立法问题。从我国立法发展方向看，立法应当充分反映民意，应当与改革相伴而行。但是，在人民群众对美好生活的需要日益增长，改革开放事业进入深水区的背景下，法律所调整的范围不断扩大，势必会给立法工作提出新要求、新视野、新问题，这就要求立法人才具备终身学习的素质、跨学科的理论和实践思维，始终保持勇于开拓的精神状态，才能担负起全面依法治国新时代的立法使命。① 这一新的时代诉求迫切要求立法人才培养坚持学科交叉融合的培养理念，丰富立法人才的知识储备，拓展立法人才的实践能力，塑造立法人才的人文精神，从而实现科学立法、高质量立法的目标。

(三) 匹配服务全面依法治国的新要求

全面依法治国必须有大批高端立法人才保驾护航。法学学科体系的开放性和学科建设的动态发展性决定了法学学科建设和人才培养应及时满足全面依法治国的要求。随着中国特色社会主义法治体系的日臻成熟，法学学科体系也日益完备。这在很大程度上回应了法治国家建设和高素质法治人才培养的现实需求。当前，国内经济的高质量发展，新科技革命和产业变革的突飞猛进，为法学学科建设和立法人才培养带来了新机遇和新挑战。国家安全、纪检监察、党内法规、数字经济等领域的法治建设正在蓬勃发展，公共卫生、突发事件、风险防控、民生保障等领域的法治矛盾愈加突出，国际贸易、"一带一路"建设等海外利益保护、人工智能、互联网+、大数据、计算机算法等领域的立法需求日渐增多。党的二十大报告强调，要"加强重点领域、新兴领域、涉外领域立法"。大量立法需求的出现，对立法人才提出了新任务和新要求，同时也暴露了目前法学学科建设亟待解决的问题。习近平总书记在全国哲学社会科学工作座谈会上明确指出，目前在哲学社会科学领域，墨守成规、因循守旧、固守学科划分藩篱的现象多见，且多以学科自有的理论体系为限考虑问题，而非基于现实需要，社会生活中同样存在大量需要多个学科理论、方法和技术共同参与才能处理好的问题。为此，习近平总书记充分肯定了哲学社会科学语境下学科交叉的重要性。传统的学科划分之下的法学学

---

① 孟庆瑜，李汶卓. 政产学研协同育人模式下我国立法人才培养的问题审思与机制创新 [J]. 河北法学，2022（10）：82-83.

科同样呈现出学科结构不尽合理、体系不够健全、新兴学科和交叉学科建设比较薄弱等亟待解决的问题。所以，传统学科的转型升级、新兴学科的原始创新、交叉学科的提速发展成为全面依法治国背景下法学学科建设与人才培养面临的重要时代课题。①

三、交叉融合的实践进路

目前，我国高校的法学教育多以局部、浅层次的学科交叉进行法治人才培养和法学理论研究，"交而不融"的现象较为突出。因此，如何由"点"及"面"地从局部试点向纵深发展，是深入推进学科交叉融合培养立法人才的关键。

（一）以领域法学为范式推进不同学科交叉融合

新时代赋予新文科交叉融合的学科体系建设，需要遵循解决社会问题、兼顾学术与知识的融合逻辑，推进以解决问题为目的的知识统一、以实现公共利益为导向的跨界融合、以民众参与为契机的协同合作。② 基于这一要求，近年来兴起了一种以问题和领域为基本定位的领域法学。领域法学注重学科交叉、开放、应用、整合，旨在从相对稳定的法学框架内观察并阐释这些错综复杂的法律现象、问题和规律。③ 法学与互联网、环境、体育、教育等领域的交叉融合分别形成了数据法学、环境法学、体育法学、教育法学等多个"法学+"新兴学科。在领域法学的思维范式下，法学学科应加速推进从学科内部的"小交叉"向学科外部的"大交叉"转型升级，推进"学科交叉"向"交叉学科"的设置升级。一方面，高校亟须突破常规思维，对传统现行法学二级学科进行结构上的优化调整和知识上的升级转型，着力以问题为中心，以领域法的整合性、开放性、应用性思维推动法学学科内部跨部门法的交流与互动，以各部门法学对问题领域的协作式研究，拓展立法人才的学科视野。另一方面，法学作为一门社会科学，与其他社会科学的交叉融合逐渐成熟，

---

① 张文显. 在新的历史起点上推进中国特色法学体系构建 [J]. 中国社会科学, 2019 (10)：34.
② 王晓玲, 张德祥. 试论学科知识生产的三种模式 [J]. 复旦教育论坛, 2020 (2)：14.
③ 刘剑文. 论领域法学：一种立足新兴交叉领域的法学研究范式 [J]. 政法论丛, 2016 (5)：8.

众多高校开设了法经济学、法社会学、法哲学等交叉选修课程。但是，法学与理科、工科、医科等自然学科的融合仍然不足，需要在人文社会科学与自然科学大交叉的宏观视角统筹技术、人和社会三者的关系，进一步打破法学与自然科学之间的壁垒，培育更多"问题导向、跨越边界"的复合型新法科专业。① 重点围绕国家安全、人工智能等新兴领域设置交叉学科，努力塑造传统学科和新兴学科、前沿学科和交叉学科并且相得益彰的学科发展新格局，构建设置科学、结构合理、门类齐全、运行有效的中国特色法学学科体系，为卓越立法人才培养奠定坚实的学科平台基础。②

（二）以优势学科为依托培养特色卓越立法人才

培养复合型卓越立法人才是新时代法学教育的一项重要使命，必须将学科交叉融合落实走深。为了改变专业设置的简单叠加和课程设置的简单拼凑现象，高校必须在明确自身层次定位的基础上充分发挥其学科优势，结合自身资源设计独具特色的"法学+X"专业培养方案。换言之，就是学科交叉既要立足学校，又必须深度融入社会发展，在面向国家重大战略需求、服务地方经济发展、回应人民美好生活需要、结合本校学生个性特点的基础上，依托本校传统优势学科，通过强强联手或以强带弱的方式，培养具有学校优势学科特色、地域特色、行业特色的复合型立法人才。同时，优势学科要发挥自身能动性，与其他非优势学科针对社会发展趋向进行主动交叉创新，同时积极发挥多科性大学内部的学科渗透作用，保证学科交叉创新的生命力和科学性，例如，西南政法大学依托法学学科优势，针对国家对人工智能法学人才的现实需求，培养"法学+人工智能"复合型法治人才。同理，财经类院校可以发挥本校财经学科优势，培养"法学+财经"人才；理工类院校可以依托工科优势，培养"法学+技术"人才；等等，突出培养特色，形成错位发展，提升学校的综合竞争力。

---

① 刘艳红. 从学科交叉到交叉学科：法学教育的新文科发展之路 [J]. 中国高教研究，2022 (10)：10-11.

② 苗连营，郎志恒. 习近平法治思想关于法治人才培养的原创性理论贡献及其实践展开 [J]. 中国大学教学，2022 (8)：9-10.

（三）以优质资源为基础共建学科交叉培养体系

学科交叉融合并非简单体现在专业和课程的设置上，而是要整合优质资源，营造开放、包容、合作、共享的学科交融环境，实现立法人才培养资源的科学重组与最优搭配。一方面，在校内要汇聚不同院系、不同学科的优质资源，加强法学与相近学科、相关学科的合作与联系，建立规范化的学科交融平台和制度机制以及特色化、类型化的学科交融课程体系；另一方面，在校外要加强与高校、政府机构、科研机构、企事业单位的沟通与合作，实现跨界培养平台的共建，建立交叉融合的协同育人培养模式。对此，《卓法计划2.0意见》也提出了明确要求，不仅鼓励高校跨学院、跨院校培养法治人才，还要求高校组建跨专业、跨学科、跨学院的教学团队，整合教学资源，编写交叉性教材，实现跨专业的师资交叉、资源共享、协同创新。在一定程度上，通过学科交叉的人才培养体系的建立，有助于使法学学科内部以及法学和其他学科之间真正形成具有逻辑导向的理性交叉、具有问题意识的应用型交叉以及具有技术性成果的跨门类交叉，从而使学科交叉建设和人才跨界培养的目标走深走实、见行见效。

第五节　协同共享

协同共享是新文科建设的重要途径之一。在新文科建设视域下，立法人才培养应以"多元共育、融合共赢"为理念，凝聚育人主体力量，从而推动新文科建设和助力法学教育发展，培养应用型、复合型、创新型的卓越立法人才。

一、协同共享的理论逻辑

（一）协同逻辑

立法人才培养的重点在于学生的价值统合能力、学习创新能力、职业场景代入能力等方面，而相应能力的获得仅凭发挥高校传统职能难以实现。根据"三角协调"理论，现代大学从来不是孤立存在的，也不能任由政府或社会任何一方影响，这是因为在市场经济体制下高校的"闭门造车"或政府的"过度干预"均无法长期维持高等教育的供需平衡状态，而完全由市场主导高等教育运行将无法保障社会对于高等教育的普遍性需求。高等教育的有效运行应当兼顾政府和市场力量，并充分发挥高校教书育人的能动性，形成以政策影响为主要表现的政治权力、以资源配置为主要表现的市场（社会）逻辑、以人才培养为主要表现的学术权利三种势力的交融结合。而高等教育人才培养的创新力发挥往往也需要相关主体打破彼此界限，在多元互动、相互渗透中衍生新职能，释放创新力。就立法人才培养而言，在人才培养过程中应当允许立法机关、科研机构等其他主体的协同参与。由于高校开展立法人才培养尚处于起步期，且各主体参与立法人才培养的初心动因和目标期望各不相同，因此立法人才培养的应然目标达致不能寄希望于多元主体的简单相加和自由组合，而是需要以满足多元主体根本利益一致性为前提，以实现人才培养过程中多元主体优势互补、利益共享、风险共担为目标，在"三角协调"模型下建立促进资源（知识）运转与优化、人员流动与交叉、平台重构与优化的政产学研协同育人模式。[①] 该模式下的立法人才培养将高校置于培养链条的中心环节，立法机关、社会企业等主体通过发挥各自职能辅助提升高校的人才培养能力，通过整合各主体的目标意愿，有效融合不同主体场域内的优质资源和创新要素，最终形成集立法实践、理论研究、教学开发于一体的先进教育系统。

（二）供需逻辑

立法人才培养的高等教育供需关系包括两个方面，一方面是高校和学生以及家长之间围绕教育产品、教育机会等产生的机会供需关系，另一方面是高校和立法机关等人才需求方建立的产品供需关系[②]，立法人才培养存在的问题在这两个方面均有体现。首先，我国法学高等教育具有"大水漫灌"式供

---

① 邵进. 产学研深度融合的探索与思考：基于三重螺旋模型的分析 [J]. 中国高校科技，2015（8）：8-9.

② 孟庆瑜，李汶卓. 地方高校涉外法治人才培养的目标定位与实现机制：基于我国自贸试验区建设的人才需求分析 [J]. 河北法学，2021（8）：78.

给特征，很难满足受教育者个性化的教育需求和同质规避的受教育意愿，若仍坚持以高校为绝对主体的供给结构则势必将加剧法学人才培养的机会供需结构失衡。其次，法学人才培养产品供需关系调整存在失灵有两方面原因。一方面，政策缺位、供需双方短视等因素导致高校和法治人才需求方在人才需求规格、类型等方面存在信息失真与时间落差，进而导致立法人才作为相较于司法人才的小众需求，其需求信息反馈往往存在延迟；另一方面，法治人才培养供需引导被政府过度关照导致高校与社会和市场的自发配置被忽视，进而使供需双方依赖既定方针政策下的教育资源配置。例如，在两个"卓法计划"的指引下，高校将主要资源集中于司法人才培养。基于对我国人才培养机会与产品供需关系存在问题的分析，我国立法人才培养存在的主要问题在于人才培养观念滞后和供需关系错配的多重交织，其根源在于立法人才培养的供需结构失衡和来自供给侧的体制瓶颈束缚与机制堵塞，该问题的解决不仅在于技术难题的突破，更需要立法人才供需双方在专业结构、类型结构以及需求结构等方面加强匹配度，并推动社会意识和文化结构实现配套转变。[①] 立法人才供需问题的解决既应当寄希望于推动供给侧结构性改革，联合政府、高校、市场、社会等多元主体的力量加强立法人才有效供给，又应当在立法人才培养供需双方之间建立衔接机制，保证资源、信息等要素的及时畅通，最关键的还应当打破供需双方界限，建立起政产学研职能清晰、各尽其责的合作制度与平台。

（三）共享逻辑

基于我国教育资源分配不均，高等教育发展呈现差序格局的现状，全面提升立法人才的培养质量需要实现优质法学教育资源的共享。共享理念作为一种新的教育发展理念，源于"共享经济"理念。这一概念最早由美国社会学教授马克斯·菲尔逊（Marcus Felson）和琼·思潘斯（Joel Spaeth）提出，后来作为"共享经济"的共享理念也对高等教育变革产生重要影响。[②] 马克

[①] 朱玉成，周海涛. 研究生教育供给侧结构性改革透视：内涵、问题与对策 [J]. 学位与研究生教育，2018（3）：56-57.

[②] 丁钢. 教育需要向共享教育的理念转化 [N]. 光明日报，2017-08-08（13）.

思主义的社会理想和分配理论中也包含着共享思想，指明了共享的本质特征是"共产、共建、共享"。党的十九大报告提出"通过共享可以实现社会均衡、充分发展"。我国《国民经济和社会发展的"十三五"规划》也将共享发展理念作为五大发展理念的出发点和落脚点。从某种程度上讲，中国历史发展过程就是一个追求平等、实现和维护公平正义、共享发展成果的过程，高等教育的发展过程亦是如此。共享是人才培养资源的分配机制和高水平技能型人才服务机制的有机结合，是一种资源和成果的分配机制。共享以开放为前提，开放是一个内外融通、平等共融的过程；共享是共同享有开放发展成果、互利共赢的过程。所以，共享即开放共享，并可从以下两个方面进行理解：其一，互联互通是开放共享的根本特征。具有合作基础，相同专业背景的国内外高校组建联盟，共同建立教育事务合作平台，使得各成员校可以在互联互通的基础上本着开放包容、互学互鉴、互利共赢的精神，共享优质法学教育资源，互鉴先进法学教育经验，畅通合作渠道，有助于实现法治人才培养和人才流动的互联互通。其二，资源共享是开放共享的主要内容，旨在将众多立法人才培养的资源要素进行重组和整合，按照共享资源的服务范围以及内在逻辑关系，形成一种脉络分明的立法人才培养有机体，进而实现立法人才培养资源的优化配置。① 这就要求高校充分发挥立法人才培养平台的联动效应，实现高校、政府、企业等多元主体的互联互通，秉承共商、共享、共建原则，推动高等法学教育资源的配置方式由"管理"向"治理"的转变，为立法人才形成跨学科的知识结构创设有利的环境条件。

二、协同共享的现实诉求

（一）立法人才培养的应用性要求

立法工作作为一种法律实务，决定了立法人才的应用属性。应用型人才的培养是在协同融合中获得生长的过程，旨在实现应用型人才的知识与实践技能的融合贯通。立法人才以培养立法实务技能为核心，需要实践、探索、创造，特别是要在法治实践中探索立法人才培养的教育观念和路径。法学教

---

① 李成明. 开放共享理念视角下高等职业教育国际化人才培养平台研究 [J]. 江苏高教，2017 (10)：77.

育历来注重"术"的养成。自法学教育规模急剧扩张后，我国立法人才培养的特殊供需矛盾以及理论与实践相脱节的问题较为突出，其根源在于立法人才培养模式的封闭性，没有建立应用型人才的协同培养理念。立法人才培养不仅在课程设置上存在重立法理论轻立法实务的现象，立法学教材也存在与立法实践内容、学术研究前沿发生脱节的弊病。此外，师资队伍的立法能力偏弱，立法经验不足问题也较为凸显，难以全面满足立法人才培养要求。我们应当认识到，立法工作具有高度复杂性，需要立法者具备较高的理论与实践能力素养，而仅凭借高校教育教学资源恐难以满足立法人才素质要求。立法人才培养亟须突破传统的以高校为绝对本体的法治人才培养模式，有效融合不同主体场域内的各类立法人才培养资源与要素。同时，随着"开门立法"趋势的日渐显著，立法工作在内容和形式上表现出更多的丰富性与开放性，科研院所、律师事务所等主体对于立法工作的参与度不断提升，其表现出的立法人才需求和参与立法人才培养的积极性日益旺盛，建立资源融合共通、多元价值共创、风险成本共担、利益所得共享的人才培养多元主体协同共育模式的呼声高涨。综上，立法人才的应用性特点决定了其培养模式并不适用于传统封闭的、象牙塔式的教育模式，而是需要多元主体的"深协同"，通过高校不同主体之间的双向互动，提升立法人才的实践应用能力。①

（二）立法人才培养的创新性要求

立法的实质是对法律体系的创新，所以立法的过程就是进行法治创新的过程，这就决定了立法人才应具有创新属性。随着科学技术的迅猛发展，创新型人才培模式已经被正式纳入我国高等教育研究的领域。随着新文科建设的深入推进，众多高校的法学专业人才培养方案在人才"培养目标"部分都含有"创新型"的表述，以匹配新时代新形势对创新型法治人才的需要。创新型人才的培养是一个复杂的系统工程。随着法学知识生产模式的转变，法学知识创新网络的形成使得创新型立法人才的培养成为全社会的责任，需要

---

① 孟庆瑜，李汶卓. 政产学研协同育人模式下我国立法人才培养的问题审思与机制创新 [J]. 河北法学，2022（10）：89.

多主体协同完成。一方面，协同创新是提升立法人才培养质量的内在要求。只有高校抓住立法人才成长的关键环节，与科研机构、政府、企业等主体结合协同创新，形成创新要素和资源的充分整合、积聚，才能爆发出无穷潜力。建立立法人才的协同培养机制，可以使主体在有序的竞争条件下自愿协同地发挥各自最大的能力，充分释放人才、资本、信息和技术活力，从而构建有利于协同创新培养立法人才的基础条件。另一方面，唯有实践才能创新。创新能力作为新时代卓越立法人才的必备能力之一，只能从法治实践中获得，这就需要多主体的协同育人与优质实践资源的共建共享。将优质实践资源引进高校需要加强校企、校地、校所等的合作，同时发挥政法部门在立法人才培养中的积极作用，培养符合法治实践需求的创新型高素质立法人才。

（三）立法人才培养的复合性要求

在立法工作所面临的实践领域和规模不断扩展的背景下，立法人才培养应当注重知识塑造的多源性以及培养主体的多元性，因此重学科建设而轻实践导向、重微观研究而轻学科融通、重院校培养而轻多元共育的传统人才培养模式，不再符合立法人才培养的内涵需要，创建具有人文灵魂、中国特色、多元互联、实践支撑等特征的立法人才培养机制成为必然之举，立法人才应当在多学科场域和多元主体协同的孕育下成长。立法具有引领和推动作用，立法工作需要紧紧把握时代脉搏，聆听时代声音，这就要求立法人才培养不能仅仅局限于以理论创新、制度创新、实践应用为指向的社会科学人才培养标准层面，还应当通过加入文学、历史学、哲学等人文学科的人文性与价值性学习，强化学习者的逻辑思维、形象思维、批判性思维等，从而提升其问题意识，在时代变革中发现新的价值。① 同时，法律体系建设必须随着时代和实践的发展而不断发展②，经济社会发展在国家安全、乡村振兴、生态环保、公共卫生、前沿科技等领域法治建设的呼声期盼，对于立法者的知识广博性、思维先见性等提出了更高的要求。这些都决定了立法人才培养既应当打破原

---

① 徐显明. 高等教育新时代与卓越法治人才培养［J］. 中国大学教学，2019（10）：10.
② 习近平. 在庆祝全国人民代表大会成立 60 周年大会上的讲话［N］. 人民日报，2014-09-06（002）.

有的学科分野，建立以问题为核心的知识生产单元，完善知识的交流融合机制，开展跨学科、交叉学科领域的问题研究，使立法人才具备跨界协同的复合型研究能力与交叉学科知识储备；也应当打破原有的以高校为绝对主体的立法人才培养模式，针对高校在立法实践能力、立法前沿认知等方面的资源禀赋短板，建立多元协同"共建、共管、共享"人才培养机制体系，打造优势互补的资源聚焦向心力。①

三、协同共享的实践逻辑

协同共享的实践逻辑就是通过以"理实贯通"为目标的协同育人和以"互学互鉴"为途径的资源共享，推动将法治实体资源优势和法治学术资源优势转化为立法人才培养优势。

（一）以"理实贯通"为目标实施协同育人

协同育人主要体现于法学实践教学中，是新文科建设的重要支撑。构建"协同育人"的长效机制是解决法治人才培养理论与实践脱节问题的重要途径。法治实践部门是法治人才培养的最大受益者，积极参与高校法治人才培养活动是其义不容辞的责任。自 2012 年"卓法计划 1.0"实施起，我国卓越法律人才培养就开始走上协同育人之路，探索建立"高校—实务部门联合培养"机制，并于 2013 年启动实施了高校与法律实务部门进行人员互聘的"双千计划"。《中共中央关于全面依法治国若干重大问题的决定》也提出了健全政法部门与法学院校、法学科研机构人员双向交流机制的要求。《卓法计划 2.0 意见》进一步明确了"政府部门、法院、检察院、律师事务所、企业"等具体主体在法治人才培养中的协同作用，要求健全法学院校和法治实务部门双向交流机制，构建法治人才培养共同体。习近平总书记在中国政法大学考察时指出"高校是法治人才培养的第一阵地"。这就意味着法律实务部门以及其他社会组织等理应成为第二、三阵地等，如何有序调动这些主体协同助

---

① 孟庆瑜，李汶卓. 政产学研协同育人模式下我国立法人才培养的问题审思与机制创新 [J]. 河北法学，2022（10）：93.

力法治人才培养，是当前立法人才培养亟待解决的问题。① 对此，一方面，应当在法治人才培养的顶层设计中明确法治实务部门协同参与的任务，实施全程协同，推动法律实务部门介入法治人才培养全过程。② 这就需要在立法人才培养过程中正确处理法学院校和实务部门的关系，在明确各参与主体的不同角色和不同作用的基础上进行全面协同，包括协同制订培养方案、协同组建师资团队、协同打造课程体系、协同开发教材资源、协同建设实践基地、协同实施立法项目等。另一方面，要跨越高校与实务部门浅表化的协同合作，实施深入协同，推进政产学研企多主体的深度参与和合作互动。这就需要立法人才培养注重接轨外部需求实施合作育人，主动对接国家和地方经济发展和法治建设需要，融入社会市场发展，顺应科技与产业革命需求，推动立法人才的培养过程成为一个开放互动、全链参与、多螺旋协同共生的创新过程，形成螺旋育人合力。

（二）以"互学互鉴"为途径进行资源共享

资源共享是协同育人的基本前提，旨在破除立法人才培养机制的壁垒。互学互鉴是资源共享的最佳途径，旨在高效率提升立法人才培养水平。只有不同主体之间通过互学互鉴的方式共享彼此拥有的优质资源，才能真正推进协同合作的育人模式，实现协同创新，共建人才培养共同体。习近平总书记在中国政法大学考察时指出，要将实际工作部门的优质实践教学资源引进高校，加强法学教育、法学研究工作者和法治实际工作者之间的交流。这段论述指明了法学教育进行资源共享的具体路径。资源共享既涉及学术机构之间的资源共享，也涉及学术机构与实务部门之间的资源共享。一方面，应当以学科交融为契机，进行高校内部的资源共享，深入广泛地开展高校内部的协同育人，推动协同育人常态化、规范化、制度化，根据高校实际建立跨学院、跨学科联合的课程组运行机制，加强不同学科群的资源共享和交流合作。同时，要打造各高校联合共建的学科交叉融合平台，促进优质立法人才培养资

---

① 于志刚. 法治人才培养中实践教学模式的中国探索："同步实践教学" [J]. 中国政法大学学报，2017（5）：50.

② 柴葳. 法治人才培养如何应对挑战 [N]. 中国教育报，2015-07-20（001）.

源要素的自由流动，还要在互学互鉴的基础上充分发挥地区立法人才培养的特色优势，搭建立法人才培养交流合作平台，联动打造卓越立法人才供给高地。另一方面，要推动社会优质资源尤其是法治实践资源与高校资源的整合，共享人才资源、信息资源以及平台资源，探索建立全方位、无缝式衔接的立法人才培养机制，如建立立法人才的"校社联合培养—实务部门实习—实习部门接收"的一体化人才培养机制，推动实务资源优势向人才培养优势转化。

第三章
新文科建设视域下立法人才培养的模式改革

　　立法人才培养模式关乎培养什么样的立法人才、怎样培养立法人才的核心命题。近年来，高等法学院校在立法人才培养方面进行了积极探索并取得了一定成效，但在立法人才培养模式上还存在很多问题。问题存在的原因主要有二：一是立法人才培养思路不明，二是立法人才培养资源不足。"事之当革，若畏惧而不为，则失时为害。"经济社会在发展，于立法人才的需求也在发生变化，唯有根据经济社会的新发展、人才需求的新变化持续推进立法人才培养模式改革，才能培养更高质量的立法人才，以满足经济社会发展之需，而政产学研协同育人则是立法人才培养模式改革的应然之选。推进立法人才政产学研协同培养模式改革，关键是要把握好以下几个问题：一是要科学设定培养目标；二是要优化课程建设；三是要创新教学方式；四是要强化实习实训；五是要完善教学评价体系。

第一节　立法人才培养模式的概念界定、
特征分析与内容构成

一、立法人才培养模式的概念界定

　　1996 年 3 月 17 日，第八届全国人民代表大会第四次会议通过的《中华人民共和国国民经济和社会发展"九五"计划和 2010 年远景目标纲要》明确提出，要"改革人才培养模式，由'应试教育'向全面素质教育转变"。此后，"人才培养模式"成为教育工作中出现频率非常高的一个词汇。① 在学界，人才培养模式这一概念早在 20 世纪 90 年代初就已经被提出②，且对该问题的讨论一直处于持续深化状态。有研究者指出，所谓人才培养模式，是指以某教育思想、教育理论为依托建立起来的既简约又完整的范型。③ 另有研究者则认为，人才培养模式是指教育机构及教育工作者所普遍认同和遵从的关于人才培养活动的实践规范和操作样式，其以教育目的为导向、以教育内容为依托、以教育方法为具体实现形式，是能够直接作用于受教育者身心的教育活动全要素、全过程的总和。④ 虽然学界对人才培养模式的概念还存在不同认识，可谓见仁见智，但大家均认为人才培养模式关乎"培养什么样的人"和"如何培养人"这两大关键问题，是高校教育教学活动和教学管理工作的重要依据。⑤

　　1998 年 3 月，时任教育部副部长周元清在第一次全国普通高等学校教学工作会上的讲话指出："所谓人才培养模式，实际上就是人才的培养目标、培养规格和基本培养方式，它决定着高等学校所培养人才的根本特征，集中体现了高等教育思想和教育观念。"⑥ 1998 年 4 月教育部印发的《关于深化教学改革，培养适应 21 世纪需要的高质量人才的意见》则给出了人才培养模式这一概念的官方定义，即"人才培养模式是学校为学生构建的知识、能力、素质结构，以及实现这种结构的方式，它从根本上规定了人才特征并集中地体现了教育思想和教育观念"。

　　立法人才培养模式关乎培养什么样的立法人才、怎样培养立法人才的核

---

①　奚玮，郝亮. 论法学人才培养模式的创新：以培养创新型法律人才为视角 [J]. 继续教育研究，2009（1）：151-153.

②　有学者认为，学界第一次明确对人才培养模式界定的是刘明俊教授，刘明俊教授在《大学教育环境论要》中指出，人才培养模式是指"在一定办学条件下，为实现一定的教育目标而选择或构思的教育教学样式"。相关论述参见盛革宇，张俊. 理工科院校法学专业人才培养模式现状及完善建议 [J]. 时代教育，2013（15）：109.

③　龚怡祖. 论大学人才培养模式 [M]. 南京：江苏教育出版社，1999：16.

④　魏所康. 培养模式论 [M]. 南京：东南大学出版社，2004：24.

⑤　李华耕，盛劲松，等. 试析应用型法学人才的合作培养模式 [J]. 新余高专学报，2010（1）：21-24.

⑥　叶茂林，肖念. 中国高等教育热点问题述评 [M]. 北京：科学出版社，2007：127.

心命题。因循《关于深化教学改革，培养适应 21 世纪需要的高质量人才的意见》关于人才培养模式概念的界定思路，所谓立法人才培养模式，就是指高等法学院校在教育思想、教育观念指引下为培养立法人才而构建的知识、能力、素质结构以及实现这种结构的方式。

二、立法人才培养模式的特征分析

理论研究和实践经验表明，立法人才培养模式具有以下显著特征：

（1）目的性。从确立初衷来看，立法人才培养模式具有鲜明的目的性，其旨在培养从事立法工作的专业人才，所有工作的开展都旨在实现这一根本目的。鲜明的目的性是立法人才培养模式的首要特征所在。

（2）开放性。从生成过程来看，立法人才培养模式具有显著的开放性特征。所谓开放性，是指立法人才的培养虽然以高等法学院校为主体，但绝不限于在高等教育系统内封闭进行，即高等法学院校并非立法人才培养的唯一主体，其他主体亦能在立法人才培养过程中发挥应有作用。

（3）体系性。从内容构成来看，立法人才培养模式具有体系性的突出特征，其由多项内容构成，涵盖多项工作，其不同于教学模式等其他相关制度设计。这是由人才培养模式在教育工作中所处的关键地位所决定的。

（4）合规性。从工作开展来看，立法人才培养模式具有合规性的重要特征。所谓合规性，是指立法人才培养模式所涉各项工作的开既要遵循高等教育的普遍性规律，也要合乎立法人才培养的特殊性规律。

（5）多样性。从实施现状来看，立法人才培养模式又具有多样性的重要特征。所谓多样性，是指由高等法学院校的众多性以及其拥有教学资源的差别性所决定，立法人才培养模式的具体样态各有不同。

三、立法人才培养模式的内容构成

作为关乎人才培养最重要的要素系统，人才培养模式由诸多元素结合在一起而形成，也最为复杂、最具活力、最富变化。① 由此而致，对人才培养模式内容构成的讨论最为热烈，有"两要素说""三要素说""四要素说"以及

---

① 王晓辉. 一流大学个性化人才培养模式研究 [D]. 武汉：华中师范大学，2014：30.

"多要素说"等多种观点。持"两要素说"观点的研究者认为，人才培养模式主要统率人才培养目标和人才培养方法两大要素；持"三要素说"观点的研究者则认为，人才培养模式构成内容主要有三，即人才培养目标、人才培养方法和人才培养过程；而持"四要素说"观点的研究者认为，除人才培养目标、人才培养过程外，人才培养制度和人才培养评价亦是人才培养模式的重要内容；与前三种观点存在显著不同的是，"多元素说"又有多种理论主张，支持者认为，除人才培养目标、人才培养过程、人才培养评价等要素，人才培养模式在内容构成上还包括课程体系、教学内容、教学方法、师资队伍等要素。

就立法人才培养模式的内容构成而言，以下要素处于重要地位，需格外关注这些因素：（1）培养目标。目标在人才培养模式内容构成中属前提性要素，直接指向"培养什么样的人才"这一关键命题，是人才培养理念的具化，十分重要。于立法人才培养模式而言，亦是如此，培养目标的确定是否科学，直接关乎立法人才培养工作的整体成效。（2）课程建设。作为立法人才培养的重要依托，课程建设是影响人才培养成效的关键要素，加强课程建设则是提升立法人才培养水平的重要保障。（3）教学方法。教学工作规律揭示，教学方法的选取至关重要，其关乎教学目的达成与否，决定教学任务实现与否。在立法人才培养过程中，教学方法是影响立法人才培养质量的关键要素。（4）评价反馈。评价反馈是指对立法人才培养过程中所取得成效、所出现问题的总结和分析，通过评价反馈的开展，有助于锚定培养目标、优化培养过程、改良培养方式、矫正培养偏差，评价反馈处于立法人才培养链条的末端，却是人才培养模式的关键构成。

第二节　立法人才培养模式现存问题梳理及原因分析

一、立法人才培养模式现存问题梳理

近年来，高等法学院校在立法人才培养方面进行了积极探索并取得了一定成效，但在立法人才培养模式上还存在以下问题。

（一）目标设定模糊

培养目标系人才培养模式的核心要素。[①] 本书作者以 40 所院校的人才培养方案为基础所进行的文本分析结论显示，部分院校虽然将"具备科学立法能力""熟悉国家基本立法体系"等要求置于立法人才培养目标之中，但目标院校均未对对学生的立法思维塑造和立法学知识体系学习提出具体要求，基于新时代立法工作需求的立法人才核心素养亦未完全细化分解到毕业要求之中。[②] 有些院校立法人才培养目标设定得模糊、空泛，这就造成培养目标定位与立法人才需求不匹配，直接影响到立法人才培养的质量和成效。

（二）课程建设滞后

课程是人才培养的基本载体。课程建设直接影响人才培养的质量，课程改革一直以来都是高校教学改革的核心环节所在。从立法人才培养的实践来看，绝大多数高等法学院校在课程建设上还比较滞后，无法满足立法人才培养的实际需求，主要体现为"三少"：（1）"核心"课程开设少。相当一部分的高等法学院校还处于以一门"立法学"独撑立法人才培养课程体系的尴尬处境，与立法人才培养直接相关的立法技术等专业"核心"课程开设不足，课程设置缺乏针对性。（2）实践课程开设少。在立法人才培养上，课程体系中绝大多数为理论课程，以培养和训练学生的立法实操能力为主要目的的实践实训类课程开设不足，与应用型这一立法人才定位不符。（3）"衍生"课程开设少。由立法工作的"跨界"特质所决定，立法人才应定位于综合型人才，其知识储备不限于法学，而涉及文学、管理学等多个学科，因此，有必要开设与这些学科相关的"衍生"课程、"跨界"课程和交叉课程，但从实践来看，这类课程的开设还十分不足。除此之外，内容陈旧、深度不够等也是立法人才培养课程建设方面存在的普遍性问题。

---

① 周毅. 论财经院校卓越法律人才培养模式的创新 [J]. 吉林工商学院学报，2013（6）：97-99.

② 孟庆瑜，李汶卓. 政产学研协同育人模式下我国立法人才培养的问题审思与机制创新 [J]. 河北法学，2022（10）：76-96.

（三）教学方式单一

教学方式单一曾经是法学教育中普遍存在的一个现象，也是传统法学人才培养模式的重要表征之一，突出表现为法学教学工作的开展以教师课堂讲授为唯一方式。在完全依赖课堂讲授这一教学方式的情形下，"教"处于绝对主导的位置，检验法学理论是不是真理的标准不是实践，即能否有效解决现实问题，而是能否在更为抽象的理论体系中寻求到依据；[①] 教学就是教师教而学生只管学，学生只要熟记那些一成不变的要领和早已确定了的结论就行了，学生处于被动接受状态，缺乏积极性和主动性，难以养成独立思考、分析以及解决问题的能力。[②] 这种灌输式、"填鸭式"的教学方式导致学生在知识结构、思维能力和具体实践操作能力上存在缺陷，难以适应社会发展的需要。[③] 经过不懈努力、积极探索，在现代法学人才培养模式之下，教学方式得以发展，模拟法庭、法律诊所等新型教学方式不断涌现，并取得了较好的教学效果。但是，这些新型教学方式并不适合立法人才培养的特点，立法人才培养教学方式基本只有教师课堂讲授这一方式。在此单一教学方式下，教学工作的开展以教师、课堂、教材为中心，知识通过讲授——灌输的方式进行传递，不仅难以达成立法人才培养目标，而且容易使学生丧失对立法知识的学习兴趣。

（四）实践环节虚置

法学是一门实践性非常强的学科，法学人才除需要拥有扎实的专业知识外，还需要具备丰富的实践经验和优良的实操能力。社会真正需要的是既有一定法学理论知识，又有比较丰富的社会实践经验的专业法律人员。[④] 因此，在现代法学人才培养模式之下，各院校都高度重视学生实践能力的培养，并

① 董彪. 我国法学教育中人才培养模式之反思与重构 [J]. 全国商情（理论研究），2010（12）：73-76.

② 彭本利，覃腾英. 地方高校转型发展背景下法学专业人才培养模式研究 [J]. 法制与社会，2019（18）：195-196.

③ 兰欣卉. 以十九大精神引领应用型法学人才培养模式 [J]. 北方经贸，2018（10）：5-6.

④ 李靖，田金花，戴国勇. 法学专业应用型本科人才培养模式的构建 [J]. 佳木斯大学社会科学学报，2014（3）：149-150.

因此逐步探索出了包括模拟法庭、法律诊所、社会调查、社会志愿服务、法院旁听、法律援助、专业实习等在内的实践教学体系。实践证明，现有实践教学体系对以法官、检察官、律师、企业法务等为就业目标的法学人才培养是富有成效的，能够有效提高学生的实践能力（尤其是司法实践能力），助力学生更为适应未来的工作岗位。但是，实践亦证明，这一实践教学体系于立法人才培养上效果甚微，原因在于，学生很难通过上述实践活动获得与立法工作相关的实践经验。而更为关键的是，现有的实习实训基地基本上是由高校与法院、检察院、律师师事务所、企业共同建立，而这些实习实训基地在为立法人才实践能力的培养提供必要支持上是有所欠缺的。由此导致的后果就是，立法人才培养在有些实践环节呈虚置状态，学生的立法实操能力因此大大受限，很难适应立法实际工作的需要。

（五）教学评价失衡

作为检验教师教学效果、学生学习效果的重要手段，教学评价的根本目的在于反馈、矫正和调控教学与学习，其在促进教学活动、提高学生能力等方面发挥着重要作用。在立法人才培养过程中，教学评价标准稍嫌简单且有失偏颇，尤其是体现在对学生学习效果的评价上。绝大多数院校对于学生立法知识学习效果的评价还完全倚赖于考试这一单一方式，唯成绩论仍是主流，且以期末考试为主要手段而忽视对学习效果的过程性考核，重鉴别、评定和淘汰而轻反馈、矫正和调控的倾向明显。这样的评价方式造成学生在时间、精力分配上向应付期末考试高度倾斜，忽视了对自己应用能力的培养。学生的学业成绩可能不错，但对立法知识的掌握并不全面，也缺乏活学活用、学以致用的能力。

二、立法人才培养模式现存问题的原因分析

（一）立法人才培养思路不明

思路不明是目前立法人才培养模式存在诸多问题的首要原因所在。一方面，对立法人才培养层次定位这一前提性问题，即立法人才培养是定位于本科教育还是研究生教育，目前学界还存在很大争议。有研究者认为，立法人

才培养应当定位于研究生教育，而不能是本科教育。其原因在于，从立法活动的性质来看，立法是基于社会需求而综合运用法治原则、社会知识和政治哲学原理为国家和社会创制法律规范的专门性活动，属于从无到有的创造，与以执法、司法为典型代表的法律适用活动存在显著不同。因此，立法工作的开展要求立法人才具备更加精深的法学知识储备、人文知识积淀、对社会规律的把握和对事物不仅知其然更知其所以然的深刻理解，立法更需要专才而不是通才。[①] 正是受这种观点影响，很多高等法学院校于本科教育阶段对立法人才培养工作的开展还存有困惑、迟疑，由此带来的重视不够、投入不足造成现行人才培养模式存在一些问题。另一方面，对如何实现立法人才的"独立"培养，绝大多数高等法学院校还未形成相对成熟的思路。如上文所述，立法人才与以检察官、法官、律师、公司法务等为代表的其他法学人才存在显著不同，后者均属于法律适用层面的"实施者"，而立法人才则属于法律制定层面的"创制者"。更为关键的是，几乎所有高等法学院校法学人才模式是基于后者的教育培养而构建的，且向立法人才培养调适、转型的难度极大。于是，在实践中就出现这样一种普遍性"景象"，虽然有为数不少的高等法学院校提出要加强本科教育阶段的立法人才培养工作，并将其明确规定于发展规划、培养方案之中，但对于立法人才培养模式的探索投入不够，甚至将主要适用于其他法学人才培养的现有人才培养模式"套用"于立法人才培养，问题自然而生。

（二）立法人才培养资源不足

人才培养是一项伟大的系统性工程，其顺利开展、有效实施离不开以人、财、物为典型表现形式的培养资源的必要保障，立法人才的培养亦不例外。但是，从实践来看，绝大多数高等法学院校在立法人才培养资源方面还存在显著不足，由此制约了立法人才培养工作的顺利开展并造成上述系列问题的存在，并突出体现在以下两个方面：（1）立法人才培养力量薄弱。法学人才的成功培养离不开高素质的法学教师。目前高等法学院校中的法学教师大多

---

① 李克杰. 论立法人才的范围、职业素养与培养模式［J］. 齐鲁师范学院学报, 2017（4）：22-27, 70.

接受过系统的法学理论学习和严格的法学学术训练，但其中的绝大多数又大多是"从校门到校门"，即在攻读硕士或博士学位后选择直接进入学校任教，而没有经历过实际法律工作的锻炼；即便有些法学教师从事兼职律师或者法律顾问工作，但其实践经验基本上都停留于法律适用层面，鲜有接触立法工作、积累立法经验的机会和经历。这些法学教师的理论知识扎实，或能胜任立法人才培养相关理论课程的讲授之职，但因无立法工作经历和实践经验而无法给予学生全面指导和帮助。立法人才培养力量薄弱，尤其是双师型教师的缺乏，是目前绝大多数高等法学院校立法人才培养不足的突出表征。

(2) 立法人才培养平台欠缺。法学人才属于应用型、复合型人才，法学人才培养是一个宏大的系统性工程。理论和实践均证明，高等法学院校虽然在法学人才培养中承担主导作用，是"第一责任人"，但仅靠其所拥有和支配的资源是无法有效完成法学人才培养工作的。因此，向校外寻求帮助，实现校内外培养资源的更大更好整合就成为法学人才培养工作开展的应然之选，与检察院、法院、律师事务所等建立实践实训基地就是典型代表。但是，于立法人才培养而言，现有的培养平台搭架不仅因数量严重不足而"不够用"，而且因性质不匹配而"不好用"。立法人才培养平台欠缺是目前绝大多数高等法学院校立法人才培养资源不足的另一重要表征。

第三节　立法人才培养模式改革的方案选择

"事之当革，若畏惧而不为，则失时为害。"中国特色社会主义进入新时代，改革依然是解决当前一切问题的基础和关键。① 作为当代中国最鲜明的特色，改革是促进社会发展的强大动力所在。立法人才培养亦概莫能外，推进改革是解决立法人才培养模式现存问题的关键之匙。更为关键的是，推进改革是更好培养立法人才的应有之意。

人才是经济社会发展的第一资源，人才的培养必须紧跟经济社会发展需

---

① 李凯. 改革依然是解决中国当前问题的基础和关键 [EB/OL]. 中青在线，2018 - 03 - 01 [2022 - 08 - 07]. http://news.cyol.com/yuanchuang/2018 - 03/01/content_16982342.htm.

要，以人才需求为人才培养的导向。法学人才是建设法治国家的第一资源，与其相关之法学教育则成为衡量社会文明程度和法治建设进程的重要标志。法学教育有其规律，而基本规律则是要与经济社会发展"同频共振"。经济社会发展推动法学教育的发展，法学教育必须与经济社会发展相一致，要适应经济社会发展，要按经济社会需求培养人才，否则法学教育发展将是盲目的，会导致使命的落空、资源的浪费。① 立法人才的培养亦是如此，必须以经济社会发展对立法人才提出的要求为基本遵循，科学开展立法人才培养工作，有效提高立法人才培养质量。经济社会在发展，于立法人才的需求也在发生变化，尤其是对立法人才的专业能力、综合素质要求越来越高，因此，唯有根据经济社会的新发展、人才需求的新变化持续推进立法人才培养模式改革，才能培养更高质量的立法人才，以满足经济社会发展之需。此外，从自身发展历程来看，人才培养模式并非一成不变，而是在实践中不断完善。

一、立法人才培养模式改革之政产学研方案选择的理论阐释

（一）政产学研的提出缘起

一般认为，政产学研是在产学研基础上提出的。随着时代的发展，科技进步和经济发展的联系变得越来越紧密，为了更好地发挥科技创业人才在经济发展中的关键作用，产学研这一理念得以提出并付诸实际。美国硅谷被认为是产学研理念成功践行的典范。"二战"结束后，美国的大学回流的学生骤增。为满足财务需求和给毕业生提供就业机会，斯坦福大学决定采纳教授弗雷德·特曼的建议开辟工业园，允许高技术公司租用其地作为办公用地，并制定设立相应方案以鼓励学生在当地发展"创业投资"事业。惠普公司就是由学生威廉·休利特和戴维·帕卡德在一间车库里凭着 538 美元创立的。正是在产学研理念的影响下，斯坦福大学、圣塔克拉拉大学、圣何塞州立大学、卡内基梅隆大学西海岸校区等高校的聚集区逐渐发展成为融科学、技术、生产为一体的电子工业基地——硅谷，并催生了包括思科、英特尔、惠普、朗讯、苹果等闻名世界的科技公司。

---

① 许步国，王凤民. 法学本科应用型人才培养模式的探索与研究 [J]. 牡丹江师范学院学报（哲学社会科学版），2006（5）：115-117.

为了加强学校与企业之间的联系，有效发挥人才在科技创新方面的作用以助力企业更好发展，在 20 世纪 90 年代初，我国也提出了产学研合作模式，并组织实施了系列产学研合作项目，以"产学研联合开发工程"的启动为典型代表。1992 年在国家经济贸易委员会（原国务院经贸办）、国家教委和中国科学院的共同倡议、直接推动下，"产学研联合开发工程"正式实施，其旨在进一步密切科研院所、高校与企业之间的关系，调动三者的积极性，发挥各自的优势，加快我国高新技术成果的产业化。[1] 实践证明，作为一种以企业为中心的技术创新体系，"产学研联合开发工程"的实施不仅对加速科技成果转化、增强企业的市场竞争能力、促进高新技术的产业化具有重要意义，而且有助于培育新的经济增长点，转变经济增长方式。[2] 经实践探索后发现，有必要将政府加入产学研这一合作形式中，通过政府在引导、组织、协调、沟通等方面作用的发挥以解决产学研实施中所存在的沟通成本高、协作效率低等问题。由产学研到政产学研的"转型升级"从根本上是回应经济社会发展新需求的应然选择，其有利于知识的更高效流动、资源的更大范围共享、技术的更高质量创新和转移。[3]

（二）政产学研的概念界定与特征分析

经反复论证、不断实践，学界对政产学研的概念渐成共识，一般认为，所谓政产学研是指政府、企业、高校、科研机构等主体以互利共赢为基础，以尊重规律为前提，实现资源共享、优势互补，在科技研发及应用等领域进行深度合作以促进经济社会发展的一种创新性制度安排。

作为一种创新性制度安排，政产学研具有以下主要特征：

（1）目标的统一性。政府、企业、高校、科研机构等主体的性质虽然不同，但在政产学研这一制度安排中，其目标是保持高度统一的，这也是政产学研得以顺利实施的前提所在。

（2）行动的一致性。在政产学研的实施中，围绕同一目标，政府、企业、

---

[1] 华宏鸣. 我国组织"产学研联合开发工程"[J]. 研究与发展管理，1992（3）：3.

[2] 赵俊杰. 全国产学研联合开发工程成效显著 [J]. 中国经贸导刊，1999（17）：17.

[3] 张鹏，高晓娜. 政产学研协同创新的演化路径研究 [J]. 大连大学学报，2017（2）：115-119.

高校、科研机构等主体共协同发力、深度合作，做到无缝对接，坚持行动一致，以确保顺利获得预期成效。

（3）资源的整合性。政府、企业、高校、科研机构等主体因性质不同而掌握的资源有别，更为关键的是，相关主体的资源高度互补、相互支撑，这是政产学研提出的动因之一。在政产学研实施的过程中，一个基本要求就是要实现不同主体之间资源的有效整合，对资源进行统一调度和分配，为政产学研工作的开展、目标的达成提供坚实的物质基础。

（4）成效的倍增性。这一特征与目标的统一性、行动的一致性和资源的整合性等特征密切关联，甚至属于"前果后因"。正是因为目标统一、行动一致和资源整合，政产学研能够达到"1+1+1+1>4"的效果，实现成效的倍增。

（三）政产学研的理论溯源

1. 国家创新系统理论

一般认为，国家创新系统理论最早由英国经济学家克里斯托弗·弗里曼于1987年在其著作《技术政策与经济业绩：来自日本的经验》中明确提出。克里斯托弗·弗里曼认为，所谓国家创新系统，是指公共部门和私营部门中的各种组织机构以促进新技术启发、引进、改造和扩散为目的而构成的网络。[①] 1992年，他将国家创新系统区分为广义和狭义两种：前者涵盖了国民经济及引入和扩散产品过程和系统的所有机构；后者则包括了与科技活动直接相关的机构，如大学及其附属研发机构、产业部门的研发机构、质量控制和检验机构、国家标准机构、国立研究机构和图书馆、行业协会、出版网络，以及由教育系统和技术培训系统提供的、支撑上述机构运行的高素质人力资源。[②] 该理论的渊源又可追溯至德国著名经济学家德里希·李斯特在1841年出版的《政治经济学的国家体系》中所提出的"国家体系"概念。德里希·李斯特在该书中指出，国家要在经济生活中扮演重要角色，通过构建经济发展的基础设施和制度，促进资本的集中并刺激经济的发展。[③] 李斯特的"国家

---

① 潘冬晓，吴杨. 美国科技创新制度安排的历史演进及经验启示：基于国家创新系统理论的视角 [J]. 北京工业大学学报（社会科学版），2019（3）：87-93.
② 王志强. 研究型大学与美国国家创新系统的研究 [D]. 武汉：华东师范大学，2012：44.
③ 王志强. 研究型大学与美国国家创新系统的研究 [D]. 武汉：华东师范大学，2012：43.

体系"在国家创新理论发展过程中起到了一个精神方向标的作用，而熊彼特所提出的创新理论则为国家创新系统提供了更为重要的理论支撑。① 国家创新系统的概念一经提出，就在随后的几十年中以惊人的速度扩散，不同的学者从不同的角度对国家创新系统进行诠释，并形成了微观学派、宏观学派、国际学派等代表的诸多学术流派。②

国家创新系统理论认为，创新是一个多主体参与的、系统化、动态化的行为过程。③ 在国家制度安排和组织下，多个行动主体组成创新网络，为知识的产生、传播和应用创造条件，进而推动大量创新产生，促进国家竞争力提升。④ 国家创新系统强调制度因素在创新发展中的作用。⑤ 20 世纪末，创新系统理论被介绍到中国，甫一引入，便得到了政策制定者的高度重视，从中央到地方各级政府相继出台政策推动建立我国国家创新系统⑥，并成为政产学研的重要理论依据。

2. 三螺旋理论

三螺旋概念于 20 世纪 50 年代初最先出现于生物学领域，用来描绘基因、组织和环境之间的关系模式。1995 年，埃茨科威兹在深入研究"斯坦福大学——硅谷科技园"和"麻省理工学院——波士顿 128 号公路高新技术园区"的基础上，首次提出使用三螺旋概念来分析政府、产业、大学之间的关系，雷德斯多夫对三螺旋概念作了进一步的补充并构建了三螺旋理论模型，开创了创新研究领域的新范式。⑦ 三螺旋理论认为，政府、企业与大学是知识经济社会内部创新制度环境的三大要素，它们根据市场要求而联结起来，形成了三种力量交叉影响的三螺旋关系。该理论不刻意强调谁是主体，而是强调政府、产业和大学的合作关系，强调这些群体的共同利益是给他们所处在其中

① 韩振海，李国平. 国家创新系统理论的演变评述 [J]. 北京工业大学学报（社会科学版），2019（3）：24-26，71.
② 王海燕，张钢. 国家创新系统理论研究的回顾与展望 [J]. 经济学动态，2000（11）：66-71.
③ 刘海峰. 对国家创新系统理论及其应用的基本认识 [J]. 研究与发展管理，2000（4）：1-3，16.
④ 冯之浚. 国家创新系统的理论与政策 [J]. 群言，1999（2）：22-29.
⑤ 刘飒，吴康敏，张虹鸥. 中国科技人才评价转向：基于国家创新系统理论视角 [J]. 科技管理研究，2021（16）：55-62.
⑥ 张宁宁，温珂. 中国特色国家创新系统理论初探 [J]. 科学学研究，2022（1）：139-149.
⑦ 孙思捷. 我国三螺旋创新理论研究综述 [J]. 科技经济市场，2020（11）：143-146，150.

的社会创造价值，政府、产业和大学三方都可以成为动态体系中的领导者、组织者和参与者，三者相互作用、互惠互利，彼此重叠。三螺旋理论的核心在于，随着知识经济的出现，在区域内的科研院所与大学成为主要知识资产，具有了更高的价值。在成熟的创新区域内，科研院所与大学通过其组织结构最下层的研究中心、科研小组以及个人等建立起与市场经济活动良好的接口，在区域内发挥了强大的技术创新辐射作用。

与传统创新系统理论强调企业或政府单个角色作为创新系统的核心要素不同，三螺旋创新理论强调官产学三者紧密合作，共同创新，它认为大学、产业和政府的"交迭"才是创新系统的核心单元，其三方联系是推动知识生产和传播的重要因素。[①] 在将知识转化为生产力的过程中，三方互相作用，从而推动创新螺旋上升。[②] 促进三螺旋理论出现的主要因素包括两个方面：一方面，由于社会经济的发展，政府对于技术创新的重视程度不断增加，从而导致大学教育和科研工作与产业的关系日益密切，客观上要求加强大学和产业之间的关系；另一方面，大学为了进一步增强知识溢出效应，维持可持续发展的大学—产业—政府关系，主观上也在不断增强大学和产业之间的联系。除此之外，政府由于其所扮演的政策制定者的角色，必须不遗余力地支持大学—产业的协同作用，提供必要的资源和政策鼓励以支持大学和产业进行科学研究和技术创新活动。我国学者自 20 世纪末开始引进三螺旋的概念和理论，2006 年之后国内对三螺旋理论的研究逐渐升温，国内学者对三螺旋理论进行了不同方面、不同角度的论述。[③] 三螺旋理论亦成为政产学研的重要理论依据。

3. 协同理论

一般认为，协同理论由 20 世纪 70 年代著名物理学家赫尔曼·哈肯所率先提出，他于 1971 年提出协同的概念，于 1976 年系统地论述了协同理论，发表了《协同学导论》，还著有《高等协同学》等，其用物理学思维解释了

---

① 李明珍，张洁音. 我国三螺旋创新理论研究进展综述：基于 CSSCI 的分析 [J]. 科技和产业，2015 (9)：93-100.

② 涂俊，吴贵生. 三重螺旋模型及其在我国的应用初探 [J]. 科研管理，2006 (3)：75-80.

③ 孟卫东，佟林杰. 我国三螺旋创新理论研究综述 [J]. 燕山大学学报（哲学社会科学版），2013 (4)：126-130.

各种创新主体在合作关系中产生的宏观空间、时间和功能结构特征。协同理论主要研究远离平衡态的开放系统在与外界有物质或能量交换的情况下，如何通过自己内部协同作用，自发地出现时间、空间和功能上的有序结构。协同理论认为，各系统内部以及各子系统间都存在有目的的调节组织过程，如果各个子系统之间能够实现有效沟通、协同行动，就能产生 1+1>2 的成效倍增效应，系统的功能也能得到最大强度的发挥。

随着研究的深入，协同理论的应用范围亦逐步扩大，从物理、化学、生物等自然科学到社会学、经济学和政治学等人文科学，协同理论都获得了较好的应用场景。协同理论认为，千差万别的系统，尽管其属性不同，但在整个环境中，各个系统间存在着相互影响而又相互合作的关系。其中也包括通常的社会现象，如不同单位间的相互配合与协作，部门间关系的协调，企业间的相互竞争，以及系统中的相互干扰和制约等。协同理论亦为政产学研的提出和实施提供了理论支撑。

（四）政产学研的角色定位

不同性质的主体为了同一目标协同一致行动是政产学研的特质所在，但各主体在政产学研实施中的定位、功能亦是有所不同的，这也是政产学研得以提出的动因所在。

1. 政府

较之于之前的产学研理念，"政"是政产学研的最大特色和制度优势所在，这意味着"政"将在政产学研这一架构中发挥至关重要的作用。一般认为，政产学研中的"政"是指政府。但对此要作广义理解，即不限于各级政府及其组成部门，还要包括其他掌握公权力或者承担公共服务职责的机构或者组织，这已为实践所证明。与政产学研架构中其他角色存在根本不同的是，政府掌握着公权力，因此，其能够通过法律政策的制定为政产学研的实施提供有力的组织保障，能够在很大范围内进行资源调配为政产学研的实施提供坚实的物质基础。尤其是政府所主导的政策制定与实施对政产学研的实施具有非常重要的推动作用。① 例如，在技术创新领域，政府通过制定各种政策措

---

① 周惠群. 政产学研合作人才培养模式的探索［J］. 建材世界，2014（4）：175-177.

施，能够促进企业得到自己所需要的技术与人才，促进科研院所的科技成果的有效转化，促进高等院校的人才就业。从一定意义上讲，制度比人才、技术、资金等其他要素更为重要。吴敬琏教授曾指出，"我们如果希望本地区的高新技术产业蓬勃地发展起来，就不能只盯着物质资本或技术本身，而要把主要的注意力放到创建有利于发挥人力资本作用的经济体制、社会文化环境方面去"。① 而在政产学研的实施中，制度建设、环境营造正是政府的"强项"和职责所在。以产业发展领域为例，政府可以通过合作环境的营造，通过税收优惠等政策措施的制定、实施来推动产业的发展；可以通过创新氛围的营造，针对政府主导和市场资源两个创新体系中的关键环节，建立以政府为主导的创新体系，进一步提升产业核心技术的自主创新能力或高等院校、科研院所的技术转化能力，实现企业由大到强的转变。② 从角色定位来看，政府在政产学研中主要承担领导者的角色，具有引导、组织、协调等功能。

2. 高校

一般认为，政产学研中的"学"是指高等学校，即进行高等教育的学校。对此也应当作广义理解，包括大学、学院、独立学院、高等职业技术大学、高等职业技术学院、高等专科学校等。无论是过去的产学研，还是现在的政产学研，高校在其中都发挥着重要作用。高校之所以能够在政产学研中扮演关键者的角色，与其功能演变存在直接联系。授业、育人是高校的原初功能，古典大学功能观的支持者亦认为，高校就是为传授知识所设立的，除此之外，不应该赋予其以其他功能。但是，随着经济社会的发展，高校的功能切实在发生变化，对高校功能的认识亦在发生改变。19 世纪初，德国柏林大学洪堡等人提出要摆脱中古时期的学术传统，树立大学的新理念，认为大学应该成为"研究中心"，强调大学的研究功能，强调教师的任务在于自由地从事"创造性学问"。20 世纪 50 年代，在美国又产生了一种新思潮，以美国斯坦福大学为代表的"特曼式大学"一方面继承了英国大学重视教学的传统，另一方面又对德国大学重视研究的传统兼收并蓄，使大学成了知识工业的重地，并

---

① 吴敬琏. 制度重于技术：论发展我国高新技术产业 [J]. 经济社会体制比较，1999 (5)：1-6.

② 秦艳芬. 论政产学研的合作机制：兼谈大工程观背景下的工程教育发展 [J]. 高等工程教育研究，2016 (4)：47-51.

将学术与市场结合，进而提出了大学的"社会服务"功能。[1]

3. 企业

一般认为，政产学研中的"产"是指企业。在技术创新等实施领域，无论是原有的产学研架构，还是现在的政产学研体系，企业都是最活跃的主体，最具有创新动力，扮演着"动力源"的角色，承担着科研成果转化与应用的重任，是科研成果商业化、产业化的直接实施者与推动者。[2] 首先，企业是自负盈亏主体，创新关系到企业在市场中的生死存亡，所以企业最具有创新热情；其次，企业是距离市场需求最近的主体，最了解创新方向，也最具有使创新成果转化为现实的内在需要。[3] 很多项目，尤其是技术创新类项目，通常是由企业牵头，联合高校和科研院所参与其中，结合社会的需求，开展系统的创新性研究工作，从而实现协同创新的目的。[4] 其原因在于，一个企业想要长期立足于激烈的竞争中，必须不断地进行创新，使得自己的产品保持技术优势；[5] 同时，其亦面临资源的受限，如技术储备的不足，因此，其对于政产学研的实施往往更为积极。而从根本上来看，这是由其市场主体的性质所决定的，也是市场规律发挥作用的重要表征。

4. 科研机构

一般认为，政产学研中的"研"是指科研机构。科研机构应具备如下条件：（1）有明确的研究方向和任务；（2）有一定水平的学术带头人和一定数量、质量的研究人员；（3）有开展研究工作的基本条件；（4）长期有组织地从事研究与开发活动的机构。作为从事科学研究活动的各种组织的统称，科研机构的类型多样。例如，以是否具有独立法律地位为标准，科研机构可以分为独立科研机构和附属科研机构（或者称为"内部科研机构"）。需要补充的是，因高校社会功能的变迁，多数高校都具备科研能力、设有科研组织，

———————

① 姬广凯，周亚素. 创建政产学研合作生态系统的探索与实践 [J]. 纺织服装教育，2014（3）：189-193.

② 郭咏嘉. 政产学研结合推进区域协同创新 [J]. 中国高校科技，2017（Z1）：56-58.

③ 陈波. 政产学研用协同创新的内涵、构成要素及其功能定位 [J]. 科技创新与生产力，2014（1）：1-3，14.

④ 唐家容. "政产学研用"协同创新模式探讨 [J]. 合作经济与科技，2016（20）：28-29.

⑤ 燕楠，田丽. "政产学研用"协同创新下高校应用型人才的培养研究 [J]. 对外经贸，2018（6）：107.

因此，高校也属于科研机构的范畴。也正是基于此，在政产学研实施中，有些项目中的高校是"身兼两职"。在政产学研架构中，科研机构扮演着"攻坚者"的角色，是创新成果的"生产者"。

（五）政产学研引入立法人才培养的必要性分析

1. 基于人才培养规律的分析

高校的根本任务在于人才培养，而其人才培养模式则直接关乎人才培养质量。不管是基于经济社会发展于人才培养需求的回应，还是基于高校自身发展的考量，持续完善人才培养模式都有着重要的现实意义。从世界范围来看，政产学研协同培养人才已成为主导国际高等教育改革的主要趋势。政产学研协同人才培养模式要求高校、企业、政府及主管教育的部门共同努力，搭建合作的平台，全方位、多渠道地促进政产学研合作，让学生及时了解行业内最新的技术、设备及工艺，政府加大政策支持力度，企业提供项目和资金，高校为了社会的需要适当调整人才培养方案，从而使得培养的学生更加符合市场需求。① 众多发达国家所采取的政产学研人才培养模式进一步突出了学生在教学过程中的主体地位，而改变了教师为主体的传统教育观念，以培养学生的知识应用能力和创造能力为目标，更加重视学生的社会实践及科研创新。实践证明，作为高质量培养社会所需的应用型创新人才的重要途径，政产学研人才培养模式不仅能够帮助学生在实践中形成有效的职业道德、职业意识、职业行为，而且能够通过理论与实践的有效结合培养其高超的专业技能并使其具备社会所需的职业素质和能力。② 因此，政产学研应当成为高校人才培养模式改革的应然选择。

对于高等法学院校而言，为社会、国家培养高质量的法学人才是其使命所在，法学人才培养模式改革是高校法学教育改革的核心和重点。③ 有研究者甚至指出，法学人才培养模式的选择是法学人才培养的"生命线"，"生存"

---

① 林敬，戴兢陶. 政产学研协同作用下人才培养模式的探讨 [J]. 广东化工，2018（3）：227-234.

② 陈浩. 基于知识联盟的政产学协同人才培养模式与机制研究 [D]. 杭州：浙江大学，2015：3-4.

③ 卢海君，龙立志. 法学专业研究性人才培养模式研究 [J]. 中国大学教学，2018（6）：47-54.

抑或"死亡"这是一个问题，也是唯一的问题。① 对于立法人才的培养而言，亦是如此，高素质立法人才的培养有赖于建立并实施与之相适应的立法人才培养模式。② 同时，现存问题揭示，在法学人才培养的社会需求和环境发生重大变化的背景下，局限于高校自身的师资力量和教学条件，进行资源封闭式教学已经无法适应发展需要③，难以培养出高质量的法学人才。无论是基于高校人才培养模式改革的普遍经验，还是基于立法人才培养模式改革的自身需求，政产学研改革方案于立法人才培养问题的解决、培养水平的提高都大有裨益。从立法人才培养实践来看，其重点在于培养学生的价值统合、学习创新、职业场景代入等能力，而相应能力的获得仅由高等法学院校独立承担是难以实现的。基于立法人才高质量培养的现实需求，应当破除以高校为绝对本体的立法人才培养模式，在满足多元主体根本利益一致的前提下，遵循优势互补、利益共享、风险共担的基本原则，推动高校、政府等相关主体打破彼此界限，高效整合不同主体的优质资源和创新要素，建立健全职能清晰、各尽其责的合作制度与平台，在多元互动、相互渗透中衍生新职能，释放创新力，最终形成集立法实践、理论研究、教学开发于一体的先进教育系统。④

2. 基于建设新文科要求的分析

随着人类生产实践的变革以及问题世界复杂性的增强，传统高校人才培养模式的"学科边界论"受到前所未有的挑战，且在文科领域体现得尤为明显。为应对这种挑战，新文科建设被正式提上日程。所谓新文科，就是指要打破文科人才培养的学科专业限制，在更大范围内实现文理、文科等专业之间的交叉，对文科人才培养的基本理念、目标定位、组织形式、课程体系等重新认识或实现结构重塑。⑤ 作为对传统文科危机的一种回应，新文科建设对

① 马波. 创新法学人才培养模式的一种图景诉求：学习两个"纲要"视域下的一种思考 [J]. 南方论刊, 2016 (6)：95-97.
② 李克杰. 论立法人才的范围、职业素养与培养模式 [J]. 齐鲁师范学院学报, 2017 (4)：22-27, 70.
③ 彭本利, 覃腾英. 地方高校转型发展背景下法学专业人才培养模式研究 [J]. 法制与社会, 2019 (18)：195-196.
④ 孟庆瑜, 李汶卓. 政产学研协同育人模式下我国立法人才培养的问题审思与机制创新 [J]. 河北法学, 2022 (10)：76-96.
⑤ 周毅, 李卓卓. 新文科建设的理路与设计 [J]. 中国大学教学, 2019 (6)：52-59.

高校人才培养提出了新的时代要求。文科发展的创新之路如何走，关键在于如何科学把握新文科之"新"并有效回应生产力发展的现实需要。① 新文科之"新"意蕴丰富，包括新战略、新理念、新导向、新规格、新质量等方面。例如，所谓新导向，是指新文科建设更加强调实践问题导向。新文科建设要面向中国在治国理政、经济建设以及生态文明等领域的创新实践，结合实践中遇到的新问题，以新思想、新理论和新方法进行有效解决；同时，应在总结中国经验、阐释中国理念和贡献中国智慧的基础上，引领人文社会科学知识体系的创新发展。② 毋庸置疑的是，新模式亦是新文科建设的重要内容之一。2018 年 9 月 17 日，为加快建设高水平本科教育，全面提高人才培养能力，教育部印发的《加快建设高水平本科教育意见》对"构建全方位全过程深融合的协同育人新机制"问题予以全面规定，包括完善协同育人机制、加强实践育人平台建设、强化科教协同育人、深化国际合作育人、深化协同育人重点领域改革等方面。例如，该《意见》明确提出，要"健全培养目标协同机制，与相关部门联合制订人才培养标准，完善人才培养方案"；要"健全教师队伍协同机制，统筹专兼职教师队伍建设，促进双向交流，提高实践教学水平。健全资源共享机制，推动将社会优质教育资源转化为教育教学内容"；要"健全管理协同机制，推动相关部门与高校搭建对接平台，对人才培养进行协同管理，培养真正适应经济社会发展需要的高素质专门人才"。2020年11月发布的《新文科建设宣言》对"推动模式创新"问题予以专门规定，并明确提出，以培养未来社会科学家为目标，建设一批文科基础学科拔尖人才培养高地；聚焦应用型文科人才培养，开展法学、新闻、经济、艺术等系列大讲堂，促进学界业界优势互补；聚焦国家新一轮对外开放战略和"一带一路"建设，加大涉外人才培养，加强高校与实务部门、国内与国外"双协同"，完善全链条育人机制。

　　关于新模式，即新的文科人才培养模式，学界对此进行了广泛讨论。例如，有研究者指出，新文科人才培养，要做到产教融合，注重实践教学，充

　　① 田贤鹏. 新文科建设呼唤人才培养模式创新 [N]. 中国社会科学报，2023-04-04 (8).
　　② 蔡贤浩，吕西萍. 新文科背景下法学人才"三维"培养模式的探索与实践：以武昌理工学院为例 [J]. 湖北成人教育学院学报，2021 (3)：45-49.

分依靠政产学研协同育人的新模式，赋能人才培养。① 另有研究者指出，在新文科建设背景下，创新高校人才培养模式成为时代发展的迫切要求，而"政产学研"多主体协同人才培养模式则应运而生。② 又有研究者指出，在新文科建设理念下，人才培养模式不能局限于单一学科知识的传授，要注重跨学科甚至是超学科的转型，而政产学研协同育人模式正适应了新文科理念下人才培养的需求，为破除原有培养模式下人文社会科学类毕业生知识与技能的局限性提供了有力支撑。③ 立法人才培养亦应恪守建设新文科的基本要求、遵循人才培养模式改革的一般规律，须将政产学研引入立法人才培养之中，并最终构建立法人才政产学研协同培养的新模式。

3. 基于政产学研制度优势的分析

作为一种以不同主体行为高度协同、资源高效整合进而实现工作成效倍增的创新性制度安排，政产学研的适用范围早已超出科技创新领域，现已经被成功应用到包括高校人才培养在内的诸多经济社会领域。

2018 年 9 月 10 日，全国教育大会在北京召开，中共中央总书记、国家主席、中央军委主席习近平出席会议并发表重要讲话。习近平总书记指出，"要提升教育服务经济社会发展能力"，"推进产学研协同创新"，"着重培养创新型、复合型、应用型人才"。于高校而言，以政产学研为指导而实施协同育人，不仅有助于提升高校人才培养质量，而且能够提高高校科研成果的转化率进而充分发挥社会服务功能。④ 有研究者则指出，政产学研是应用型创新人才培养的必由之路和根本选择，也是促进高校科研模式由学术研究为主向应用研究为主转变的必然选择。⑤

---

① 宋万杰，赵爱平，等. 应用型大学新文科政产学研协同育人机制与模式研究 [J]. 科技风，2023 (12)：84-86.

② 王香兰，刘洁，等. 新文科背景下"政产学研"协同育人机制创新与实践：以河北金融学院保险学专业为例 [J]. 济南职业学院学报，2022 (3)：79-82.

③ 唐莹. "教师合作"对新文科理念下政产学研协同育人的启示 [J]. 黑龙江教育（高教研究与评估），2023 (1)：9-12.

④ 李文静，孔丹丹. 政产学研协同育人视角下应用型人才培养的意义、困境与出路 [J]. 辽宁科技学院学报，2020 (6)：35-37.

⑤ 杨正强，何万国. 应用型高校政产学研合作机制的调研与分析 [J]. 实验室研究与探索，2016 (4)：241-246.

就法学人才培养而言，引入政产学研更是十分必要。首先，这是由法学学科的性质决定的。2017 年 5 月 3 日，在五四青年节来临之际，在中国政法大学建校 65 周年前夕，中共中央总书记、国家主席、中央军委主席习近平来到中国政法大学考察并发表重要讲话。习近平总书记强调，"法学学科是实践性很强的学科"，"要打破高校和社会之间的体制壁垒，将实际工作部门的优质实践教学资源引进高校，加强法学教育、法学研究工作者和法治实际工作者之间的交流"。① 其次，这是由培养卓越法治人才的要求决定的。2018 年 9 月 17 日，教育部、中央政法委联合印发《关于坚持德法兼修实施卓越法治人才教育培养计划 2.0 的意见》，该《意见》不仅在"总体思路"部分中明确提出，要"深化高等法学教育教学改革，强化法学实践教育，完善协同育人机制，构建法治人才培养共同体"，而且在"改革任务和重点举措"部分，对"深协同，破除培养机制壁垒"问题进行了专门规定。按照该《意见》的要求，一方面，要"切实发挥政府部门、法院、检察院、律师事务所、企业等在法治人才培养中的作用，健全法学院校和法治实务部门双向交流机制，选聘法治实务部门专家到高校任教，选聘高校法学骨干教师到法治实务部门挂职锻炼"；另一方面，要"在法学院校探索设立实务教师岗位，吸收法治实务部门专家参与人才培养方案制定、课程体系设计、教材编写、专业教学，不断提升协同育人效果"。

就立法人才培养而言，其亦应遵循高校人才培养模式改革的一般规律，回应法学人才培养模式改革的特殊诉求，将政产学研引入人才培养工作之中，作为人才培养模式改革的重要选择。更为关键的是，政产学研的引入于立法人才培养而言有其突出的制度优势，有助于促进立法人才的高质量培养。如上文所述，资源不足是造成目前立法人才培养存在诸多问题的根本原因所在，而政产学研的引入因能在最大程度上实现校内外资源的深度整合而有助于化解这一现实障碍。一方面，政产学研的引入有助于增强人才培养力量。立法工作机会和经验欠缺是造成高校立法人才培养力量薄弱的关键原因所在，这一问题又很难通过高校及其教师的自身努力而加以解决，与司法实践机会的

---

① 习近平在中国政法大学考察 [EB/OL]. (2017-05-03) [2023-07-01]. http://www.xinhuanet.com/politics/2017-05/03/c_1120913310.htm?isappinstalled=1.

获得、司法实践经验的积累存在显著不同。通过政产学研的实施，将人大、政府等实务部门的立法实务专家引入立法人才培养工作之中，就能从根本上破解这一问题，弥补高校师资在立法实践经验方面的不足，真正建立"高校教师+实务专家"的立法人才培养所需的"复合型"师资保障队伍。另一方面，政产学研的引入有助于搭架立法人才培养平台。立法人才既应当具备较高的综合素质，也应当具有较好的实践能力。如上所述，高等法学院校现有的实践实训平台基本上限于法律适用层面，偏重于司法实践能力的培养，无法为立法人才培养提供所需的实践实训机会。通过政产学研的实施，尤其是通过加强与人大法制部门、政府司法部门等协作，依托立法项目参与等途径，就能够在很大程度上解决这一问题，也将为法学实践教学进一步拓展空间。

（六）政产学研引入立法人才培养的调适性申释

无论是从政产学研的制度优势，还是从高校人才培养模式改革的一般规律，抑或是从高校法学人才培养模式改革的特殊诉求来看，将政产学研引入立法人才培养工作之中，构建立法人才协同育人机制，既十分必要，又意义重大。但需要予以准确认知的是，将政产学研方案引入立法人才培养工作中时需要做必要调整。实际上，作为原生于科技创新领域的制度设计，政产学研方案在不断被引入其他领域的同时也在持续实现"自我调整"，就如由"产学研"升级到"政产学研"的发展历程一样。也正是因为一直经历这种持续的"自我调整"，才使得政产学研方案的制度优势不断形成和日益彰显。简言之，在立法人才培养领域，政产学研的引入不是其他领域政产学研适用方案的"照搬照抄"，而是依据立法人才培养需要进行的又一次"自我调整"。具体来说，政产学研引入立法人才培养的调适性主要表现以下几个方面：（1）对"研"的合理解读。在科技创新等领域，作为政产学研方案实施中的关键主体，科研机构一直扮演着非常重要的角色，往往成为科研攻关等核心问题解决的"先锋"；即便在高校人才培养领域，在政产学研方案的实施中，科研机构也有一席之地，其能够为学生提供重要的实践机会和宝贵的科研资源。但是，在政产学研引入立法人才培养的过程中，对"研"要作合理解读。一方面，从实践来看，因高等法学院校是目前法学科研活动的"主力军"并建有为数不少的校内法学科研机构，因此，立法人才培养政产学研方案实施中，高等法学院校在很多情况下可能会身兼双职，兼顾"学"与"研"的角色定位。另一方面，法学领域相关专业研究会，如立法学研究会、立法研究会等，能够在立法人才培养政产学研方案实施中发挥"研"的作用，即在政产学研引入立法人才培养这一新领域之后，对"研"的解读应当进行必要调适，其应涵盖立法学研究会、立法研究会等为代表的法学专业研究会。（2）对"政"的扩大解读。在政产学研方案产生之初，"政"即指政府及其有关部门。从实践来看，在科技创新等诸多领域的实施过程中，"政"的角色定位也限于政府及其有关部门。但是，由立法工作的特殊性和立法权限的特定性所决定，在立法人才培养领域的实施过程中，对政产学研中"政"的定位应当作扩大解读，即不限于政府及其相关部门，而且应当以人大为重，尤其是要重视人大法制部门、政府司法部门的作用。（3）对"企"的策略解读。与其他适用领域存在显著不同的是，将政产学研引入立法人才培养领域中，"产"的角色定位将极大弱化，这是由立法人才培养的特殊性所决定的。不同于其他类型的法学人才，立法人才的"需求方"不是"产"而是"政"，即培养合格、顺利毕业的立法人才未来就业的去向定位于人大法制部门、政府司法部门以及其他有关部门，而不是作为市场主体的企业。但是，需要强调的是，"产"的角色弱化不同于虚化，因为，立法的成果要服务于经济社会的发展，立法的专业能力之一即要善于面向市场主体的立法调研。

二、立法人才培养模式改革之政产学研方案选择的路径实现

（一）科学设定培养目标

目标决定方向。作为人才培养模式的核心要素、顶层要素，人才培养目标是高校人才培养工作的出发点和归宿，是国家教育方针的具体化[①]，直接关系人才培养定位问题[②]，其妥适设定意义重大。培养目标的确立是人才培养模式设计的基础，是合理构建培养目标与培养方式二者关系的依据。[③] 对于法学

---

① 董志峰. "复合型、应用性"法学本科人才培养模式研究 [J]. 国家教育行政学院学报，2008（11）：64–68.

② 杨震，罗云方. 边疆民族院校法学人才培养模式改革研究 [J]. 学理论，2015（17）：114–115.

③ 王琦. 我国法律人才培养模式的反思与创新 [J]. 海南大学学报（人文社会科学版），2011（5）：128–133.

人才培养而言，亦是如此。若不能明确培养目标，法学人才培养工作就会迷失方向、误入歧途，就不可能成功培养出适应社会主义法治国家要求的合格法学（律）人才，还会制约我国法学教育的健康发展。① 法学人才培养的设定始终是法学界、教育界所关心的头等大事，理论研究者曾提出包括理论型人才培养目标、应用型人才培养目标等在内的多种学术观点，实务部门、高等法学院校也在不断探索。

如上文所述，目标设定的模糊、空泛是多数高等法学院校立法人才培养模式存在的首要问题，由此造成立法人才培养目标定位与立法人才实际需求不匹配，进而直接影响到立法人才培养的质量和成效。对于立法人才培养模式改革而言，科学设定人才培养目标是首先应予解决的问题，属于人才培养模式改革的基础性工作，是有效提高立法人才培养质量的关键性举措。只有科学设定培养目标才能准确回答"培养什么样的立法人才"这一前提性问题，才能为立法人才培养相关制度设计、相关举措革新指明方向，进而解决好"怎样培养高质量的立法人才"这一根本性问题，实现立法人才培养工作与立法人才需求相匹配，使得所培养的立法人才更加适应社会发展需要。

具体而言，要做到立法人才培养目标的科学设定需着重把握好以下几点：（1）分层次设定。如前文所述，目前对立法人才培养层次定位这一前提性问题还存在不同认识，部分研究者认为，立法人才培养应当定位于研究生教育而非本科教育。基于立法人才需求的实际、立法人才培养的实践来看，这一认识有失偏颇、稍嫌保守。只要培养目标科学、培养模式合理、培养方式有效，法学本科教育是可以完成立法人才培养任务的，至少部分高等法学院校是有这个能力的。但对于本科教育阶段对立法人才培养的目标宜定位于立法应用型人才而非立法研究型人才，这是由法学本科教育的特点所决定的。而研究生教育则应当承担研究型立法人才培养之责。（2）根据校情设定。所谓根据校情设定，即高等法学院校应当根据实际发展状况来设定立法人才培养目标。一方面，这是由人才培养目标设定的普遍规律所决定的。从本质上讲，人才培养目标就是高校根据经济社会发展需要和自身资源与特点所提出的对

---

① 焦富民. 地方综合性大学法学素质教育的目标与法学教育的改革 [J]. 法学家, 2003 (6)：35-38.

人才培养模式的概括性描述和战略要求①，因此，在人才培养目标的制定上，高校一定要立基于自身实际情况，紧密结合本身师资情况、历史积淀、发展基础、地理位置和办学条件等要素②，兼顾人才培养需求与人才培养能力，既回应经济社会发展于人才的需要，又确保能够承担人才培养之职并有助于自身发展。另一方面，这是由立法人才需求的特点和法学教育的现实情况所决定的。首先，相对于检察官、法官、律师、企业法务等法学人才，经济社会发展对立法人才的需求在总量上要少很多，由此决定，现有的600余所高等法学院校没有必要全部加入立法人才培养工作之中，一定要从自身实际出发，兼顾回应人才培养需求和促进人才就业要求；其次，相对于检察官、法官、律师、企业法务等职业导向的法学人才培养而言，因立法人才对专业知识、综合素质的要求更高而人才培养任务更重、压力更大，并非所有高等法学院校都有立法人才培养的能力，因此，一定要立基于校情，合理选择、科学决断。（3）协同设定。这既是立法人才政产学研协同培养模式改革的应然要求，也是依据经济社会发展而开展人才培养工作的规律使然。所谓协同设定，就是在立法人才培养目标设定问题上，一定要充分征求立法机关、政府等相关主体的意见，准确反应立法工作于立法人才的在知识、能力、素质等方面的具体要求。协同设定蕴含适时调整之意，即在立法人才培养目标设定上应当与作为"用人者"的立法机关、政府等相关主体保持密切联系，根据其需求的变化而适时对立法人才培养目标进行调整。

最后，需要说明的是，在立法人才政产学研协同培养模式改革中，立法人才培养目标的设定应当以法学人才培养的总体目标为遵循，并在此基础上根据立法人才培养的特殊性而进行具体规定。2021年5月19日，教育部办公厅发布《法学类教学质量国家标准（2021年版）》，该《标准》明确提出，"培养德才兼备，具有扎实的专业理论基础和熟练的职业技能、合理的知识结构，具备依法执政、科学立法、依法行政、公正司法、高效高质量法律服务能力与创新创业能力，坚持中国特色社会主义法治体系和熟悉国际规则的复

---

① 袁竹. 论高校人才培养"目标管理"模式 [J]. 改革与开放, 2011 (18)：161-162.
② 赵杨飏. 对政产学研用合作育人模式的几点思考 [J]. 河南财政税务高等专科学校学报, 2021 (6)：67-69.

合型、应用型、创新型法治人才及后备力量"。在立法人才政产学研协同培养模式改革中，对立法人才培养目标的设定应当以此为遵循。

（二）优化课程建设

作为实施人才培养的基本载体、主要依托①，课程是人才培养模式的重要构成，直接关系人才培养的质量。"教育实践，就是以课程为轴心展开的。"② 从人才培养模式改革的普遍性规律来看，课程建设是人才培养模式改革的重要内容，且与人才培养目标的设定存在密切联系。课程要严格按照人才培养目标的要求进行设置，课程的设置会直接决定人才培养的内容安排和知识结构体系，培养目标的实现也有赖课程设置的科学。③ 课程建设是关乎人才培养目标能否顺利实现的基础性工作，是高校深化教学改革、提高人才培养质量的重点所在。④ 如果说人才培养模式改革的基本问题是要确立正确的人才培养目标，那么，其核心问题则应当是设置科学的课程体系。⑤ 人才培养模式改革经验还揭示，在确定人才培养目标之后，首先应当推进课程改革，关键是要建立与人才培养目标一致的课程体系。⑥ 如前文所述，从立法人才培养的实践来看，课程建设滞后是目前绝大数高校在立法人才培养模式上存在的突出问题之一。课程建设的滞后直接阻碍了立法人才培养目标的有效实现，严重影响立法人才培养工作的顺利开展，进而造成立法人才培养成效的受限，无法满足立法人才培养的实际需求。因此，优化课程建设应当是推进立法人才政产学研协同培养模式改革的应然之举。

优化课程建设的基本思路是以立法人才培养的实际需求为导向，以立法人才培养目标的具体要求为遵循，以"厚基础、广知识、强能力、提素质"

---

① 陈杉，庄虔友，姜艳. "落地"农业法律人才培养模式探析［J］. 商业经济，2014（7）：12-13，20.

② 钟启泉. 现代课程论［M］. 上海：上海教育出版社，2003：3.

③ 杨震，罗云方. 边疆民族院校法学人才培养模式改革研究［J］. 学理论，2015（17）：114-115.

④ 董志峰. "复合型、应用性"法学本科人才培养模式研究［J］. 国家教育行政学院学报，2008（11）：64-68.

⑤ 许步国，王凤民. 法学本科应用型人才培养模式的探索与研究［J］. 牡丹江师范学院学报（哲学社会科学版），2006（5）：115-117.

⑥ 陈露，何颖. 地方特色应用型本科法学专业人才培养模式研究［J］. 哈尔滨学院学报，2019（6）：114-116.

为标准，以提高立法人才培养质量为核心，构建立法人才培养应用型、复合型、创新型课程体系。同时，需要说明的是，优化课程建设应当以"1+10+X"的核心课程体系为基础。依据《普通高校本科专业法学类教学质量国家标准（2021年版）》的规定，法学专业核心课程采取"1+10+X"分类设置模式。"1"指"习近平法治思想概论"课程。"10"指法学专业学生必须完成的10门专业必修课，包括"法理学""宪法学""中国法律史""刑法""民法""刑事诉讼法""民事诉讼法""行政法与行政诉讼法""国际法"和"法律职业伦理"。"X"指各院校根据办学特色开设的其他专业必修课，包括"经济法""知识产权法""商法""国际私法""国际经济法""环境资源法""劳动与社会保障法""证据法和财税法"，"X"选择设置门数原则上不低于5门。

在推进立法人才政产学研协同培养模式改革中，优化课程建设应当着重把握好以下几点：（1）增加开设立法人才培养"核心"课程。与立法人才培养直接相关的"核心"课程过少是目前立法人才培养过程中课程建设滞后的最突出表现，相当一部分的高校还处于以一门"立法学"独撑立法人才培养课程体系的尴尬处境，无法满足立法人才培养需求，亦直接影响到立法人才培养目标的有效实现、立法人才培养工作的顺利开展。从立法人才培养的实际需求来看，或可开设"立法学概论""立法理论""立法制度""立法技术"等课程，以支撑起立法人才培养"核心"课程体系。（2）增加开设立法人才培养实践课程。在本科教育阶段，立法人才定位于应用型人才，与之性质匹配的是，需要有必要的实践实训课程开设，需要构建相对比较系统的实践课程体系。但是，从实践来看，以培养和训练学生的立法实操能力为主要目的的实践类课程开设显著不足，很多高校只是开设了"诉讼实务""律师实务""仲裁实务""法律诊所"等司法类实践课程，由此制约了立法人才培养成效。因此，增加开设立法实践类课程是优化立法人才培养课程建设的又一必要之举。从立法人才培养的实际需求来看，或可开设"立法规划与计划""立法起草""立法听证""立法评估"等课程，以增加学生的实践知识。（3）增加开设立法"衍生"课程。法之理在法外，立法工作具有突出的"跨界"性质，立法人才属于典型的综合型人才，要求知识储备丰富。从立法人才培养实践来看，"衍生"课程开设的不足或者阙如直接限制了立法人才知识基础的夯实、综合素质的提升，进而影响到了立法人才培养质量的有效提高。任何专业的人才培养都不能是封闭进行，立法人才培养更是如此，因为，立法涉及经济社会发展的方方面面。基于此，优化立法人才培养课程建设应当积极探索跨学科课程和广域课程。从立法人才培养的实际需求来看，或可开设"立法逻辑""立法语言""立法调研"等课程，以丰富学生的知识储备，提高学生的综合素质，切实提高立法人才的政治素质、为民情怀、社会素养和文字表达能力。① （4）合理确定课程性质和时序。长期以来，受限于"狭窄"专业教育理念的影响，法学本科教育阶段的课程体系设置呈橄榄型结构，突出表征之一就是"必修课过多，选修课过少"，这种状况虽在近年来有所改观，但问题依然存在②，既加重了学生的学习负担，又使学生自由选修的精力和时间变得十分有限，学生没有充分的时间去学习自己感兴趣的课程③，由此限制了人才的个性化、多元化培养。在立法人才政产学研协同培养模式改革中，优化课程建设的重点任务之一就是要合理确定课程性质，使必修课程和选修课程处于恰当比例。此外，在课程安排上，或可根据立法人才培养需要，改变传统的"先理论后实践"的课程安排方式，根据实际情况，采取专业理论课程与实践课程相互交替的方式安排课程。④ （5）协同优化课程建设。在立法人才政产学研协同培养模式改革中，优化课程建设的关键点就在于要贯彻协同育人理念，按照对立法人才知识、能力、素质等方面的要求和标准，遵循人格养成、知识传授、能力培养与素质提高有机结合的思路⑤，由进行立法人才培养的高校与立法机关、政府等共同确定课程设置的具体方案，包括课程的名称、内容、性质以及必修课选修课比例、课程开设时序等内容，唯有如此，才能真正符合立法人才培养的实际需求。

---

① 李克杰. 论立法人才的范围、职业素养与培养模式 [J]. 齐鲁师范学院学报，2017（4）：22-27，70.

② 许步国，王凤民. 法学本科应用型人才培养模式的探索与研究 [J]. 牡丹江师范学院学报（哲学社会科学版），2006（5）：115-117.

③ 王晓辉. 一流大学个性化人才培养模式研究 [D]. 武汉：华中师范大学，2014：184.

④ 唐自政. 从"知识导向"到"实践导向"：应用型本科高校法学教育人才培养模式改革初探 [J]. 皖西学院学报，2011（1）：67-69.

⑤ 岳红强. 论我国法学人才培养目标定位与改革路径 [J]. 大学教育，2014（5）：57-59，65.

（三）创新教学方式

教学方式于人才培养而言意义重大，其不仅是教学工作开展的关键依托，而且直接关系着人才培养目标的顺利实现。如前文所述，教学方式单一曾经是法学教育、法学人才培养工作中存在的突出问题之一，突出表现为法学教学工作的开展完善倚赖课堂讲授这一方式，由此抑制了学生学习的主动性，限制了学生独立思考能力的培养。在法学教育改革过程中，虽经不懈努力、积极探索，教学方式得以改进，如模拟法庭、法律诊所等新型教学方式的引入并取得一定成效，但是现有教学方式的改进并不能完全适应立法人才培养的特点，由此在立法人才培养过程中教学方式又回归课堂讲授这一"老路"，在一定程度上影响了教学工作的有效开展，进而影响到立法人才培养的成效。

在立法人才政产学研协同培养模式改革中，创新教学方式关键是要把握好以下两点：（1）创新教学方法。课堂讲授不仅是教学工作开展的主要方式，而且从教育教学的发展历史来看，可以说是教学方式的最初形式和最有效的形式。课堂讲授在教育教学中仍有"一席之地"或者说还能够"挑大梁"是有重要原因的，如其有助于教学工作的有序开展、知识传授的稳定进行等。对于立法人才培养而言，相关教学工作的开展完全依赖课堂教学方式肯定是不行的，但这并不意味着直接或者完全"摒弃"课堂教学方式。务实的做法是通过教学方法的创新丰富课堂教学的形式，提高课堂教学的成效。作为实现课程目标、完成教学任务的重要途径和手段，教学方法直接关乎教学质量、人才培养质量[1]，因此，教学方法历来是教学改革与研究关注的重点所在。[2] 在立法人才培养过程中，一个基本要求就是，教师在课堂讲授中不能局限于一种教学方法，不能单纯地只是进行理论教学，要采取更加丰富的教学方法。[3] 教师应当更新教学理念，坚持以学生为主体，注重师生之间的互动交流，激发学生的学习积极性，提高学生的教学参与度，运用启发式教学、讨

---

① 陈雅军，董惠. 法学人才培养模式的反思与重构 [J]. 河北北方学院学报，2008 (6)：73-78.

② 许步国，王凤民. 法学本科应用型人才培养模式的探索与研究 [J]. 牡丹江师范学院学报（哲学社会科学版），2006 (5)：115-117.

③ 卞志刚. 本科院校人才培养政产学研协同创新机理与模式分析 [J]. 当代教育实践与教学研究，2020 (14)：48-49.

论式教学、引导式教学、任务式教学、问答式教学、探究式教学等多种方法，完善包括课前辅导、课堂展示、小组讨论、讨论与点评、反馈等在内的课堂教学流程设计，着力培养学生的思辨能力、分析和解决问题的能力。① 与其他应用型法学人才培养的规律相同，立法人才培养必须要有与之相匹配的教学方法，没有这方面的改革和突破，就如过河没找到船和桥一样。② 其中，案例教学法的引入和改良十分必要。一般认为，所谓案例教学法，是指在系统掌握理论知识的基础上，运用案例分析的手段，理论联系实际，将抽象的法学理论知识化解成现实法律关系的构成和变动的一种具象的教学方法。③ 案例教学要求学生主动参与到法学教育之中，积极思考面临的法律与事实问题，这在一定程度上可以激发学生学习的兴趣，调动学生学习的积极性，对于培养学生的逻辑推理能力、语言表达能力、分析问题的能力均大有帮助，对学生毕业之后从事法律职业亦大有益处。④ 在其他类型法学人才的培养过程中，案例教学法已被广泛应用，并取得了不错的成效。对于立法人才培养而言，案例教学法亦有其重要价值，可以被引入立法人才培养课堂教学之中。但是，需要说明的是，必须要对案例教学法予以必要改良。一方面，要做到案例的正确选择，一定要选取与学生认知相匹配的立法案例；另一方面，要做到案例的科学"加工"，与司法案例不同，学生对立法案例的"代入感"要弱一些，因此，一定要对立法案例的背景和意义予以充分说明。此外，需要说明的是，任何一种教学方法均存在长处与短板，在创新教学方法方面，一定要尽可能引入更多的教学方法以实现优势互补，最大限度地消除单一教学方法所存在的短板。但是，这所有的尝试一定要建立在一切从实际出发的基础上，脱离实际的盲目引入不但难以获得理想效果，还可能会造成教学混乱。⑤

---

① 赵杨飏. 对政产学研用合作育人模式的几点思考 [J]. 河南财政税务高等专科学校学报，2021（6）：67-69.

② 王宗廷. 法学专业人才的培养目标与模式 [J]. 中国地质大学学报（社会科学版），2003（3）：58-61.

③ 王镭. 应用型高校法学专业人才培养模式的思考 [J]. 安徽科技学院学报，2011（6）：90-95.

④ 李海燕. 地方高校创新应用型法学人才培养模式探析 [J]. 法制与经济，2011（12）：118-119，123.

⑤ 刘超. 基于应用型人才培养的高校法学教育改革探索：评《高校法学教育改革与法律人才培养模式研究》[J]. 教育发展研究，2022（9）：85.

（2）创新教学手段。教学手段虽然只是连接教学各要素的媒介，但对教学目标的顺利实现具有重要作用①，是完成教学任务、落实培养方案的技术支撑。② 由立法人才培养的需求和特点所决定，在教学活动开展中必须采用与之相适应的教学手段，以体现教学活动对学生的实际技能培养与能力训练，进而促成教学目标的顺利实现。③ 总之，为高质量完成立法人才培养工作，除需要创新教学方法外，还应当创新教学手段。一个基本原则就是要充分利用现代教育技术手段以增强教学内容的丰富性和课堂教学效果，提高学生学习的积极性④，尤其是要注重现代网络技术的引入和应用。现代网络技术的引入将促进教学手段的迭代更新，可以使教师从繁琐的传递信息中解脱出来，有更多时间带领学生去理解、思考、分析问题与创造新知识；可以使学生的学习自由度和活动空间大大拓展，增强学习内容的形象性和生动性，有助于建立新型的师生关系。⑤ 具体来说，就是要广泛使用多媒体技术、打造网络教学平台，打破时间和空间、虚拟与现实、课上与课下的界限⑥，通过数据、案例、视频、音频和海量的文字资料的储备或展示，利用微课、慕课、网络公开课等资源，可以极大丰富教学素材与教学资料的规模，最大化地扩充教学内容，实现课堂资源的优化组合，从而帮助学生实现对专业知识的深度理解与准确把握。⑦

在立法人才政产学研协同培养模式改革中，创新教学方式还要切实遵循以下基本准则：（1）强化学生的中心地位。在人才培养和教学活动开展过程中，要强化学生的中心地位，从传统的灌输式、演讲式的教育方式转化为教师启发、引导学生参与、以学生为主体的能动型的教育方式。⑧ 要真正从素质

---

① 许步国，王凤民. 法学本科应用型人才培养模式的探索与研究 [J]. 牡丹江师范学院学报（哲学社会科学版），2006（5）：115-117.

② 周毅. 论财经院校卓越法律人才培养模式的创新 [J]. 吉林工商学院学报，2013（6）：97-99.

③ 许步国，王凤民. 法学本科应用型人才培养模式的探索与研究 [J]. 牡丹江师范学院学报（哲学社会科学版），2006（5）：115-117.

④ 岳红强. 论我国法学人才培养目标定位与改革路径 [J]. 大学教育，2014（5）：57-59，65.

⑤ 许步国，王凤民. 法学本科应用型人才培养模式的探索与研究 [J]. 牡丹江师范学院学报（哲学社会科学版），2006（5）：115-117.

⑥ 贺译萱. "人工智能+法律"复合型法律人才培养模式研究 [J]. 教育教学论坛，2019（48）：210-211.

⑦ 周毅. 论财经院校卓越法律人才培养模式的创新 [J]. 吉林工商学院学报，2013（6）：97-99.

⑧ 杨积堂. 法学教育中应用型人才培养模式的思考 [J]. 民族教育研究，2007（5）：52-56.

教育的角度组织教学，充分调动学生的主动性、积极性和参与性，不再把学生当作答题的对象，而是要把他们作为法律工作者来培养。^① 首先，应当加强教学的互动性，例如，在课堂上，可以先由教师提出问题，请学生进行回答，之后教师再提出自己的观点，紧接着，学生针对教师的观点阐发自己的疑问。这样不仅可以调动起学生学习的积极性和主动性，更可以激发学生勇于探索、敢于创新的精神。^② 其次，要探索建立民主、平等参与的教学课堂，鼓励和允许学生向权威挑战，进而实现教学相长。^③（2）落实协同育人机制。随着教育教学改革进程的加快、经济社会发展水平的提高，教学方法持续更新、教学手段日渐丰富，如何科学选择教学方法、应用教学手段亦成为一个问题，解决这一问题的基本原则仍是一切从实际出发。就立法人才培养而言，从实际出发的基本要求就是要全面落实协同育人机制，在教学工作的开展中，对教学方法的选择、教学手段的应用要与立法机关、政府等其他协同育人主体保持密切联系与沟通，根据立法工作开展的要求、立法人才培养的需求来确定最优方案。

（四）强化实习实训

就人才培养而言，知识、能力和素质这三要素均源于实践，并在实践中获得、养成，实践环节是集知识的汲取、智力的开发与能力的养成于一体的重要活动。^④ 法学是一门实践性非常强的学科，在本科教育阶段，法学人才培养又定位于应用型人才，因此，实践能力的培养极为重要，法学教育的全过程必须要与实践紧密结合，使学生真正深入社会实践进而实现自我提高。^⑤ 法学人才除需要拥有扎实的专业知识外，还需要具备丰富的实践经验和优良的实操能力。法学教育不仅要传授法学知识，而且要担负起培养掌握各类法律

---

① 王宗廷. 法学专业人才的培养目标与模式 [J]. 中国地质大学学报（社会科学版），2003（3）：58-61.

② 奚玮，郝亮. 论法学人才培养模式的创新：以培养创新型法律人才为视角 [J]. 继续教育研究，2009（1）：151-153.

③ 王宗廷. 法学专业人才的培养目标与模式 [J]. 中国地质大学学报（社会科学版），2003（3）：58-61.

④ 周毅. 论财经院校卓越法律人才培养模式的创新 [J]. 吉林工商学院学报，2013（6）：97-99.

⑤ 徐光兵. 论我国法学人才培养模式的重构 [J]. 江西教育科研，2006（12）：38-39.

技能，胜任实际法律工作的"法律人"的重任。^①"法律的生命不在于逻辑，而在于经验"，而丰富的法律经验来源于不懈的法律实践。^② 实践能力的高低决定着学生探索问题、解决问题能力的高低^③，没有经过实践的检验，是无法真正学好法律的。^④ 法学院的学生需要工作技能，忽略技能训练会给学生带来危害，技能会伴随学生度过整个工作生涯。^⑤

对于法学人才培养模式的改革创新而言，实践能力的培养始终是重要一环^⑥，增强学生实践能力是提升法治人才培养质量的关键问题之一。^⑦ 如前文所述，在现代法学人才培养模式之下，各院校都高度重视学生实践能力的培养，逐步探索建立起了较为系统的实践教学体系并取得了较好成效，但这一实践教学体系于立法人才的培养基本上是无效的，由此造成立法人才培养在实践环节呈虚置状态，学生的立法实操能力因此大大受限，无法适应立法实际工作的需要。

实践能力的培养不能盲目，要有步骤、有目标地进行。^⑧ 在立法人才政产学研协同培养模式改革中，加强学生实践能力培养，除持续完善实践课程体系外，还应当切实强化实习实训。具体来说，关键是要把握好以下几点：（1）提高专业实训的地位。理论和实践均证明，专业实训的有效开展不仅可以拓宽学生的知识面、增强学生的感性认识，而且有助于培养、锻炼其运用所学专业知识去独立分析和解决实际问题的能力。与专业实习不同，虽然很多院校都将专业实训纳入实践教学体系，但对专业实训的定位还不明确、对专业实训的重视还不够，由此导致专业实训流于形式，无法有效发挥在培养立法人才实践能力方面的作用。因此，有必要提高专业实训在实践教学体系中的地位，将专业实训作为立法人才培养的必需环节，将专业实训列为必修

---

① 王泽鉴. 法学案例教学模式的探索与创新［J］. 法学，2013（4）：40-41.

② 孙那. "一带一路"背景下法律人才培养模式创新探索［J］. 法制博览，2020（25）：35-36.

③ 陈淑芬. 高校法学人才培养模式的改革与创新［J］. 学园，2018（14）：154-155.

④ 唐全民. 地方高校应用型创新法律人才培养模式的探索与实践：以湖南人文科技学院政法系为样本［J］. 湖南人文科技学院学报，2014（3）：117-121.

⑤ 胡锐，杨丽艳，薛然巍. 对法学应用型人才培养模式的反思［J］. 教育探索，2012（1）：58-59.

⑥ 孙昊亮. 论大学法学教育理念与人才培养模式的创新［J］. 法学教育研究，2010（1）：149-162，389.

⑦ 覃晚萍. 创新创业背景下民族高校法治人才培养模式探索：以广西民族大学为例［J］. 梧州学院学报，2018（1）：85-90.

⑧ 陈淑芬. 高校法学人才培养模式的改革与创新［J］. 学园，2018（14）：154-155.

课并明确其学时学分和修读要求，至少允许用专业实训来进行相关课程的学分替代。（2）加强校内立法实训场所建设。不同于理论教学，实践教学对硬件设施的依赖程度更高，为更好地开展法学实践教学，几乎所有的高等法学院校都建设有以模拟法庭、法律诊所室、法律辩论室等为代表的实践教学场所。但是，现有实践教学场所几乎都是定位于学生司法实践开展及相应能力提高，而鲜有立法实训场所的建设，由此就直接制约了立法实训活动的有效开展，进而影响了立法人才培养工作的成效。为此，进行立法人才培养的高校应当加强校内立法实训场所建设，为立法听证等立法实训活动的开展奠定必要的物质基础。（3）加强校外立法实习实训基地建设。校外实习实训基地的建设，是对校内实践教学的有效延伸。① 进行立法人才培养的高校应当全面贯彻政产学研协同育人理念，主动与立法机关、政府等相关部门对接，尤其是要加强与设区的市及以上地方人大法制部门的联系，共建校外立法实习实训基地，协同制定并实施立法实习实训工作方案，为学生的专业实习、专业实训搭建必要平台，提供应有保障。

（五）完善教学评价体系

作为规范教学活动、实现教学目标的重要手段，教学评价具有很强的监督、导向和选拔功能，直接关乎教学质量和人才培养质量，被称为学校教学工作开展的"指挥棒"。② 评价既是上一个教学过程的终结，又是下一个教学过程的起点，因此成为教学质量监控系统中的重要环节③，在教学活动的促进、学生能力的提高等方面发挥着重要作用。如前文所述，从立法人才培养的实践来看，教学评价标准还稍嫌简单且有失偏颇，尤其是体现在对学生学习效果的评价上。对考试方式的过分依赖，尤其是以期末考试为主要手段而忽视学习效果的过程性考核，造成学生在时间、精力分配上向应付期末考试

---

① 史健勇，陈珂，叶欣梁. 政产学研用协同机制下卓越人才培养研究 [J]. 科技创业月刊，2019（6）：61-63.

② 董志峰. "复合型、应用性"法学本科人才培养模式研究 [J]. 国家教育行政学院学报，2008（11）：64-68.

③ 黄进才. 应用性、复合型法学本科人才培养目标与路径 [J]. 新乡学院学报（社会科学版），2012（1）：136-140.

高度倾斜，而忽视了对学生应用能力的培养。在立法人才政产学研协同培养模式改革中，首要一点就是改变这一现状，纠正在学生学习效果评价上的失衡。一个基本的思路就是，改变"重知识轻能力、重结果轻过程、重理论轻创新"的落后评价理念，在坚持科学、全面评价的基础上，强化对学生学习效果的过程性评价，尤其是注重对学生思维能力、知识应用与实践能力、协作能力、综合能力等方面的考核评价，更多关注学生的学习策略以及学生的参与度和交互度。[①] 在强化过程性评价的同时，一是要完善结果性评价方式，在规范命题、施考、阅卷、试卷分析等考试环节管理的基础上，实行知识测试和能力考核并重的评价机制，采取闭卷、开卷、案例分析、论文写作等多种形式相结合的考核方式；[②] 二是要丰富评价主体的构成，贯彻落实协同育人理念，由立法实务专家与学校任课教师共同对学生的学习效果作出评价，以实现对学生学习效果的全面考核。

教学评价是双向的，既包括对学生学习效果的评价，又包括对教师授课效果的评价。作为教学评价的重要构成之一，对教师授课效果进行评价的主要目的在于，检验教师是否领会人才培养理念及要求、是否能够运用合适的方法完成教学任务，评价的内容包括教学态度、敬业精神、教育理念与理论、专业素养与业务水平、教学特色与效果、教学内容、教学方法和手段等方面。[③] 科学的教师授课效果评价机制不仅能够有效调动广大教师的主动性、积极性，而且能够通过反馈措施的设计而更好地促进教学工作的开展。在立法人才政产学研协同培养模式改革中，除要完善学生学习效果的评价外，还应当做好教师授课效果的评价。一个重要的选择就是，完善"学生评价+同行评价"的现行评价主体结构，改"二元评价主体"为"三元评价主体"，即引入立法实务专家评价机制，对教师授课效果作出更客观、准确的评价，并通过反馈机制最终促进教学工作的改进。在此基础上，进一步丰富教学评价方式，包括课堂旁听、教学资料查阅、学生座谈、问卷调查等方式。

---

① 季连帅. 新时代特色应用型本科高校法学人才培养模式的实践与研究 [J]. 哈尔滨学院学报, 2020（4）：118-121.

② 岳红强. 论我国法学人才培养目标定位与改革路径 [J]. 大学教育, 2014（5）：57-59, 65.

③ 黄进才. 应用性、复合型法学本科人才培养目标与路径 [J]. 新乡学院学报（社会科学版）, 2012（1）：136-140.

第四章
新文科建设视域下我国立法人才培养的机制创新

新文科建设是在新时代推动文科教育创新发展、构建哲学社会科学发展新格局的重大战略部署①，是引领我国未来教育发展的强大引擎。新文科之新，根本在于理念更新，核心在于模式革新，关键在于机制创新。在新文科建设背景下，我国的立法人才培养必须坚持德法兼修、守正创新、知行合一、交叉融合、协同共享的新理念，以政产学研协同育人作为立法人才培养模式改革的新方向。

在政产学研协同育人模式下，立法人才培养要尤为注重人才培养主体的多元性、培养资源的聚合性以及培养过程的体系性。这就必须破除多元主体之间的体制机制桎梏，以科学的机制设计整合政产学研优质教育教学资源，促进各主体形成密切合作、深度融合的立法人才培养共同体。因此，只有注重机制设计和改革的牵引作用并展开深入系统的研究，才能为政产学研协同育人模式下的立法人才培养提供不竭的内源动力支持。

立法人才培养机制是由价值引领机制、要素协同机制、资源共享机制、运行保障机制以及考核评价机制共同组成的一套相互支撑、相互制约的复杂系统。其中，价值引领机制确保人才培养的正确方向，要素协同机制奠定全链条培养人才的基础，资源共享机制推动多元主体长效联动，运行保障机制

---

① 参见《新文科建设宣言》。2020 年 11 月 3 日，全国有关高校和专家齐聚山东，共商新时代文科教育发展大计，共同发布了该宣言。

为人才培养顺利进行提供必要支持，考核评价机制则保证人才培养落到实处、取得实效。①

第一节　价值引领机制

高校肩负着人才培养、科学研究、社会服务、文化传承创新、国际交流合作的重要使命。2014 年 12 月，习近平总书记对高校党建工作作出重要指示："办好中国特色社会主义大学，要坚持立德树人，把培育和践行社会主义核心价值观融入教书育人全过程。"② 中共中央、国务院印发的《关于加强和改进新形势下高校思想政治工作的意见》要求："坚持全员全过程全方位育人。把思想价值引领贯穿教育教学全过程和各环节，形成教书育人、科研育人、实践育人、管理育人、服务育人、文化育人、组织育人长效机制。"据此，坚持立德树人，强化"价值引领"不仅是高校实现育才又育人使命的内在迫切需要，也是高校与立法机关协同培养德法兼修的卓越立法人才的必然要求。

一、价值引领的意义

马克思主义哲学认为，价值是在实践基础上形成的主体和客体之间的一种意义关系，是客体对个人、群体乃至整个社会的生活和活动所具有的积极意义。价值观是人们关于价值本质的认识以及对人和事物的评价标准和评价方法的观点体系③，对人们的行为具有导向、规范以及激励功能。

价值引领的本质是对价值观的引导，即通过一系列的教育、说服、启发、劝导措施，使人们形成正确的价值观、道德准则和社会责任感，进而指导其行为和决策。引导、启发学生坚持正确的政治立场，坚守良好的职业道德，在法治人才培养中至关重要。法治人才的评价标准可以分为德能标准、技能

---

① 孟庆瑜，李汶卓. 政产学研协同育人模式下我国立法人才培养的问题审思与机制创新 [J]. 河北法学，2022（10）：76-96.

② 习近平就高校党建工作作出重要指示 [N]. 人民日报，2014-12-30（001）.

③ 本书编写组. 马克思主义基本原理概论 [M]. 北京：高等教育出版社，2018：86.

标准和专业能力标准。[①] 其中，技能标准和专业能力标准实际上是"才"的标准。因此，这三项标准可简称为"德才兼备"或者"德法兼修"。就"德"与"才"的关系而言，必须坚持"以德帅才""以德为先"。

在立法人才的培养中，坚持"德才兼备""以德为先"具有特殊的重要性。"立善法于天下，则天下治；立善法于一国，则一国治。"立法是以良法善治为目标，为实现公共利益而制定、修改或者废止法律规范的行为，对国家、社会和人们的行为具有重要影响。因此，立法人才必须具备高度的社会责任感和强烈的使命感，恪守职业道德，保持职业操守，爱岗敬业、诚实守信、办事公道、服务群众、奉献社会，始终以民主、法治、公平、正义等法律价值为从事相关活动的准则。

可见，立法人才培养绝不单纯是传授立法学知识和技能的过程，而必须同时是引导学生坚持正确的政治立场，养成良好的职业道德，形成正确的价值观的过程。只有促进知识传授和价值引领的相互融合、协调发展，才能实现知识传授和价值引领的同频共振。进言之，协同培养立法人才的首要任务在于通过知识讲解、思想沟通、情感诱导、实践活动等方式，影响学生的知、情、意、行，引导学生形成正确的价值观，将政治理念、道德要求、法律原则内化为内心信仰和行为自觉。[②]

二、价值引领的方向

任何社会都存在着多种多样的价值观，它们反映着多样的文化传统、不同的生存条件、活动方式以及利益诉求。不同时代、不同国家具有不同的主流或者核心价值观。

价值引领的本质是通过多种途径和方式引导人们形成主流或者核心价值观。马克思主义价值观以绝大多数人的利益为是非、善恶、美丑的评价标准，归根结底以社会的进步和人类的彻底解放为标准。[③] 这也是我国法治人才培养的根本遵循。

---

① 孟庆瑜，陈玉忠，等. 应用型、复合型卓越法法律人才培养模式改革研究［M］. 北京：法律出版社，2016：39.

② 樊兴丽. 如何在知识传授中实现价值引领［J］. 人民论坛，2019（25）：102-103.

③ 本书编写组. 马克思主义基本原理概论［M］. 北京：高等教育出版社，2018：90-91.

中共中央办公厅、国务院办公厅印发的《关于进一步把社会主义核心价值观融入法治建设的指导意见》指出："加强法治工作队伍建设，要着力增强法治工作队伍的思想政治素质、业务工作能力、职业道德水准，做到忠于党、忠于国家、忠于人民、忠于法律。在立法队伍、行政执法队伍、司法队伍中，深入开展社会主义核心价值观和社会主义法治理念教育，强化职业道德和职业操守，努力建设一支信念坚定、执法为民、敢于担当、清正廉洁的政法队伍。要坚持立德树人、德育为先导向，推动中国特色社会主义法治理论进教材进课堂进头脑，培养造就熟悉和坚持社会主义法治理念和社会主义核心价值观的法治人才及后备力量。"① 这是中央对法治工作队伍所应具备价值观的要求。法治人才培养，包括立法人才培养也必须以这些价值观为导向。

根据上述指导意见，大致可以将立法人才培养的价值引领分为三个相互联系的面向或者层次，即正确的政治立场、社会主义核心价值观以及社会主义法治理念。其中，正确的政治立场是价值引领的根本，社会主义核心价值观是价值引领的重点，而社会主义法治理念则是正确的政治立场、社会主义核心价值观在法治人才培养中的具体体现。

（一）坚持正确的政治立场

习近平总书记指出："法治当中有政治，没有脱离政治的法治。"② 历史和实践证明，在国家的政治体制中，政治理论、政治逻辑、政治立场对法治的影响是内在的、持久的、根深蒂固的。③ 立法人才培养必须始终坚持正确的政治方向，将正确的政治方向作为衡量教育培养质量和成效的根本标准，否则人才培养就会失去灵魂、迷失方向。

党的十八大以来，以习近平总书记为主要代表的中国共产党人，坚持把马克思主义基本原理同中国具体实际相结合，同中华优秀传统文化相结合，科学回答了新时代坚持和发展什么样的中国特色社会主义，怎样坚持和发展中国特色社会主义等重大时代课题，创立了新时代中国特色社会主义思想。

① 2016 年 12 月 25 日公布。
② 中共中央文献研究室. 习近平关于全面依法治国论述摘编［M］. 北京：中央文献出版社，2015：34.
③ 《习近平法治思想概论》编写组. 习近平法治思想概论［M］. 北京：高等教育出版社，2021：258.

习近平新时代中国特色社会主义思想是当代中国马克思主义、二十一世纪马克思主义，是中华文化和中国精神的时代精华，实现了马克思主义中国化时代化新的飞跃。"两个确立"是党在新时代取得的重大政治成果，反映了全党全军全国各族人民共同心愿，对新时代党和国家事业发展，对推进中华民族伟大复兴历史进程具有决定性意义。

在立法人才培养中，坚持正确的政治立场在根本上是指坚持以习近平新时代中国特色社会主义思想为指导，全面贯彻党的教育方针，坚持教育为人民服务、为中国共产党治国理政服务、为巩固和发展中国特色社会主义制度服务、为改革开放和社会主义现代化建设服务，全面落实立德树人根本任务，准确把握高等教育基本规律和人才成长规律，努力培养德智体美劳全面发展的社会主义建设者和接班人，为建设社会主义现代化强国和实现中华民族伟大复兴的中国梦提供强有力的立法人才保障。

（二）培育社会主义核心价值观

核心价值观是指一个社会或一个国家普遍认同和秉持的基本思想观念和道德准则。社会主义核心价值观是社会主义核心价值体系的内核，体现社会主义核心价值体系的根本性质和基本特征，反映社会主义核心价值体系的丰富内涵和实践要求，是社会主义核心价值体系的高度凝练和集中表达。

社会主义核心价值观的凝练和提出既是我国社会主义建设、改革历史与现实发展的必然要求，又是应对我国正处于全面深化改革关键时期所面临的复杂形势与时代要求的需要。2006 年，党的十六届六中全会第一次明确提出了"建设社会主义核心价值体系"的重大命题和战略任务。2012 年，党的十八大正式提出了社会主义核心价值观，即倡导富强、民主、文明、和谐，倡导自由、平等、公正、法治，倡导爱国、敬业、诚信、友善，积极培育和践行社会主义核心价值观。2017 年党的十九大报告指出，要以培养担当民族复兴大任的时代新人为着眼点，强化教育引导、实践养成、制度保障，发挥社会主义核心价值观对国民教育、精神文明创建、精神文化产品创作生产传播的引领作用，把社会主义核心价值观融入社会发展各方面，转化为人们的情感认同和行为习惯。2022 年，党的二十大报告进一步提出，用社会主义核心价值观铸魂育人，完善思想政治工作体系，推进大中小学思想政治教育一体化建设。坚持依法治国和以德治国相结合，把社会主义核心价值观融入法治建设、融入社会发展、融入日常生活。

在 2018 年 8 月全国宣传思想工作会议上，习近平总书记指出："育新人，就是要坚持立德树人、以文化人，建设社会主义精神文明、培育和践行社会主义核心价值观，提高人民思想觉悟、道德水准、文明素养，培养能够担当民族复兴大任的时代新人。"培育和践行社会主义核心价值观，是推进中国特色社会主义伟大事业、实现中华民族伟大复兴中国梦的战略任务，应当把培育和践行社会主义核心价值观融入国民教育全过程。作为国民教育重要组成部门的立法人才培养必须坚持立德树人、德法兼修，做积极培育和践行社会主义核心价值观的表率。

（三）贯彻社会主义法治理念

社会主义法治理念是体现社会主义法治内在要求的一系列观念、信念、理想和价值的集合体，是指导和调整社会主义立法、执法、司法、守法和法律监督的方针和原则。

社会主义法治理念是中国共产党作为执政党，从社会主义现代化建设事业的现实和全局出发，借鉴世界法治经验，对近现代特别是改革开放以来中国经济、社会和法治发展的历史经验的总结。它既是当代中国社会主义建设规划的一部分，同时也是执政党对中国法治经验的理论追求和升华。2012 年党的十八大报告提出，深入开展法制宣传教育，弘扬社会主义法治精神，树立社会主义法治理念，增强全社会学法尊法守法用法意识。2014 年《中共中央关于全面推进依法治国若干重大问题的决定》提出，建设高素质法治专门队伍，把思想政治建设摆在首位，加强理想信念教育，深入开展社会主义核心价值观和社会主义法治理念教育。2016 年，中共中央办公厅、国务院办公厅印发的《关于进一步把社会主义核心价值观融入法治建设的指导意见》强调，在立法队伍、行政执法队伍、司法队伍中，深入开展社会主义核心价值观和社会主义法治理念教育，推动中国特色社会主义法治理论进教材进课堂进头脑，培养造就熟悉和坚持社会主义法治理念和社会主义核心价值观的法治人才及后备力量。2021 年，中共中央办公厅、国务院办公厅印发的《关于加强社会主义法治文化建设的意见》进一步要求，坚持立德树人、德法兼修，实施法治文化人才教育培养计划，深入开展社会主义核心价值观和社会主义法治理念教育。

社会主义法治理念包含依法治国、执法为民、公平正义、服务大局、党的领导五个方面的内容。这五个方面相辅相成，体现了党的领导、人民当家作主和依法治国的有机统一。其中，依法治国是社会主义法治的核心内容，公平正义是社会主义法治的价值追求，服务大局是社会主义法治的重要使命，党的领导是社会主义法治的根本保证。① 社会主义法治理念是习近平新时代中国特色社会主义思想、法治思想以及社会主义核心价值在法治领域的具体体现，是对法治队伍、法治人才更为具体的要求。在立法领域，社会主义法治理念集中体现为依法立法、科学立法、民主立法三大原则。立法人才的教育培养必须贯彻这些理念或者原则，用以指导方案制定、课程教学、教材编写、基地建设以及社会实践。

三、价值引领机制的构建

2018 年 10 月，习近平总书记在全国教育大会上指出："要把立德树人融入思想道德教育、文化知识教育、社会实践教育各环节，贯穿基础教育、职业教育、高等教育各领域，学科体系、教学体系、教材体系、管理体系要围绕这个目标来设计，教师要围绕这个目标来教，学生要围绕这个目标来学。凡是不利于实现这个目标的做法都要坚决改过来。"在立法人才的培养中，要坚决贯彻习近平总书记的指示要求，通过教师引导、教材影响、教学融入，引领学生坚持正确的政治方向，遵循社会主义核心价值观，坚守社会主义法治理念。

（一）充分发挥教师的引导作用

教师的价值观潜移默化地影响着学生价值观的形成。2014 年 9 月，习近平总书记在同北京师范大学师生代表座谈时强调："教师重要，就在于教师的工作是塑造灵魂、塑造生命、塑造人的工作。"从事立法学教学的教师在引导学生形成正确的价值观方面，居于首要地位。应当注意的是，在政产学研协同

---

① 姜伟. 牢固树立社会主义法治理念 [J]. 求是，2008（3）：50-51.

育人模式下，教师不仅是指高校的在编教师，而且包括承担立法学教学任务的立法实务部门工作人员。

从事立法学教学的教师自身必须政治立场坚定，带头践行社会主义核心价值观。习近平总书记 2014 年 5 月在考察北京大学时指出，广大教师要"牢固树立中国特色社会主义理想信念，带头践行社会主义核心价值观，自觉增强立德树人、教书育人的荣誉感和责任感，学为人师，行为世范，做学生健康成长的指导者和引路人"。在讲授立法学理论与知识时，教师要坚持社会主义的理想信念、人生追求，用自己的信仰力量和价值观感染、鼓舞、引领学生。当然，"教育不止于书斋"，教师在学校日常生活中的价值态度与行为方式直接影响着学生价值观念的形成。教师不仅在学校、课堂中要发挥言传身教的作用，更要将自己置于社会之中，勇于承担当代知识分子的社会责任和道德义务，为培养学生淡泊高洁、锲而不舍的优良学风，为整个社会求真务实、开拓进取的良好风气建设尽一份力。①

从事立法学教学的教师必须具备坚定的政治立场、较高的政治理论水平和政策水平。因此，高校与立法实务部门要选拔"三观"端正、教学态度认真、教学效果好的人员担任立法学教学任务。只有这样的教师才能自觉地在教学中系统梳理、深入挖掘立法学课程中所蕴含的思政"触点"，并在课程的讲解过程中，注意"入深入细、落小落全、做好做实"。② 担任立法学教学任务的教师必须主动学习，深刻理解习近平新时代中国特色社会主义思想，不断提高自己对社会主义核心价值观和社会主义法治理念的认识水平。

（二）高度重视教材的影响功能

教材是按照国家课程标准编写的教学用书，是教师进行教育教学的重要工具，也是学生获得系统知识，进行自主学习的主要材料。因此，必须高度重视教材本身所蕴含的价值观对学生的思想、行为和人格发展的重要影响作用。

---

① 方蒸蒸. 社会主义核心价值引领下高校"四有"教师的文化内涵建设［J］. 南京政治学院学报，2016（2）：137.

② 朱柏铭，等. 强化研究生公选课"价值引领"功能的机制研究［J］. 学位与研究生教育，2019（10）：1-7.

马克思主义理论研究和建设工程（简称"马工程"）是巩固马克思主义在意识形态领域指导地位的基础工程，是一项重大的理论创新工程。"马工程"教材的编写提纲和书稿，均要首先经过中宣部、教育部在全国范围内遴选的本学科专家的审读把关，再经过由国内不同学科权威专家组成的综合性专家委员会的多次审议，最终报经中央和国家层面审定批准，凝聚了各学科领域全国专家的智慧。因此，高校法学教学首先应当选择"马工程"教材。但是，目前，"马工程"系列教材中暂未出版立法学教材，各高校所使用的是自编教材或者选用其他高校、科研院所的专家学者所编写的教材。

在编写立法学教材时，高校与立法实务部门应当充分协商，将政治立场以及思想政治水平放到首位，认真撰写、严格审议和把关，保证习近平新时代中国特色社会主义思想、习近平法治思想"进教材"，直面并解决立法理论与实践中出现的热点、难点问题并进行理论创新，构建具有中国特色、中国风格、中国气派的立法学学术体系、话语体系。在选用教材时，高校也应当坚持同样的标准，选用政治立场坚定，具备科学性，体现人文关怀、创新精神和国际视野的高质量立法学教材。

（三）深入推进课程思政建设

课堂教学是高校育人的主阵地，承担着价值引领与知识传授的双重任务。当前，高校课堂教学中最突出的问题是知识传授与价值引领的割裂。这主要表现为以下四个方面：其一，对知识传授与价值引领认识不深入；其二，思政教育课程与专业课程不贯通；其三，专业课程的思政教育资源未得到充分挖掘；其四，评价机制价值引领的导向性不足。①

2016年12月，习近平总书记在全国高校思想政治工作会上指明了高校思政教育教学改革的方向："要用好课堂教学这个主渠道，思想政治理论课要坚持在改进中加强，提升思想政治教育亲和力和针对性，满足学生成长发展需求和期待，其他各门课都要守好一段渠、种好责任田，使各类课程与思想政治理论课同向同行，形成协同效应。"教育部《高等学校课程思政建设指导纲

---

① 胡术恒. 论课程思政中知识传授与价值引领的融合 ［J］. 思想政治教育研究，2020（2）：117–122.

要》强调："落实立德树人根本任务，必须将价值塑造、知识传授和能力培养三者融为一体、不可割裂"。

立法工作具有鲜明的政治属性，对于立法人才的思想政治素质提出了更高要求。政产学研协同育人模式下立法人才培养必须坚持"三全育人"，始终将思想政治理论培育放在首位，并将其有机融入学生的教育教学实践，着力提升学生投身法治中国建设的使命感和责任感。推进"三全育人"工作是高校落实立德树人根本任务的迫切要求，思想政治理论课程和课程思政建设是高校立德树人的主渠道和重要抓手，而课程思政是解决高校课堂中知识传授与价值引领割裂问题的重要举措。为此，必须坚持"三全育人"理念，在加强高校思政课程建设的同时，充分挖掘立法人才培养课程中蕴含的思政元素，将知识传授、能力培养和价值塑造有机结合起来，把思政教育蕴含于立法学专业课程的知识传授中，把价值观培育和塑造"基因式"地融入教学全过程。

在立法学教学中，"知识传授+价值引领"的关键在于发现立法学专业知识与核心价值观的最佳契合点，将价值引领要素及内涵巧妙地融合在课堂教学中。[1] 进而言之，要紧紧围绕立法学的价值、伦理、道德、情感等资源，将其与课程设计和实施紧密结合，不断进行挖掘，将两者进行立体的、全方位的高度融合，形成"在价值传播中凝聚知识底蕴，在知识传播中实现价值引领"。[2] 这需要承担立法人才培养任务的各方主体全员参与，全方位、全过程协同育人。尤其对于立法课程而言，每一部法律法规背后的政治理论分析和历史使命解读，仅凭高校教师的理论教导很难引起学生的情感共鸣，这就需要立法机关充分发挥引领作用，为立法人才思想政治教育提供政策指引、资源支持和方向把关。例如，通过立法实践历程回顾等方式为学生讲好立法故事，以此更好展现我国根本政治制度的优势、特点与功效，展示我国立法工作的经验与成就，提升学生的民族自豪感与荣誉感，提升立法课程思政育人的立体感和代入感。

---

① 石慧. 试论"知识传授+价值引领"的教学实现路径 [J]. 中国大学教学，2019（7-8）：26-29.

② 胡术恒. 论课程思政中知识传授与价值引领的融合 [J]. 思想政治教育研究，2020（2）：117-122.

第二节　要素协同机制

《卓越法治人才计划2.0》提出："在法学院校探索设立实务教师岗位，吸收法治实务部门专家参与人才培养方案制订、课程体系设计、教材编写、专业教学，不断提升协同育人效果。"根据此规定，结合教育教学实践，立法人才培养的基本要素可以概括为培养方案、师资团队、课程体系、教材资源、实践基地以及立法项目六个要素。

政产学研协同育人模式的基础在于构建"全要素协同"机制，即高校、立法实务部门等破除培养机制壁垒，打通理论与实践，组成紧密合作、相互支撑的教育教学系统，协同制订培养方案、协同组建师资团队、协同打造课程体系、协同开发教材资源、协同建设实践基地、协同实施立法项目，合力实现培养德法兼修的高素质立法人才的目标。

一、协同制订培养方案

法学专业人才培养方案是高等院校落实党和国家关于法治人才培养的总体要求，组织开展教育教学活动、安排教学任务的基本依据，是实施法治人才培养和开展质量评价的基本标准。

我国目前各高校的法学专业人才培养方案，普遍存在培养目标上忽视立法人才培养，培养要求上忽视立法能力提高，课程设置上忽视立法学课程设置等问题。造成这些问题的原因是多方面的，而制定主体单一、制定过程封闭是导致上述问题的重要原因。目前，法学专业人才培养方案绝大多数是由高校组织相关专业课教师制定的。高校教师经过了系统的法学教学，具有较高的理论水平和素养，但大多没有法律实务经验，对法律实践，包括立法实践中存在的问题和解决之策缺乏深入了解。

将立法实务部门的工作人员吸纳进来，与高校教师共同制定培养方案，是解决上述问题的有效方法。立法实务部门工作人员具有丰富的立法实践经验，掌握立法工作对人才培养的实际需求。立法实务部门工作人员参与法学专业培养方案的制定，有助于保证培养方案的科学性、合理性、实践性、可操作性。在参与制订培养方案的过程中，可以将立法的实际需求适当融入培养方案中，确保学生能够掌握立法工作所需的知识和技能，提高其实践能力和就业竞争力。因此，高等院校必须顺应高素质立法人才培养需求，尊重法治人才培养规律和教育教学运行规律，通过与立法实务部门之间的定期会商和研讨，按照"稳定、优化、提升"的原则要求，对标对表立法工作队伍的价值定位、知识体系、实践能力和创新精神，科学制订培养方案，为立法专门人才培养提供专业性、可执行的总方案和总依据。高校与立法实务部门协同制订人才培养方案的环节主要包括：

第一，规划与设计。高校应当统筹规划并落实专业人才培养方案制（修）订的具体工作方案。成立由高校教师、立法实务部门专家和学生（毕业生）代表组成的专业建设委员会，共同做好人才培养方案制（修）订工作。

第二，甄选专业人员。人才培养方案是培养高素质立法人才的"总章程"，具有较强的专业性。因此，高等院校应当与立法实务部门加强沟通与协调，分别选择专业人员共同组成培养方案起草团队，参与培养方案的制订。高等院校所选择的人员应当是长期从事法学教育与研究，特别是立法理论教学与研究的教师；立法实务部门所选择的人员则应当具有丰富的立法实践经验。

第三，分析实际需求。方案起草团队在拟定培养方案之前，应当首先对立法人才的实际需求进行全面、深入分析。通过调查问卷、实地走访、座谈会等方式进行调研，掌握人大、政府等立法机关对立法人才的知识、能力、素质等方面的要求，在此基础上，形成立法人才培养调研报告。

第四，协商方案内容。根据立法人才培养调研报告，商定人才培养目标、培养要求、课程设置、教学进程、教学资源等，完成人才培养方案的制订。培养方案按程序审定通过后，报上级教育行政主管部门备案，并通过学校网站等途径向社会公开，主动接受社会监督。

第五，评估完善方案。协作主体应当建立健全培养方案实施情况的评估、反馈与改进机制。立法人才培养方案实施后，应当定期评估方案的实施效果，以发现培养方案存在的不足或者需要改进之处。在评估过程中，尤其应当注意搜集在读学生、毕业生以及用人单位等各方面的意见。在对各方意见进行综合比较分析后，根据经济社会发展需求、发展趋势和教育教学改革实际，及时优化调整培养方案，确保培养方案符合实际需求和具有可操作性。

二、协同组建师资团队

师资团队是保证人才培养质量的关键要素，只有高质量师资才能培养出高素质人才。立法学是一门实践性、应用性很强的学科，必须面向实践、回应实践。因此，从事立法学教学的教师不仅要具备良好的职业道德、丰富的知识储备、深厚的理论素养，还应当对国内外立法实践有深入了解，熟悉立法程序，具备高超的立法技巧。

但是，目前我国高等院校中专门从事立法学教学的教师较少，而现有从事立法学教学的教师大多以学术研究为导向，缺乏参与立法的实践经历和经验，不熟悉实际操作流程，不了解立法的实际需求和存在的问题。这必然导致立法学教学质量不高、教学效果不佳，无法充分激发学生学习和研究立法学的兴趣和积极性。在政产学研协同育人模式下，高校应当与立法实务部门精诚合作，取长补短，协同组建高质量师资团队，以满足培养高素质立法人才的需求。

首先，引入立法实务专家从事立法学教学。高校应当推动校地合作向立法机关拓展，引入多领域、多层级的立法实务专家，实现校外立法专家队伍规模扩大、结构优化和能力提升。高等院校可以聘请立法机关中有较高理论水平和丰富立法实践经验的专家担任校外导师，对本科生实行校内导师与校外导师的双导师制，校内导师与实务部门导师合作教学、联合指导专业实践，构建"政、学"联合、双师协同、教研合作的融合机制。

高等院校与立法实务部门要建立联合审查机制，严格把握准入标准，以政治素养、立法经验、专业能力等为重要依据，建立校外导师库，为开展政产学研协同培养立法人才奠定坚实的师资基础。高等院校应当研究制定校外实务导师评聘方案，建立起与卓越立法人才培养相适应的导师评聘程序与制度。在选聘校外实务导师时，高校应当坚持"按需选聘，质量第一"的原则。按程序选聘后，及时将校外实务导师纳入管理工作系统，实现校外导师队伍的规范化管理和有序动态调整。

在教学课程的配置上，要根据立法实务部门专家的特长和特点安排教学任务。一般而言，可以优先安排立法实务部门专家讲授立法技术、立法程序等实践性较强的课程或者内容。另外，由于实务部门专家大多是兼职，因此，在学时的设计上，一般相对较短，也较为集中。除选聘实务部门专家从事教学外，还应当注意其他的柔性或弹性教学方式，例如，邀请立法实务部门专家来校交流，举办立法实务方面的讲座或者参加立法学研讨会，为学生创造了了解立法实务的机会和条件。

其次，鼓励校内教师参与立法实践。实施"双师型立法团队培育计划"，以校内教师到立法机关交流挂职、承担立法项目等多种方式，积累教师的立法实务经验，提升教师的专业水平和教学能力。

总之，在互聘互认上，要通过人事制度设计畅通人员的双向流动渠道，建立实务专家来高校任教、高校教师参与立法实践的"旋转门"机制，实现高等院校与立法实务部门的"相向而行、双向奔赴"，全面提升立法学教师队伍的育人水平。

三、协同打造课程体系

课程是实施专业人才培养的主要载体，课程体系是将课程按照一定的逻辑和层次进行组织、安排，形成的完整课程系统。课程体系既集中反映教育教学的目的和指导思想，也是联系教育与教学的中介和桥梁①，是确保学生在学习过程中循序渐进掌握专业知识，建立起完整学科知识体系的重要保障。

综观我国各高校目前的法学专业课程体系可以发现，大部分高校未设置立法学课程，而设置了立法学课程的高校中，绝大多数都将之设置为选修课。另外，大部分高校所设置的立法学课程不仅数量很少，而且尤为缺乏立法实务方面的课程，未形成完整的立法学理论与实践课程体系，难以满足培养高质量立法人才的目标。

为解决上述问题，高等院校就必须与立法实务部门通力合作，组织校内专家、教师与从事立法工作的机关工作人员，根据立法学的学科特点和学生需求，共同设计和开发一套系统完整、结构合理、贴近实践的立法学课程体系。按照卓越法治人才培养要求，高校在开设立法学理论和实践课程，将立

---

① 陈浩，王学川，等. 经验与创新："政产学"协同培养人才机制研究［M］. 杭州：浙江工商大学出版社，2010：237.

法学列入专业必修课程的基础上，应当进一步整合法理学、法史学等理论课程的立法理论内容，深入挖掘刑法、民法、行政法等实务课程的立法实践资源，充分发挥高校与立法机关的协同育人优势，实现课程设计、课程讲授、课程评价的全过程协同，建设立法理论、立法技术、立法实践三大课程群，确保课程体系既能反映立法实务工作的实践经验，又能吸收立法理论的最新成果。

四、协同开发教材资源

教材资源是指依据教学标准所开发的，用于支持教学的各种资料和工具，包括教材以及与教材相配套的教学参考书、教案、课件、练习题等。

教材是核心的教材资源，为教与学提供结构化的内容、准确可靠的信息，对于支持统一化教学与差异化教育，激发学生的学习兴趣，提高学习成效发挥着不可替代的重要作用。与法理学、宪法学、刑法学、民法学等学科相比，我国的立法学教材数量还比较少，而既有的立法学教材也普遍存在内容较为陈旧、实践性不强等问题，不能满足培养高素质立法人才的需求。

为提高立法学教材的实践性与应用性，保证教材的质量，高等学校应当与实务部门合作设计、共同编写立法学教材。

首先，共同商定教材研发计划。根据立法学教学要求和教材的定位，确定教材所要达到的教学目标和覆盖的知识范围以及深度。由于目前我国较为缺乏实用性较强的立法学教材，可以优先选择开发立法案例、立法程序、立法技术等方面的教材。

其次，共同组建教材编写团队。根据教材的功能与特点，高校与立法实务部门各自选择适合的教材编写人员，组成教材编写团队，确保高校教师和实务部门工作人员在团队中占适当比例。

再次，拟定教材大纲。根据教学目标和知识范围，拟定教材编写大纲，主要包括教材的章节划分、章节主题、主要内容以及字数要求等。

最后，合作编写、共同审定教材。根据教材大纲、结构以及编写人员的特长，进行合理分工。例如，对于理论性较强的立法基本原理、原则、历史发展等章节内容，由高校教师承担编写任务，而对于实践性、操作性较强的立法程序、立法技术、立法案例等内容，适合由实务部门专家编写。在编写的过程中，双方要及时沟通，协商解决相关问题。

另外，要及时跟踪学生的学习情况，及时更新和完善教材，以适应教学的变化和发展。需要注意的是，我国《立法法》已经过两次修改，教材的编写必须"与时俱进"，以最新的《立法法》作为编写依据，提升教材的现实针对性，打造满足新时代立法工作需要的立法学教材。

从长远来看，笔者建议教育部适时将立法学列入"马工程"教材范围，为立法学教学提供依据。但是即便如此，高校也可以与立法实务部门合作开发与之相配套的其他教学资源。

五、协同建设实践基地

实践教学基地是为学生提供实践学习机会的场所，对于提高学生运用理论知识解决实际问题的能力发挥着重要作用。高校通过与国家机关、企业等共同建立实践教学基地，能够有效地促进校内与校外各种资源的有机结合。[①]

经过多年发展，高等法学院校与法治实务部门已经建立了不少教学实践基地。但是，这些实践教学基地绝大多数是法院、检察院等司法机关，依托人大、政府等立法机关建立的实践基地非常少。少量高校依托立法机关建立的实践教学基地也普遍存在资源不充足、管理不规范、合作不深入、实践教学活动缺乏针对性甚至流于形式等问题。为了解决这些问题，必须从以下几个方面入手：

第一，高度重视立法实践教学基地建设。高校应当通过创新机制、拓展领域、提升层次等多种方式，遵循互惠互利原则，加强与人大、政府等立法机关的紧密联系与深度合作，建设立法研究基地、立法联系点等。

第二，明确实践教学基地的目标和要求。在设立实践教学基地时，要根据基地的性质和特点，明确教学目标和具体要求，确保实践教学活动具有明确的方向和标准。

第三，增加对实践教学基地的投入，提供充足的场地、设备和人力资源，确保良好的教学条件和环境。

第四，根据学生的学习需求和教学目标，与立法机关共同设计和开发实

---

① 王静美. 法治人才培养创新研究 [M]. 北京：中国原子能出版社，2022：39.

践项目。这些项目包括模拟立法程序、参与法律草案的起草和修改、参与立法研讨会、听证会等，让学生亲身体验立法工作流程。

第五，规范化管理。建立健全实践教学基地的管理制度体系，加强对实践教学活动的组织和管理，确保实践教学的规范化进行。同时，制定实践教学基地运行评价标准和指标体系，定期对基地进行评价、评估，提升基地的育人实效。

六、协同实施立法项目

协同实施立法项目是高校与立法实务部门合作的重要渠道，也是协同培育高质量立法人才的重要平台。高校与立法实务部门协同实施立法项目具有极为重要的意义：

第一，有利于发挥教师在立法起草和论证中的独特作用，提高教师的实践能力。高校具备丰富的学术资源和专业知识，有能力、有条件主持或参与立法项目。高校在立法中的地位相对中立，高校教师所提出的意见相对客观。同时，通过参与立法项目，教师更容易发现立法制度与实践中存在的问题，提出对策，进而提高自身的实践能力以及教学科研能力。

第二，有利于吸纳学生参与立法实践，提高专业素养和能力。在参与立法项目过程中，学生可以将所学知识与实际情况相结合，发现理论与实践之间的差距，进一步加深对立法学专业知识的理解和掌握，提高实际操作能力。

第三，有利于培养学生的团结合作精神。立法项目需要多人合作展开研究，学生需要与教师、专家、同学一起工作，共同研究和解决相关立法问题。这有利于培养学生的合作能力，增强其团队意识。

2015年《立法法》修改后，设区的市普遍获得了立法权，地方人大、政府的立法任务增加。相应地，高校接受委托，承担地方性法规、地方政府规章研究起草和论证的任务也随之增加。然而，不少高校在实施立法项目的过程中，未将立法项目实施与立法人才培养紧密结合起来。有的教师担心学生的知识储备和能力不够，从而未吸纳学生参与立法项目；有的教师虽然将学生纳入研究团队，但仅让学生承担资料收集方面的工作，学生无法深度参与立法技术工作。

有鉴于此，高校应当高度重视协同实施立法项目在培养立法人才中的功能与作用，密切跟踪国家及地方立法需求，根据立法规划、年度计划，科学谋划立法合作项目，指导学生全过程、深入参与立法调研、起草、论证等工作，为高素质立法专业人才培养提供全流程实践条件支撑。同时，以项目为依托，与立法实务部门共同开展立法理论与实践研究，形成高质量立法理论研究成果，进而将这些理论研究成果反哺立法学教学。

第三节　资源共享机制

资源共享是指将物质资源、知识资源、技术资源等各种资源进行分享和利用的行为。在现代社会，资源共享已经成为一种重要的发展趋势。政产学研协同育人模式下的立法人才培养，其重要支撑条件之一是协作主体之间的资源共享。通过人才、信息、平台等各种资源的有效对接、深度整合，能够实现来自不同主体的立法人才培养资源之间的优势互补、科学配置。立法人才培养资源共享是保证协同育人健康、可持续发展的必要条件，也是建立开放互动、互利共赢的人才培养机制的基础。

一、建立健全资源共享机制的意义

政产学研协同育人模式下的资源共享机制是指高校、立法实务部门等各主体之间共同利用和分享彼此拥有的资源，以实现协作、互惠和共同发展的一种合作方式。建立健全资源共享机制主要具有如下意义：

第一，优化资源优化配置。高校与立法实务部门拥有丰富，但不同的人才、信息、平台、知识、技术等各种资源，在立法人才培养中各具优势。各方通过资源共享，对资源进行有序整合与合理利用，可以避免资源闲置、浪费以及重复建设，进而提高资源利用效率，实现资源的优势互补、优化配置，形成立法人才培养合力。

第二，促进政产学研深度融合。资源共享可以打破高校与立法实务部门等之间的体制机制壁垒，促进各协作主体之间的互利互信、持续合作，实现政产学研的深度融合，形成立法人才培养共同体。

第三，提高立法人才培养质量。通过资源共享，高校与立法实务部门等各方分享各自的信息、知识、经验，为立法人才培养提供更丰富、高质量的教育资源，能够有效提高立法人才培养质量。

总之，立法人才协同培养必须建立协同主体之间相互渗透、相互融合的资源共享机制，这是实现深层次、全方位、理性化协同育人的前提和保障。[①]

二、资源共享机制存在的问题

近年来，高等院校与立法实务部门积极探索、不断创新资源共享机制，在推动人才、信息等资源共享方面取得了重要进展。但是，仍然存在协调机制不健全、体制壁垒未突破、配套制度不完善等问题。

（1）协调机制不健全。目前，高校在与立法机关推进立法人才培养过程中，对体制机制建设重视程度不够，未建立有效的沟通机制和交流平台，进而导致立法人才培养资源的共享不全面、不彻底、不及时，甚至流于形式。

（2）体制壁垒未突破。高校和立法机关在立法人才培养资源方面各具优势，高校拥有丰富的教育资源和师资力量，而立法机关拥有丰富的立法实践经验和政策资源。但是，由于高校与立法机关分属不同的组织体系，隶属于不同的主管部门，两者在客观上存在体制机制壁垒。如何打破体制机制壁垒，进而将两者所拥有的资源有机、有效整合起来是资源共享中一直存在的难题。

（3）配套制度不完善。要实现高校与立法实务部门之间人才培养资源的有效整合，需要一系列配套制度的支撑。目前，我国尚未形成一套鼓励协作主体分享人才资源、促进信息流动、加强基地建设的完整制度体系。

三、进一步完善资源共享机制

为解决上述协调机制不健全、体制壁垒未突破、配套制度不完善等问题，高校与立法实务部门应当进一步树立合作共赢的理念，携手应对遇到的障碍，共同推动建立健全资源共享机制。

（1）健全共享合作协调机制。实现充分的资源共享是一个长期的过程。协同培养立法人才的主体分属不同系统，因此必须健全共建共享的合作协调机制，以便从宏观上把握资源共享的发展方向。要实现双方的合作协调，就

---

① 沈炯，冯建明，等. 研究生协同培养机制研究［M］. 南京：南京大学出版社，2018：71.

必须建立组织协调机构，对资源共享工作进行统筹规划，统一管理，统一部署，分工协作，有计划地实现资源的合理布置，降低共享平台建设成本。①

（2）推进资源共享平台建设。为加强高校与立法机关之间沟通交流，及时共享有关资源，双方应当共同协商，推动建立统一的资源共享平台或专门的网络社区。

（3）完善共享利益分配机制。为确保高校与立法机关的资源共享关系能够持续健康发展，实现利益均衡、合作共赢，应当根据双方的贡献和需求，制定公平、透明的利益分配机制，保障每个参与主体对资源的投入都能得到相应回报，以充分调动参与主体分享资源的积极性。

（4）建立绩效评估机制。推进资源共享涉及经费投入、平台建设、系统运行等各方面的工作，其成效究竟如何，需要由完善的绩效评估机制加以检验。通过绩效评估，可以发现、解决资源共享中存在的问题，确保经费的使用更加合理。同时，也可以发现高校与立法实务部门的深层次需求，使资源共享符合双方的期望。

（5）探索引入第三方机构。第三方机构可以为资源共享提供专业支持和服务，协助进行资源整合、培训和业务咨询等，促进高校与立法机关之间的合作，确保资源共享的顺利进行。此外，第三方机构还可以扮演监管角色，确保双方遵守合作协议与相关制度。

（6）加强政策引导。为了促进高校与立法机关资源共享、协同育人，中央和地方应当进一步研究制定相关政策，在资源整合、经费使用、项目申报以及人才引进等方面予以大力支持，激励各方积极分享资源、加强合作。

四、大力推进核心资源共享

立法人才培养资源可以分为有形资源和无形资源。有形资源包括学校和立法机关的建筑、场地、仪器设备、图书资料以及从事教育教学工作的人员、从事立法工作的人员等。无形资源包括工作人员的知识、经验、能力以及培养机制、管理制度、运行体制等。资源共享是指协作主体各方所拥有资源的

---

① 金洪文，袁艺. 高校科技信息资源共享平台构建与运行保障机制研究［J］. 情报科学，2015（5）：58-62.

全要素、全方位、全链条共享。其中，人才资源、信息资源以及平台资源是核心资源。推进核心资源共享是立法人才培养资源共享的重点和关键。

（一）人才资源共享

人才资源是人力资源的一部分，是优质的人力资源，它是指一个国家或地区中具有较多知识、较强技能，在价值创造过程中起关键或重要作用的那部分人。

人才资源可以分为"既成人才资源"与"储备人才资源"。协同育人模式下的人才资源主要是指前者，即"既成人才资源"。"既成人才资源"是指"品德、知识、技能的凝聚者，是已经接受过长期高等教育的培养和训练，具有充分的知识储备和良好品德修养的教育者和学生成长的引路人[①]"。主要包括高校教师、科研人员、教育管理者以及立法机关工作人员等。

"既成人才资源"是立法人才培养水平高低的决定性要素，是培养高素质立法人才、丰富"储备人才资源"的先决条件。

要实现"既成人才资源"共享这一目标，就必须打破高校与立法实务部门之间的体制机制壁垒，进一步畅通人才资源共享的渠道。2011 年，教育部、中央政法委《卓越法律人才计划》）决定，实施高校与实务部门人员互聘"双千计划"，选派 1000 名高校法学骨干教师到实务部门挂职 1～2 年，参与法律实务工作；选派 1000 名法律实务部门具有丰富实践经验的专家到高校任教 1～2 年，承担法学专业课程的教学任务。2013 年，中央政法委员会、最高人民法院、最高人民检察院、公安部、司法部联合发布了《关于实施高等学校与法律实务部门人员互聘"双千计划"的通知》。根据该通知要求，高等学校与法律实务部门人员开始实施"双千计划"。2018 年，教育部办公厅、中央政法委办公室共确定 247 位法律实务部门专家、227 位高校教师入选 2017 年度高等学校与法律实务部门人员互聘"双千计划"。在此名单中，只有极少数立法机关人员被高校聘任，也只有极少数高校教师被立法机关聘任。

为进一步加强高校与立法实务部门的人才资源共享，必须按照《卓越法治人才计划2.0》的要求，继续破除人才培养机制壁垒，健全法学院校和立法

---

① 彭勃，南锐，等. 高等教育人才资源的生态化配置 [J]. 学术论坛，2009（10）：196-200.

实务部门的双向交流机制。一方面，要选聘富有立法实践经验和理论功底的立法实务部门专家到高校任教，发挥其立法操作能力特长；另一方面，要选聘高校立法学课程骨干教师到立法实务部门挂职锻炼，提升其立法实践能力。同时，在法学院校设立实务教师岗位，吸收立法实务部门专家参与人才培养方案制定、课程体系设计、教材编写、专业教学，不断提升协同育人效果。另外，要建立长效配套措施，通过在双方之间建立实质性战略合作关系，确保专业教师接触立法机关的核心实务工作，确保校外导师参与立法人才培养全过程，并在此期间给予其"正式"身份确认和工作保障。

（二）信息资源共享

信息资源是各协作主体所拥有的与立法人才培养相关的信息资源总和。高校拥有的信息资源包括纸质文献资料，如专著、教材、期刊、统计年鉴、报纸等；电子数据库资源，如商业数据库、自建数据库等；其他的教学资源，如教学课件、精品课程、培训讲座视频等。立法机关所拥有的信息资源是与立法决策相关的历史与实践资料，包括相关的法律信息、政策信息、管理信息等。

建立有效的信息交流机制是确保政产学研协同育人有效开展的前提。2018 年颁布的《卓越法治人才计划 2.0》要求，适应教育信息化与法治建设信息化的新形势，推动法学专业教育与现代信息技术的深度融合，打破校园与法治实务部门间的时空屏障，将社会资源引进高校、转化为优质教育教学资源，建立覆盖线上线下、课前课中课后、教学辅学的多维度智慧学习环境。法治实务部门要向法学院校开放数字化法治实务资源，将法庭庭审等实务信息化资源通过直播等方式实时接入法学院校。上述要求为推进高校与立法实务部门之间的信息共享指明了方向。

高校与立法事务部门通力合作，共同推进信息资源共享，其目的在于破除高校与立法实务部门之间存在的体制壁垒和信息差，有机整合、充分利用相关信息，服务于高素质立法人才培养。影响协作主体信息资源共享的因素很多，主要包括资源、平台、服务与管理这四个方面。这些因素互相联系、相互作用，共同影响着信息资源的共享与利用。建立有效的信息交流机制，推进立法人才培养资源共享，必须全面贯彻《卓越法治人才计划 2.0》的要求，重点从以下几个方面入手：

（1）信息资源。信息资源是合作共享的基础。要想实现人才培养信息资源的共享，前提是要拥有全面、完整的信息资源，并保证对资源的定期更新，实现资源的持续增加。同时，要对信息资源进行分类、加工，进行规范化处理，使其符合信息资源共享的要求。

（2）共享平台。建立人才培养信息交流共享平台，促进信息资源的整合、交换、利用和管理，是推进信息资源共享的重要一环。信息资源共享平台是以硬件设施为基础，集信息收集采集、处理应用、用户分享等功能于一体的系统。政产学研各主体可以通过该平台便捷分享和使用各种培养资源，如在线立法学课程、立法规划计划、立法咨询征求意见等，促进各方的信息交流与合作。

（3）服务能力。服务能力决定了信息资源共享平台的建设水平。信息资源共享平台服务能力强，才能提高共享平台的利用率，并最终实现共享平台的稳步、持续发展。信息资源共享平台要实现服务能力的飞跃，就要坚持以用户为中心，在服务理念、服务内容、服务方式上不断进行创新。

（4）管理水平。管理是建设人才培养信息资源共享平台的关键。信息资源的共享需要进行科学的管理，这既包括对信息资源平台的管理，也包括对与之相关的资金的管理。对平台的管理是指对平台进行日常的维护与立法信息的更新，这样才能保障平台的正常运行；对资金的管理，主要是指要保证信息资源平台有稳定的资金投入以及对所投入资金的合理使用。①

（三）平台资源共享

长期以来，教育部将加强高校与实务部门的合作，推进高校与实务部门共同建设平台或者基地，进而实现立法人才培养资源共享作为创新法律人才培养机制的一项重要内容。

2011年，教育部、中央政法委《卓越法律人才计划》明确要求，要建设卓越法律人才教育培养基地，建设80个左右应用型、复合型法律职业人才教育培养基地，建设20个左右涉外法律人才教育培养基地，建设20个左右西

---

① 彭勃，南锐，等. 高等教育人才资源的生态化配置［J］. 学术论坛，2009（10）：196-200.

部基层法律人才教育培养基地。同时，要建设法学实践教学基地，依托"本科教学工程"，支持高校与法律实务部门重点建设 100 个共享共用的示范性法学实践教学基地。鼓励各地各高校结合实际，建设相应的法学实践教学基地。

2018 年教育部发布的《加快建设高水平本科教育意见》强调："加强实践育人平台建设"。根据该意见，第一，要综合运用校内外资源，建设满足实践教学需要的实验实习实训平台。第二，要进一步提高实践教学的比重，大力推动与行业部门、企业共同建设实践教育基地，切实加强实习过程管理，健全合作共赢、开放共享的实践育人机制。同年，教育部、中央政法委根据教育部上述意见，制订了《卓越法治人才计划 2.0》。该计划进一步强调，要深化高等法学教育教学改革，强化法学实践教育，完善协同育人机制，构建法治人才培养共同体。

立法人才是法治人才的重要组成部分，平台资源是政产学研协同参与立法人才培养的重要载体。立法人才培养必须深入贯彻教育部、中央政法委的上述要求，依托卓越法律人才教育培养基地、法学实践教学基地、实验实习实训平台，进一步强化高校与立法实务部门的沟通协调，共同打造高质量立法人才教育培养平台。该平台由各主体共建共享，以立法项目和立法人才培养项目为支撑，依托高校法治人才培养体系、法学理论研究体系以及立法机关的立法实务资源保障体系、其他社会资源外部支撑体系，配套科研设备与运行管理制度，建立资源协调与共享机制，打造成集人才培养、项目建设、理论研究于一体的资源整合与共享平台。高校与立法实务部门合力打造立法人才教育培养平台，进而实现平台资源充分共享，应当从以下三个方面入手：

第一，加强顶层设计与系统谋划。高校与立法实务部门共同打造协同育人平台是一项复杂的系统工程，涉及人员、资金、信息、项目等各种资源的有效整合。因此，平台的构建和顺利运行需要进行科学的顶层设计。顶层设计一般要遵循"规划方案—分步实施—绩效评估—信息反馈—方案修订"的流程。同时，针对平台的建设与发展需要进行系统谋划，借鉴国内外先进经验与最新理论成果，及时将顶层设计方案与理论研究成果转化为协同育人平台资源共享规划与实施协议。

第二，完善平台资源共享机制。为避免协同育人平台的开放性建设只停留在纸面协议甚至口头上，进而出现"表面协同，实际单干"的现象，高校与立法实务部门应当建立健全平台资源共享机制，形成开放合作的治理结构。双方要成立理事会和日常办事机构，负责对平台资源共享中的制度建设、资源配置、经费使用、设备购置等工作进行管理。双方应不断推动立法实务部门构建平台共享长效机制，拓展合作的广度和深度，挖掘合作过程中双方利益的契合点，真正实现平台资源共享和有机融合。同时，还应当进一步完善考评考核制度，科学、客观评价平台资源共享工作，并依据评价结果对财政拨款、项目经费进行合理分配。①

第三，充分利用平台资源。建立健全平台资源共享机制的根本目的在于充分利用资源。平台资源共享是为了解决高校在立法人才培养中所面临的教育资源不足的问题，共享是手段，充分利用才是目的。实质意义上的资源共享是指高校与立法实务部门各自拥有的优质资源能够为对方充分利用。因此，高校与立法实务部门在建设资源共享平台的过程中，应当杜绝"表面文章"和形式主义，切实将相关资源全面运用于立法人才的教育教学、科学研究和社会服务中，充分发挥这些优质资源的实际效用。②

第四节　运行保障机制

政产学研协同培养立法人才，在建立健全价值引领、要素协同、资源共享机制的同时，还必须建立健全运行保障机制，为协同培养提供必要的资金、政策、基地等支持。资金保障机制、政策支持机制、基地支撑机制是政产学研协同运行保障机制的核心，三者相互联系、相互作用，共同确保协同育人目标的顺利实现。

一、资金保障机制

资金是立法人才培养所依赖的基础性资源。只有具有充足的资金，才能

---

① 张淑林，李金龙，等. 协同创新环境下研究生联合培养机制改革研究 [M]. 北京：高等教育出版社，2016：147-148.

② 常姝，钟艳君. 基于协同创新理念的高等学校协同育人运行机制创新初探 [J]. 中国农业教育，2017 (5)：85-90.

保障政产学研协同育人的可持续进行。

目前，法学专业人才培养主要依靠财政拨款，这种单一的资金来源难以支撑法学专业人才培养事业的可持续发展。有学者指出："政府财政资金的投入不足是制约法治教育工作开展的重要因素。"① 在政产学研协同育人模式下，应当通过多渠道筹集资金，实现资金来源的多元化。为此，教育部、中央政法委《卓越法治人才计划 2.0》提出，要加强经费保障，中央高校应统筹利用中央高校教育教学改革专项等中央高校预算拨款和其他各类资源，支持计划实施。各地教育部门、政法部门要统筹地方财政高等教育资金和中央支持地方高校改革发展资金，引导支持地方高校实施好本计划。根据上述要求，政产学研协同培养立法人才的资金来源渠道要实现多元化。

（1）政府财政拨款。立法人才的培养离不开政府的财政投入。中央和地方政府应当继续加大财政投入力度，对积极推进协同培养立法人才模式的高校给予资金上的倾斜，激发高校主动参与的热情。财政拨款可以用于设立专项基金、资助育人项目、支持学生实习和创新创业等。

（2）高校办学经费。高校作为协同育人的直接受益者，其学费收入等相关办学经费是保障协同育人得以顺利开展的重要来源。高校应当继续有计划地加大对协同培养立法人才的支持力度，保障立法学研究经费和教学经费有序增长。

（3）科研项目经费。高校及其内设的教学、科研机构可以通过积极争取科研项目经费的方式支持协同育人工作。科研项目经费可以用于相关项目的实地调研、专家论证等。

（4）立法机关投入资金。在政产学研协同育人模式下，除财政拨款外，应当鼓励人大、政府等立法机关在高校设立立法人才培养专项资金、奖学金，激励学生勤奋学习、努力进取。

（5）社会资助资金。除了人大、政府、高校等的资金投入，还应当鼓励并吸收社会力量，积极探索教育基金、教育银行等有效途径，通过社会捐赠、基金会资助、律师事务所赞助、企业赞助等形式获取人才培养资金，促使政府、学校和社会力量有机结合，形成对立法人才培养有力的资金支持。

---

① 杜承铭，等. 创新法治人才培养机制 [M]. 北京：经济科学出版社，2021：366.

另外，学生可以通过参加创业比赛、申请创新基金、自筹活动资金等方式支持协同育人项目的顺利实施。

通过多方筹集资金，可以确保协同育人工作获得充足的经费，保证协同育人工作顺利进行。同时，为了有效利用资金，需要建立规范的资金管理机制，确保资金得到合理、高效、透明使用。

二、政策支持机制

政策对协同培养立法人才起着至关重要的作用。为了保障协同育人模式的顺利运行，中央和地方应当出台政策对立法人才培养予以大力支持，而高等院校以及立法实务部门也应当制定实施配套政策，进而形成相互衔接、相互协调、相互支撑的政策支持体系。

（一）中央的政策支持

中共中央、国务院印发的《中国教育现代化 2035》以及教育部印发的《加快建设高水平本科教育意见》，为协同培育法治人才、提高法治人才培养质量提供了国家层面上的综合性政策保障。2011 年教育部、中央政法委印发的《卓越法律人才计划》专门列出了卓越法律人才教育培养计划的政策保障措施。2018 年教育部、中央政法委《卓越法治人才计划 2.0》进一步强调："教育部会同中央政法委在专业设置、人员聘用与评价、国际合作交流等方面给予计划参与高校统筹支持。"卓越法律人才、卓越法治人才教育培养计划为推动我国法学教育模式实现整体转型提供了政策指引，探索形成了一整套产学研协同培养法治人才的教育教学方法。然而，由于上述文件均未明确提出立法人才培养目标，使得立法人才培养缺乏政策支持和运行保障。

针对上述问题，首先，应当加强立法人才培养的政策保障和平台建设，将卓越法治人才教育培养计划的制定、实施主体的范围扩大至全国人大常委会法工委、国务院各部委等立法主体，将培养"卓越立法人才"列入卓越法治人才教育培养计划的总体思路和目标要求，并明确立法机关、高校等参与立法人才培养主体的改革任务和重点举措。其次，支持高校围绕"卓越立法人才"教育培养，在培养模式、课程体系、学制设置等方面进行改革。再次，支持高校围绕"卓越立法人才"教育培养，改革专业教师准入、职务聘任、考核和培训等相关制度。另外，支持具备条件的高校，围绕"卓越立法人才"教育培养，申请成立高校与立法机关协同育人基地、机构。最后，对"卓越立法人才"教育培养给予经费支持，同时支持高校多渠道筹集资金，为教育培养的顺利进行提供保障。

（二）地方的政策支持

教育部、中央政法委《卓越法治人才计划2.0》发布后，山西省、河南省、甘肃省、四川省等一些地方的教育行政主管与政法委共同制定了相关的实施意见或者实施方案①，对加强卓越法治人才教育培养的指导思想、总体目标、主要任务、组织实施等进行了规定。对于推进协同育人机制建设，这些文件也都作出了规定，如《四川省教育厅 中共四川省委政法委员会关于坚持德法兼修实施省级卓越法治人才教育培养计划2.0的意见》指出："深化高等法学教育教学改革，强化法学实践教育，完善协同育人机制，强化产、学、研一体的合作模式，实现互利互惠、合作共赢"；"经过5年的努力，……高校与法律实务部门协同育人机制更加完善，中国特色法治人才培养共同体基本形成"。其他几个省的文件也都作出了类似规定。

上述文件是地方上加强卓越法治人才培养的政策依据，当然也是加强立法人才培养的依据。这些政策对于卓越法治人才培养计划的实施起到了积极的推动作用，为计划的顺利开展提供了必要的支持和保障。但是，这些政策文件的规定大多比较笼统，提出的支持性政策概括性比较强。

我们认为，地方应当按照中央的要求，结合本地的实际情况和对立法人才的需求，进一步完善相关政策，提高政策的针对性和可操作性，推动立法人才培养的健康顺利发展，具体包括：（1）规划计划政策。制定适合本地区立法需要及高校特征的教育运行与发展制度体系、发展规划和计划，促进立

---

① 《山西省教育厅 中共山西省委政法委关于坚持德法兼修实施卓越法治人才教育培养计划的意见》（晋教高〔2019〕5号）；《河南省教育厅 中共河南省委政法委员会关于印发坚持德法兼修卓越法治人才教育培养计划2.0的实施方案的通知》（教高〔2019〕543号）；《甘肃省教育厅 中共甘肃省委政法委关于印发甘肃省卓越法治人才教育培养计划2.0实施方案的通知》（甘教高〔2019〕13号）；《四川省教育厅 中共四川省委政法委员会关于坚持德法兼修实施省级卓越法治人才教育培养计划2.0的意见》（川教函〔2020〕624号）。

法机关与高校间的人才培养合作关系与框架的建立。（2）资金支持政策。在财政支持、项目配套等方面制定具体的资金配套政策，为卓越立法人才培养提供专项资金支持，用于培养计划的运行和实施。这些资金可以用于招聘高水平的师资队伍、购买教学设备和资源、组织学术交流和实践活动等。（3）奖励激励政策。地方政府可以探索设立奖励机制，对于在卓越立法人才培养中表现突出的学生和教师给予奖励，如荣誉称号、奖学金等，以激励他们持续努力、积极创新。（4）扶持扶助政策。地方政府应当出台减免学费、提供就业创业支持等一系列扶持政策，以吸引更多的优秀学生积极参加卓越立法人才培养计划。（5）项目支持政策。地方政府应当将卓越立法人才培养计划列为教育发展的重点项目，并给予优先支持和保障，为计划的实施提供必要的场地、设施以及其他资源。

（三）高校的政策支持

高等院校作为协同育人的重要主体，应当根据教育部的要求，配套制定支持协同培养立法人才的政策。这些支持政策主要涉及以下几个方面：（1）专业与课程。设立法学专业的高等院校应当根据社会对立法人才的需求，结合自身师资情况，设置立法学理论与制度、立法技术、立法实务等与立法相关的课程。另外，高校应当出台政策，鼓励和支持法学院系设立立法微专业。（2）实践机会。高校应当积极寻找与立法实务部门的合作机会，为学生提供实践机会。例如，与当地人大、政府合作实施立法项目，鼓励学生参与立法草案的调研和起草，锻炼提高学生的实践能力。（3）奖助学金。高等院校可以制定专项奖学金、助学金资助政策，鼓励和支持优秀学生从事立法学研究和实践。（4）平台和资源。高等院校应当建立立法学研究平台，提供相关设备设施、场地等资源，支持学生和教师进行立法研究和实践。同时，高等院校应当与立法实务部门加强联系，分享立法实务经验和资源，促进理论与实践的紧密结合。（5）就业指导和推荐。高等院校应当为毕业生提供就业指导和推荐服务，如举办招聘会、提供就业信息，协助学生进入立法机关、法律咨询机构等。高等院校应当与立法实务部门建立良好的合作关系，及时了解立法的实际需求和变化，不断优化相关支持政策。

（四）实务部门的政策支持

立法实务部门作为协同培养立法人才的另一主体，也应当出台政策，大力支持立法人才的协同培养。这主要包括以下几个方面：（1）实习机会和项目合作。立法实务部门应当制定相关政策，向高等院校学生提供实习机会，让学生能够亲身参与立法实践，了解实际工作环境和流程。立法实务部门还可以与高等院校开展项目合作，共同开展立法研究和实践项目。（2）培训和讲座。立法实务部门可以定期或不定期邀请高校中从事立法学教学与研究的教师举办立法理论方面的培训和讲座。同时，立法实务部门应当积极接受高校的邀请，赴高校举行有关立法实务方面的研讨会、讲座，帮助学生更好地理解立法理论知识。（3）指导和辅导。立法实务部门应当指导和辅导高等院校的学生，如提供专业意见和建议，指导学生确立科学研究方向，合理使用研究方法，协助学生解决学习和研究中遇到的难题。（4）合作研究。立法实务部门应当积极与高等院校开展合作研究，共同分析、探讨立法中存在的问题。通过合作研究，立法实务部门可以了解学术界的最新研究成果，并将之运用于立法实践。在政产学研协同育人模式下，立法实务部门的政策支持具有重要的现实意义。通过提供实习机会和项目合作、开展培训和讲座等，立法实务部门与高等院校群策群力，协力培养兼具理论素养以及实际工作能力的立法人才。

三、基地支撑机制

立法人才教育培养基地是指高等院校与立法实务部门等按照资源共享、互助共赢的思路所建立的专门为教育和培养立法人才而设立的集人才培养、科学研究、服务社会于一体的组织机构或者平台。

共建立法人才教育培养基地是高校为克服教学环境与立法现实环境之间的差距而采取的重要举措，是政产学研协同育人模式下高校为了提高办学质量和凸显办学特色而采取的，与立法机关共同培养高素质立法人才的重要途径，也是高等教育实践教学的重要方式。① 同时，建成立法人才教育培养基地

---

① 周竞学，杨昌勇，等. 论校外人才培养基地对地方高校内涵发展的作用 [J]. 国家教育行政学院学报，2012（3）：16-19.

能够确保政产学研各主体长期、稳定参与立法人才培养。

早在 2012 年，由教育部牵头七部门联合印发的《关于进一步加强高校实践育人工作的若干意见》指出："实践育人特别是实践教学依然是高校人才培养中的薄弱环节，与培养拔尖创新人才的要求还有差距。"十年后的今天，实践育人依然是高校人才培养中的薄弱环节。教育培养基地正是高校积极探索实践育人机制创新，深化与各类校外组织或单位之间的合作，提高实践育人效果的重要途径。

我国的卓越法律人才教育培养基地建设工作已经开展了多年，取得了重要的进展。但是，一方面，教育培养基地中很少是与立法机关合作建立的；另一方面，已经建立的教育培养基地普遍遇到深入合作难、持续合作难的困境。另外，还存在同质化严重，特色不鲜明等问题。为了加强立法人才培养教育基地建设，提高实践育人的效果，提升立法人才培养质量，从而实现政产学研协同育人目标，本书提出以下建议：

（1）成立组织机构。高校与立法实务部门应当成立由双方相关业务主管领导为成员的基地建设指导委员会，并明确指导委员会的职责，包括对基地建设、项目合作、实习实践等进行宏观规划与指导；在人力、物力、经费、场所等方面提供必要的保障；促进协作双方的沟通与交流，确保合作的可持续、深入开展。另外，可以视情况组建项目研发小组。该小组由专业教师与专业职能部门工作人员共同组成，以便最大限度地发挥双方的专业优势开展工作。

（2）建立合作机制。由于相关政策的缺乏，高校与立法实务部门在基地建设上的合作往往随意性较强，双方的责、权、利不明确，进而导致双方无法建立长期、稳定、互惠互利的合作机制，制约了基地建设的深入、持续、健康发展。因此，高校与立法实务部门应当共同协商，建立稳定的合作机制，通过签订合作协议的方式，明确各方在基地建设方面的责任和权益，明确合作的目标与方式。

（3）分类推进基地建设。根据国家及地方立法需求，立法人才教育培养基地可以划分为面向重点领域、新兴领域、民族自治地方以及地区和区域协同的立法人才培养基地。第一，面向重点领域的立法人才培养基地，应当有侧重性地选择实力较强的综合性大学，通过加强高校与相关领域行业企业、科研院所等合作，培养学生对党和国家事业发展、行业新业态新模式相关立法的关注度、灵敏度。第二，面向涉外领域的立法人才培养基地，可以选择涉外法律人才教育培养基地院校，通过加强高校和涉外主体合作，培养学生针对国际制度规则博弈制定对策措施的能力。第三，面向民族自治地方立法人才培养基地，可以选择民族类院校或民族自治地方法学实力较强的院校，主要面向民族自治地方立法需求培养立法人才。第四，面向地区和区域协同立法人才培养基地，可以在各省级地方选择办学实力较强、立法经验丰富、区域特色明显的院校，主要为满足地方立法和区域协同立法需求培养立法人才。

（4）建立评估机制。为确保立法人才教育培养基地取得实效，应当建立对政产学研协同育人基地的评估机制，定期对基地建设进行效果评估，根据评估结果及时调整和改进基地的运行机制。

第五节　考核评价机制

教育评价事关教育的发展方向，科学考核是引导教育高质量发展的关键。政产学研协同育人模式考核评价机制是立法人才培养机制的重要组成部分。建立健全科学的考核评价机制是促进政产学研协同育人按照统一的方向、统一的标准实现统一的目标的保障[①]，也是不断总结经验，及时发现问题并寻找原因和对策，及时修正和优化协同育人模式，促进协同育人模式健康发展的必然要求。

一、考核评价机制的含义与意义

政产学研协同育人考核评价机制是指根据一定的评估指标和评价标准，对高校与立法实务部门共同参与构建的协同育人模式进行综合评估的一套机制，其目的在于掌握协同育人的质量和效果，及时采取改进措施，以促进协

① 张淑林，李金龙，等. 协同创新环境下研究生联合培养机制改革研究［M］. 北京：高等教育出版社，2016：158.

同育人模式的持续改进和发展。构建政产学研协同育人考核评价机制主要具有以下意义：

（1）促进协同育人模式的完善。通过对政产学研协同育人过程进行考核评价，可以及时发现相关体制机制存在的不足，为改进和优化协同育人模式提供指导和依据。

（2）优化资源配置和政策支持。通过考核评价，可以了解高校、立法实务部门等在协同育人中的表现和贡献，为资源的合理配置和相关政策的制定提供依据。

（3）提升培养质量和效果。通过考核评价，可以检验协同育人成效，根据考核评价结果，对教师进行奖惩，进而督促教师不断改进教育教学方法，提高教育教学质量和培养效果。

政产学研协同育人模式下立法人才培养的考核评价包括两个方面，其一是针对政产学研协同育人模式运行情况的考核评价，其二是针对立法人才培养情况的考核评价。

二、协同育人模式考核评价机制

对政产学研协同育人模式的考核评价可以分为过程考评与效果考评。就效果考评而言，应当转变以教师学术成就、学生学习成绩作为唯一评价标准的传统做法，不断完善考核评价指标，将人才培养、社会服务、区域贡献等作为对协同育人模式运行效果进行考评的重要指标。

对协同育人模式的考核评价主要是一种过程性考评。立法人才培养过程中政产学研各主体在不同阶段投入的教育成本各有不同，进而导致其在不同阶段所扮演的角色重要性存在区别。为保证该模式顺畅运行，减少不同阶段由于责、权、利的不同所引起的利益纠纷，对于该模式进行考评并非督导式的评判，而是主要在于确保多元主体持续参与立法人才培养，推动其形成主体之间积极协作、风险共担的状态。因此，政产学研协同育人模式运行情况的考察应当注重过程性评价，即通过对该模式运行过程中的各类信息加以实时、动态反馈，以及时揭示、判断和生成模式运行状态。通过开展过程性评价可以使初始松散的运行模式通过连续的价值认知和评判进而不断完善，也能够跟随立法实践活动而进行人才培养模式的能动性调整。对于协同育人模式运行的过程性考核评价主要包括以下几方面：

第一，制度建设。对政产学研协同育人模式的评价，首先要考察相关制度的建立健全情况，即高校与立法实务部门协同培养立法人才的相关制度是否全面、规范、科学。相关制度包括协同培养立法人才实施办法、高校与立法实务部门人员互聘交流办法、实践教学基地管理办法等。

第二，资源投入。政产学研协同育人模式的推行需要投入大量的人力、物力和财力资源。因此，考核评价应当考察高校、立法实务部门是否根据合作协议及时、充分投入相关资源，并共享资源、合理利用资源等情况。

第三，教学实践。政产学研协同育人的核心是教学实践环节。因此，考核评价除了要考评立法人才培养是否始终坚持政治引领外，还要重点考察：教学是否紧跟立法实践需要；教学的组织以及对于各主体及利益相关者"责、权、利"的分配和实施情况是否合理；教学过程中各主体及利益相关者的参与度、配合度如何等。

以上是协同育人模式运行情况考核评价的主要内容，具体的评价内容需要根据实际情况和需求来设计和实施，以确保考评内容的针对性以及考评结果的客观性。

另外，应当注意的是，对协同育人模式的考核评价虽然主要是一种过程性考评，但也不可忽视效果评价。在效果评价中，尤为重要的是来自学生和用人单位的评价和反馈。通过学生和用人单位的评价和反馈，可以了解他们对政产学研协同育人模式的认知，及时发现存在的问题，对协同育人模式不断进行改进和优化。

三、立法人才培养考核评价机制

对协同育人模式进行考核评价的最终目标是提高立法人才培养质量，建立健全立法人才培养考核评价机制是实现全面依法治国新时期立法人才培养目标的重要条件。

对立法人才培养的考核评价机制包括考核主体、考核标准、考核内容、考核方式、考核周期等内容。传统的考评机制存在考核主体封闭，考核标准不科学，考核方式单一，缺乏对学生的实践能力、创新能力的考核等问题，不利于激发学生学习的积极性和创造性。在政产学研协同育人模式下，迫切需要对考核主体、考核标准以及考核方式进行改革，建立开放多元的考核评价机制。

（一）考核评价主体

在政产学研协同育人模式下，考核主体应当由高校拓宽至立法实务部门、用人单位等多元主体，提升立法实务部门、用人单位等在立法人才培养质量方面的考核评价话语权。

第一，高校内部评价。高校是立法人才培养的重要主体，肩负着对立法人才培养质量进行监控和考核的职责。高校对立法人才培养质量的考核评价主要针对学生的政治素质、思想品德、理论素养等进行考核评估，发现问题并提出改进措施。

第二，立法实务部门评价。在政产学研协同育人模式下，立法实务部门对立法人才培养质量的考核至关重要。立法实务部门不仅熟悉立法流程，而且了解立法机关对立法工作人员的要求以及对立法人才综合素质的实际需求。因此，尤其是在实践课程中，应当由立法实务部门对学生的实践能力和素质进行考核评价。

第三，教育主管部门评价。教育主管部门是对高校进行监督和管理的机构，可以通过对立法人才培养方案、教学计划、教材使用、师资队伍建设等进行综合考核与评估，掌握立法人才培养质量的总体情况。

第四，用人单位评价。立法人才终归要走向社会，实现就业或创业。立法人才质量高不高，最终要看用人单位的评价。用人单位的评价是高校与实务部门进一步推进协同育人模式改革的重要决策依据。因此，高校应当建立经常性的反馈渠道和评价制度，通过问卷、实地走访等方式跟踪毕业生的就业和工作情况，定期了解用人单位对毕业生综合素质的评价和满意度以及对立法人才教育培养的意见和建议。

第五，社会专业机构评估。教育部印发的《加快建设高水平本科教育意见》指出："通过政府购买服务方式，支持社会专业评估机构开展高等教育质量评估。"社会专业机构评估立法人才培养质量，具有中立性、客观性较强的优点。但是，我国目前的社会专业机构评估机制尚处于初级阶段，存在数量不足、质量参差不齐、影响力有限等问题。① 因此，社会专业机构评估在立法人才培养机制体系中仍处于辅助地位。

（二）考核评价标准

考核评价标准是用于评估个人或组织在完成特定目标任务中的表现所制定的绩效指标或准则。明确立法人才的考评标准有利于保证考核评价的公平、客观、透明。

教育部、中央政法委《卓越法治人才计划2.0》提出的法治人才培养目标是："培养造就一大批宪法法律的信仰者、公平正义的捍卫者、法治建设的实践者、法治进程的推动者、法治文明的传承者，为全面依法治国奠定坚实基础。"为了实现这一目标，对立法人才培养质量的考核标准必须是综合性的，主要包括思想品德、专业知识、实践能力、学术表现以及综合素质等。

（1）思想品德。对学生思想品德的考核评价标准主要包括：道德修养和行为规范，包括诚实守信、正直廉洁、友善宽容、勇于担当等；个人对社会、人生和伦理的认知和看法，包括对公共利益的关注、对社会公正与平等的认同、对法律和法治的尊重等；个人在团队中的合作精神和沟通能力，包括倾听他人意见、尊重他人权益、有效沟通和合作解决问题等；个人对社会的责任感和参与度，包括关注社会公益、参与志愿活动、积极参与社会事务等方面。在进行思想品德评价时，应当注重客观性、公正性和全面性，避免主观偏见。

（2）专业知识。学生的学业成绩是评价其专业素养的主要指标，应当重点考查学生对立法学各门课程的基本理论、基础知识、基本技能的掌握情况，特别是学生对立法发展动态的了解程度。

（3）实践能力。重点考核学生在参与立法项目方面的表现，主要包括：学生对立法学基本原理和立法程序的理解程度，以及对相关立法问题的分析能力；所撰写的法律草案或所提出的立法建议书的合法性、科学性、规范性；在实施项目过程中分工负责、团结协作、有效沟通的能力；所参与的项目成

---

① 杜承铭，等. 创新法治人才培养机制［M］. 北京：经济科学出版社，2021：329.

果是否成功进行了转化，如所提建议是否为立法机关采纳。评估学生在参与立法项目中的表现，应当由高校教师与立法实务部门工作人员共同进行。评价过程中应注重学生对立法项目的参与度和贡献度。

（4）学术表现。主要考核学生选择与立法相关的研究主题撰写学术论文的表现。创新性、逻辑性和科学的研究方法是对学术论文进行考核评价的重点。值得注意的是，应当大力提倡学生结合所参与的立法项目或者课题选择论文题目，进行深入研究。

（5）综合素质。主要考核学生的综合素质和能力，包括口头表达能力、写作能力、意志品质、身心健康等。

（三）考核评价方式

在政产学研协同育人模式下，对学生的考核评价方式也应当进行改革和调整。考核的目标、主体不同，考核的方式也存在差异。以下主要就立法学课程考核方式的改革进行分析：

（1）转变考核思路。立法学的理论性与实践性极强。为培养理论素养与实践能力兼具的应用型、复合型人才，立法学课程应当探索全过程性考核模式，将传统的"一张试卷定成绩"转变为"综合全程多元化考核"。

（2）明确考核目标。分阶段、全过程、推进式考查学生在基础知识、理论功底、应用能力、语言和文字表达等方面的能力和水平；注重过程性学习评价，紧密结合立法学的理论与实践设置考核题目。

（3）丰富考核形式。考核形式应当将平时作业、平时测验、分组讨论、课堂提问等多种方式相结合，尤其是要增加参与立法论证、草案拟定、撰写项目研究报告等考核方式，提高其在考核评价中的分值占比。例如，可以考虑学习过程性评价占课程总成绩的60%，期末考试占总成绩的40%。考试内容应当围绕立法的基本范畴、基本原理、立法分析评价、立法草案的撰写进行确定，以理解性、综合性和应用性题目为主。

（4）保证考核结果公平。针对不同的考核形式，设计不同的、细化的考核方法、标准和指标体系，注重考核的科学性、合理性。

（5）注重考核结果反馈。每一个阶段的考核完成后，教师都应当与学生进行深入沟通和交流，指导学生针对考核中出现的问题进行认真思考、及时改进。

　　在政产学研协同育人模式下，尤其应当注意打破仅由高校对学生成绩进行评价的框架，吸纳立法实务部门共同完成对学生的考核。必要时可以引入第三方教育评价机构，在多元主体运行不协调时由其提出客观、独立的评价。

第五章
立法人才培养的实践探索——河北大学样本

《中共中央关于全面推进依法治国若干重大问题的决定》中指出："法治工作队伍包括法治专门队伍、法律服务队伍和法治人才培养队伍。其中法治专门队伍包括立法队伍、行政执法队伍、司法队伍。"[1] 可见，在全面推进依法治国的大背景下，立法人才是法治人才的重要组成部分。然而，高校法学院作为法治人才培养的主阵地，长期受制于司法中心主义的观念，致力于培养执法人员和司法人员，忽视了立法人才的培养，存在学科重视度不强、培养方案陈旧、教材缺乏体系、师资力量薄弱以及实践教学欠缺等问题，在立法知识的传授、立法思维的养成及立法技术的讲解等方面都存在短板，导致立法人才培养与立法实践需求存在一定程度的脱节。在新文科建设背景下，为突破传统法学教育模式的桎梏，积极回应立法人才需求，河北大学法学院致力于在人才培养方案、课程与教材资源、师资团队建设、理论与实践基地建设以及教学模式与方法等多个方面进行有益探索，寻找立法人才培养模式的实现路径，并总结立法人才培养实践中取得的经验，以期为高校立法人才的培养提供思路和借鉴。

第一节 实践概况

河北大学法学院作为一所在发展历程中不断追求创新的学院，始终坚持

---

[1] 中共中央关于全面推进依法治国若干重大问题的决定 [J]. 中国法学，2014（6）：5-19.

探索教育模式和整合教学资源，为培养德法兼修的卓越法治人才作出积极贡献。然而，当前教育体系中普遍存在着重视执法、司法而轻视立法教育的问题，为了回应新文科建设的需求并解决这一问题，河北大学法学院始终致力于探索培养专门立法人才的新路径。作为立法人才培养的先行实践者，河北大学法学院在立法教育方面的探索有着自己的优势和特色。

一、河北大学立法人才培养的坚实基础

河北大学法学院历史悠久、源远流长，其法学专业是河北省最早创建的法学专业，在长期的发展过程中，为立法人才的培养打下了坚实基础。学院拥有雄厚的师资力量，形成了一支学历层次高，业务能力强，年龄、职称、学缘结构合理的师资队伍。截至 2023 年 9 月 1 日，现有教职员工 77 人，其中专任教师 62 人。专任教师中有教授 20 人、副教授 24 人、讲师 18 人，博士生导师 10 人、硕士生导师 45 人，具有博士学位的教师 49 人，拥有教育部高等学校法学类教学指导委员会委员 1 人、河北省社会科学优秀青年专家 1 人、河北省社会科学优秀青年专家优秀提名奖 1 人、河北省杰出中青年法学专家 3 人、河北省杰出中青年法学专家提名奖 1 人、河北省"三三三"人才工程人选 2 人、河北省青年拔尖人才 1 人、宝钢教育基金优秀教师奖获得者 1 人等。法学院长期坚持人才培养的中心地位不动摇，不断深化人才培养和教育教学改革，成功获批全国首批教育部、中央政法委卓越法律人才教育培养基地、教育部专业学位研究生教育综合改革试点、法学一级学科博士学位授权点、国家级一流法学本科专业建设点，形成覆盖"学士—硕士—博士—博士后"的全链条人才培养体系，已经发展成为卓越法治人才培养基地、法治河北研究中心、地方立法研究基地、区域协同学术交流中心，人才培养竞争力和学科建设影响力不断提升。

法学院始终重视立法人才培养。2014 年版法学专业人才培养方案将"立法学"设置为专业发展拓展课程，主要讲授立法学理论，课程性质为选修课，2 学分 34 学时。2019 年版人才培养方案将"立法学"改为"立法理论与实务"专业拓展课程，课程内容兼具立法学理论与实务，课程性质为选修课，2 学分 34 学时，旨在让学生在系统学习和掌握立法理论知识的同时提升实践能力，培养立法思维，加深对立法工作的理解，为他们今后从事立法工作打下

坚实的基础。面向全面依法治国重大战略需要，适应经济社会发展新形势新任务，以培养高质量立法人才为目标，以政产学研深度协同为主线，破除培养机制壁垒，探索革新人才培养目标、优化人才培养方案、调整课程设置、合作开发教材、共建教学团队、协作建设教学基地，系统构建立法人才培养新机制，为高等法学教育教学改革和立法专门人才培养提供解决方案，2021年法学院孟庆瑜教授主持的《政产学研协同育人模式下的立法人才培养机制研究》获批教育部首批新文科研究与改革实践项目。依托该项目，学院探索实施"立法理论与实务"微专业人才培养模式改革。2022年开始每年在法学专业遴选20名优秀的大学一年级本科学生集中参与课程学习，微专业学生不单独编班，但是所选拔的学生必须选修立法理论与实务微专业人才培养方案所要求的全部课程。开展"立法理论与实务"微专业以来，学院不断完善培养方式，具备了独有的创新性，对传统教育模式改革产生了实际效能。

（一）打造立法专业团队，筑基立法人才培养

法学院通过校地合作，通过加强"双师型"专业队伍建设，为立法人才的培养打下坚实的师资基础。特聘全国人大常委会法制工作委员会原副主任阚珂、河北省人大常委会法制工作委员会原主任周英、河北省司法厅副厅长赵树堂等30多位立法实务部门专家作为校外导师，通过授课、讲座、指导立法实践等方式参与立法人才培养。同时，通过立法委托起草、立法咨询与论证、立法后评估等立法实践，锻炼出一支由20余名教师构成的，年龄、职称、学科结构合理，兼具立法理论与实务能力的校内专业团队。

（二）开设立法专业课程，编写立法实务教材

法学院在法学本科和研究生专业先后开设立法学立法理论与实务等相关课程，并在此基础上开设"立法理论与实务"微专业（图5-1）。"立法理论与实务"微专业开设立法理论与制度、比较立法、立法技术与规范、地方立法、立法规划与起草实务、立法咨询与论证实务、备案审查实务、立法评估实务等9门理论与实务课程，系统讲授立法理论和提升实务技能。同时，组织校内教师和法律实务专家共同编写出版《行政法实务教程》等高等学校法律实务系列教程，使学生全面掌握立法学的基础知识，系统学习立法技术与

立法规范，夯实学生立法理论功底，培育科学缜密的立法思维，提升立法实践创新能力。

图5-1　"立法理论与实务"微专业立法技术与规范课程在我校七一路校区开班授课

（三）出版立法研究成果，聚焦立法育才前沿

法学院坚持聚焦立法研究与教育的前沿问题，取得了一系列研究成果。近五年，出版《设区的市立法权研究》《地方立法与法治政府建设》《地方立法与国家治理现代化》《京津冀协同发展与地方立法问题研究》《人民代表大会那些事》立法研究专著5部；《〈河北省大气污染防治条例〉精释与适用》《〈河北省优化营商环境条例〉精释与适用》《〈河北省促进绿色建筑发展条例〉精释与适用》《〈河北省生态环境保护条例〉精释与适用》法规释义4部；在CSSCI等权威期刊发表《论设区市的立法权限》《论设区的市立法权扩容的风险及其防控》《河北省清洁生产立法问题研究》《论京津冀协同发展的立法保障》《论京津冀环境治理的协同立法保障机制》《京津冀清洁生产协同立法问题研究》《乡村振兴地方立法的文本检视与进路完善》《法典化背景下中国经济法的立法回望与发展前瞻》等立法研究论文20余篇。

（四）承担立法委托项目，搭建立法学习桥梁

法学院坚持以项目为依托，以学生为主体，创新项目学习方法，实现立法全过程全链条参与，使在校学生的立法实操能力得到显著提升。近五年来，学院承担《河北省文明行为促进条例》《河北省奥林匹克标志保护规定》《白

洋淀生态环境治理和保护条例》《河北省生态环境保护条例》《承德市水源涵养功能区保护条例》等立法委托起草项目、立法咨询与论证、立法后评估、立法释义、规范性文件审查等项目 300 余项，《京津冀协同立法研究报告》《雄安新区立法构想》等近 20 篇研究报告或调研报告得到省长等省部级领导的肯定性批示。

（五）建设立法研究基地，拓展立法实践平台

法学院坚持立法研究基地和立法实践平台的协同建设。在立法研究领域，学院依托河北省高校人文社科重点研究基地——河北大学国家治理法治化研究中心，充分发挥河北大学人大制度与地方立法研究中心智库功能；在立法实践平台方面，学院全面深化与立法实务部门的交流与合作，建设有河北省人大常委会法工委的立法研究基地、河北省司法厅、保定市人大常委会立法联系点等校外实践基地，探索高等学校与立法实务部门之间的联合培养机制。刘显、郝丹丹等多名同学表现突出，得到立法机关高度评价，荣获"优秀法律实习生"等荣誉称号。

二、河北大学立法人才培养的创新实践

在立法人才培养的坚实基础上，法学院对立法人才的培养模式进行了全方位、多层次的探索，并在育人理念、育人机制、育人模式和育人方法方面建立了独特的创新优势。

（一）创新育人理念，特色培养立法人才

2020 年，新文科建设工作会议在山东大学召开，发布了《新文科建设宣言》，宣言强调"新文科建设要守正创新、价值引领、分类推进""培养新时代要求的应用型复合型人才"。新文科的"新"即创新，创新传统文科教育模式，探索高质量人才培养机制，打造体现中国特色的育人理念。

从目前国内各高校法学院的实际情况来看，法学教育理念普遍呈单一式、封闭式的特点，重司法人才培养，轻立法人才培养。立法类课程未被纳入2021 年新修订的《普通高等学校法学类本科专业教学质量国家标准》法学专业核心课程，立法类课程的教材也尚未被纳入"马工程"重点教材。许多高

校法学院在课程设置中，对立法相关的专业课程安排较少，忽视了对学生立法基础知识以及立法技能的深入培养。事实上，立法是法学教育的重要组成部分之一，应该有独立的课程体系，以引导学生深入了解立法的理论和实践。只有通过系统的学习和培养，学生才能够具备独立思考和制定法律政策的能力。此外，高等法学院校在实践环节中对立法人才的培养也存在隐忧。虽然一些法学院提供了一些实习和参与政府机构项目的机会，但大多数学生在实习中缺乏对立法过程的全面参与，他们更多地集中在法院、检察院或律师事务所等传统法律职业领域，而对于立法机构如何制定法律，以及如何参与立法过程，了解并不全面。

综上所述，传统的法学教育在对立法人才的培养上存在缺位，并且理念过于单一，缺乏灵活性和包容性。这种单一的理念无法满足学生个性发展的需求，也不能培养出具有创新思维和全球竞争力的法学人才。

在新文科建设背景下，法学教育面临着越来越多的挑战和机遇。为了适应时代的变革和社会的需求，我们必须推进法学教育的分类式、特色化培养改革，以实现法学教育的内涵式发展，实现育人理念由单一转向多元、由封闭转向开放、由区隔转向协同，全力助力高等教育事业高质量发展。

分类式、特色化培养改革的关键是多元化。河北大学法学院的立法人才培养方案以培养专门的立法人才为目标，通过不同的专业方向和培养路径，满足学生的个性化需求，培养出更具实践能力和专业特长的法学人才。法治中国，立法为先。科学立法、民主立法、依法立法，需要一支高素质立法工作队伍。党的十八届四中全会强调"加强立法队伍、行政执法队伍、司法队伍建设"，"推进法治专门队伍正规化、专业化、职业化，提高职业素养和专业水平"。2015年开始，《立法法》全面赋予设区的市立法权，国家立法对立法专门人才培养和立法工作队伍建设提出了更高要求。在建设中国特色社会主义法治国家进程中，高等院校法学院承担着输出高质量、高数量立法人才的历史重任。为了完成这样的重任，我们的育人理念需要由单一转向多元。传统的法学高等教育普遍采取了一种标准化的教学方式，即"一刀切"的方法，要求每个学生都按照相同的学习方式和标准进行学习与评价。然而，这种教育模式忽视了学生的差异性，无法满足个性化发展的需求。因此，多元化的育人理念应运而生。这意味着要开设不同的的法学专业课程，向学生提供丰富的选择，并鼓励他们在个人兴趣和擅长的领域发展。此外，在培养过程中，还需要注重学生的实践能力培养，通过实践，将理论知识与实际操作相结合，提高学生的专业素养和实践能力。

与此同时，实现育人理念由封闭转向开放也是改革的重要方面。传统的法学教育往往过于封闭，与社会实践脱节，给学生的视野和交流机会有限。新文科建设背景下的法学教育要打破传统的学科边界，积极推进多元化的学科交叉与融合。法学并非孤立存在，它与经济学、政治学、社会学等学科相互渗透、相互影响，形成了法学的多维发展，只有通过与其他学科的交流与合作，才能更好地适应社会的多元化需求。开放的教育环境有利于学生与社会互动，增强他们的社会适应能力和创新思维。为此，我们需要建立与社会的广泛联系，与企业、法院、检察院、律师事务所等机构合作，为学生提供参与实际案例和项目的机会，使他们能够在实践中学习和成长。

最后，育人理念应由区隔转向协同，这是培养改革的基础。在传统的法学教育模式下，各个学科之间往往存在割裂和隔阂，无法形成良好的协同效应。协同式发展要求各学科之间建立联系和合作，促进跨学科的知识交流和学术合作。这样的协同将有助于培养新时代具有综合素养的法学人才，能够更好地适应社会的需求和发展，是一个必然趋势。相信在协同育人的模式下，法学高等教育将培养出更多具备扎实理论基础、熟练应用能力和综合素质的优秀法学人才。

河北大学法学院的立法人才培养模式旨在推进法学教育分类式、特色化培养改革与实践，实现育人理念的转变。学院推出的"立法理论与实务"微专业是国内首次提出以培养立法人才作为微专业培养目标，同时秉持着多元、开放以及协同的先进育人理念。"立法理论与实务"微专业课程以培养一批高素质立法专门人才为目标，破除培养机制壁垒，系统构建立法人才培养新机制，为高等法学教育教学改革和立法专门人才培养提供了解决方案，同时也对法学教育长期以来的立法学缺失问题进行了补足。

（二）重塑育人机制，夯实教学资源基础

新文科建设的目的是培养具有创新意识、批判性思维和全球视野的人才。通过跨学科融合的教学模式，学生可以在多个学科领域中学习和探索，培养综合素质和解决问题的能力。这就需要重塑育人机制，夯实基础教学资源。

　　河北大学法学院的立法人才培养以课程思政为引领，以培养方案、师资团队、课程体系、教材开发、基地建设、项目合作为重要抓手，着力构建价值引领、全要素协同、资源共享的全过程、全链条、开放式协同育人机制。育人机制强化价值引领，强调德法双修的育人理念，以课程思政建设为龙头，坚持以习近平新时代中国特色社会主义思想为指导，以习近平法治思想为根本遵循，坚持立德树人根本任务，秉持"德法兼修、教研相长、知行并重"的卓越法治人才培养理念，将思想政治教育有机融入立法专业课程的教育教学实践之中，着力提升学生投身法治中国建设的使命感和责任感。

　　在教育领域中，培养方案、教学团队以及课程教材是密不可分的三个要素，它们之间的关系对于学生的学习效果至关重要。河北大学法学院以培养方案、师资团队、课程体系为重要抓手，夯实基础教学资源。培养方案作为教育机构设计的教学计划，是教学活动的指导蓝图，应该与教学团队和课程教材有机结合，以确保学生能够在系统完整的教学环节中获得最佳的学习效果。培养方案作为教育机构设计的教学计划，是教学活动的指导蓝图，应该与教学团队和课程教材有机结合，以确保学生能够在系统完整的教学环节中获得最佳的学习效果。首先，培养方案应该在教育教学理念的指导下进行设计。它应该明确学习目标和教育价值观，确保教学内容和教育目标的一致性。同时，培养方案还应该根据学生的学习特点和发展需求进行个性化的设计，增强学习的针对性和有效性。其次，教学团队是培养方案的实施者和关键的执行力量。教学团队应该具备专业的知识和教育教学能力，能够根据培养方案的要求进行教学活动的组织和实施。他们应该密切关注学生的学习进展和问题，及时调整教学策略，提供个性化的指导和辅导，确保培养方案的顺利实施和学生的学习效果。最后，课程教材是培养方案的重要组成部分。它应该与培养方案相互配合，共同完成学习目标。课程教材应该具备科学性、系统性和实用性，能够提供学生所需的知识和技能。教学团队应该根据培养方案的要求选用适当的教材，并灵活运用教材中的资源和案例，激发学生的学习兴趣和动力，加强学习实践能力的培养。

　　综上所述，培养方案、教学团队和课程教材是教育教学中不可或缺的三个要素。它们紧密联系、相互依存，共同构成了有效的教育教学体系。只有合理结合和协调运用这三者之间的关系，才能实现教育教学的最佳效果，并为学生的学习成长提供更好的保障。

（三）解构育人模式，政产学研协同育人

在新文科建设背景下，传统的法学专业建设已经不能满足当下社会对法学人才的需求，同时也忽视了对法学生的多层次培育。河北大学法学院的立法人才培养模式依托新文科建设趋势，把握法学学科教育转型的新契机，提出政产学研协同育人模式，创新立法人才培养模式。

在传统的法学育人模式中，法学理论课程和实践项目相对独立，导致学生难以将理论与实践相融合。为了克服这个难题，河北大学法学院提倡立法培养过程中的政产学研协同育人模式，培养既具备专业知识又具备实践能力的专门立法人才。所谓"政产学研协同育人模式"，即以新文科发展为背景，打通人大、政府、高校间的融通渠道，对立法人才进行多学科、跨领域、融合式培养，创新政产学研协同育人模式与实践路径，并引领立法研究的深入发展。在这样的育人模式之下，人大、政府和高校可以共同参与立法教育，提供实践项目和资源支持，使学生能够置身于立法环境中，培养其立法素质与立法能力，实现目标定位、全要素协同、资源共享的全过程、全链条、开放式协同育人。

这一育人模式建立在当前社会的实际需求之上，具有高度的可行性和适用性。当代社会对法律领域专业人才的需求复杂多变，仅有单一学科知识的法律专业人才显然无法适应这一要求，因此，协同人大、政府、企业以及高校等多元主体参与立法人才培养过程，打通相关立法主体之间的渠道，对立法人才进行多学科、跨领域、融合式培养具有重要的现实意义。为了实现立法人才培养模式的创新，各方应该紧密合作，共同探索最佳的改革路径。高校作为立法人才培养的首要主体，应该打破传统法学学科的界限，将不同学科的知识有机整合，让学生在学习过程中能够综合运用立法知识，夯实专业基础、培养复合能力、强化立法技能。学院从 2022 年开设"立法理论与实务"微专业，同时着力推进立法理论与实务课程建设，将高校、科研机构、立法机构三方相互结合，共同作为教育主体参与到微专业建设过程中来，通过各方紧密合作，共同探索教育改革的路径，将多元化的学科知识与法律专

业人才培养有机结合起来，探索出一套实用性强的政产学研协同育人模式，为立法人才的培养提供更广阔的空间。

首先，政产学研协同育人模式注重人才培养主体的多元性。传统的培养模式往往是由一方主导的，而这种模式容易出现单一思维并且对新问题的认识视角不足。而政产学研协同育人模式强调不同主体间的合作互动，从而能够汇聚不同视角和经验，共同培养出更具创新精神和综合素质的立法人才。河北大学法学院在加强现有立法研究基地、立法联系点建设的基础上，持续深化与省内11个设区的市人大的立法合作，积极对接和服务雄安新区建设，重点推动生态环境、应急管理等特色基地建设；通过推动"三个拓展"，即向省市政府职能部门拓展、向京津立法机关拓展、向中央立法机关拓展，为高素质立法专业人才培养搭建足够的立法实习实训平台，进一步提升"五个共同"的成效。

其次，政产学研协同育人模式也注重培养资源的聚合性。立法人才培养需要各类资源的支持和协助，其中包括政府政策资源、企业实践资源、学界研究资源等。在政产学研协同育人模式下，各主体将各自的资源进行整合和共享，形成一个资源融合的平台，为立法人才的培养提供全方位、多层次的支持和帮助。河北大学法学院依托河北省高校人文社科重点研究基地——河北大学国家治理法治化研究中心，全面深化与立法实务部门的交流与合作，建设实习基地，共同培养高素质的立法专门人才。

最后，政产学研协同育人模式还注重培养过程的体系性。立法人才的培养需要一个系统化、有序的过程，而政产学研协同育人模式必须具有体系化的培养方案。通过对不同层次、不同阶段的人才需求进行分析和规划，制定相应的培养路径和课程体系，确保立法人才的培养过程有条不紊地进行；通过统一的培养计划和评估体系，对学生进行全面、系统的培养。学生在整个培养过程中，将接受理论教学、实践教学和实践工作的有机结合。此外，育人模式还注重学生的自主学习和能力培养，鼓励学生积极参与课程设计、项目实施等工作，培养学生的创新能力和实践能力。河北大学法学院立法人才培养模式下推出的"立法理论与实务"微专业课程在以十六门法学主干课程为核心进行专业体系化培养的基础上，以人大、政府和其他机构对立法专业人才专业能力和专业结构的需求为参照，制订立法理论与实务微专业考核标准，构造立法理论拓展课组、立法实务强化课组、立法技能训练与提升课组三大课程模块，由专业教师和知名立法专家实施立法教学指导，并定期请立法机关等立法实务机构对专业设置质量进行评价。

政产学研协同育人模式的创新，为立法人才培养提供了新的途径和方法。通过注重人才培养主体的多元性、培养资源的聚合性以及培养过程的体系性，我们可以广泛促进各主体形成互为要素、互为动力、互为制约的长效联动机制。相信在这样的培养模式下，河北大学法学院将培养出更多优秀的立法人才，为国家的法律建设和社会的进步作出更大的贡献。

（四）更新育人方法，引领学生综合发展

在教育领域中，我们已经从传统的重视理论、重视讲授、重视课堂的教学模式转变为理论实践贯通、讲授参与结合、课堂课外并重的创新育人方法。这种方法采用了"滴灌式""情境式"和"探究式"的方式，潜移默化地塑造学生的世界观、人生观和价值观，提升他们的立法能力和综合素质。

"滴灌式"育人方法注重将知识和价值观念渗透到课堂教学和日常生活中。教师不再仅仅是传授知识，而是通过温柔的引导和亲切的关怀，将正确的价值观传递给学生。这种方法能够使学生在学习的同时，潜移默化地形成正确的世界观和人生观。"滴灌式"培养立法人才，首先需要注重法律教育的深度和广度。在法学专业的课程设置上，应加强法律专业基础培训，如法律理论、法律实务、法律逻辑等课程，着重培养学生掌握地方性法律法规，加深他们对法律的理解和适用能力。此外，还应鼓励学生参与模拟法庭、法律实习等实践活动，提升他们的法律操作和实践能力，让学生有机会参与实际的法律工作，将理论与实践相结合，做到立法理论与立法实践的有机统一。

"情境式"育人方法强调学生对真实情境的参与和体验。通过模拟真实场景和真实的立法案例，让学生置身其中，使他们能够亲身感受到不同决策的后果和影响，以此来培养学生的立法思维和能力。这种方法能够培养学生的自主思考和决策能力，使他们在日后面对复杂问题时能够做出明智的选择。此外，"情境式"育人方法作为一种基于实际情境的学习方式，还能够锻炼解决问题的能力和团队合作精神。首先，"情境式"育人方法注重实践操作。学生将在真实的立法环境中进行学习和实践，通过理论与实践相结合，培养学

生的实际操作能力。例如，学生可以参与模拟的立法过程，与其他学生共同担任不同立法角色，如立法委员、法律顾问、领导人等，通过模拟真实的立法情景，学习和应用立法技巧和知识。其次，"情境式"育人方法注重案例研究，培养学生的分析和解决问题的能力。学生将通过分析真实的立法案例来理解法律的具体应用和实施，通过这种方式，学生将能够了解立法的各个环节，即从立法起草到审议通过的全过程，这样一来，他们的立法意识和综合应用能力也将得到提升。同时，学生还可以通过角色扮演，模拟立法辩论过程，增强沟通和说服能力。再次，"情境式"育人方法强调团队合作。在真实的立法情境中，学生将与其他学生组成小组，共同合作完成立法任务。通过团队合作，学生将学会有效地沟通、协作和解决冲突，培养他们的团队精神和领导能力。最后，"情境式"育人方法还可以通过与社会相关机构和专业人士的合作，使学生能够更好地了解社会需求和立法实践。

"探究式"育人方法鼓励学生主动探索和发现问题。学生通过提出问题、调查研究和实践活动，逐步深入理解学科知识。这种方法培养了学生的探究精神和创新能力，使他们成为自主学习者和解决问题的能手。在传统的教育体系中，学生大多只是被灌输知识，而很少有机会真正动手探索和实践。然而，"探究式"育人方法却能够打破这种局限，为学生提供更广阔的发展空间。"探究式"育人方法注重学生的主动参与和探索，鼓励学生在学习中提出问题、发表观点，并积极参与实践活动。这样的学习方式可以培养学生的创造力、批判思维和解决问题的能力，这是成为优秀立法人才所必需的素质。

以上这些创新育人方法的引入，不仅为学生提供了更多的学习方式和机会，更重要的是能够让学生在成长过程中，潜移默化地塑造正确的世界观、人生观和价值观。同时，这种方法能够提升学生的立法能力和综合素质，使他们更好地适应未来社会的发展和变化。河北大学法学院坚持以这些创新方法为基础，同时在教学过程中不断拓展教学手段和方式，精心设计教学活动，为学生提供更多的实践机会和探究空间。只有这样，才能够真正培养出一支信念坚定、品德优良、本领过硬，具有扎实的法学理论基础和熟练的职业技能、合理的知识结构，具备高效高质量立法能力与创新能力，熟悉和坚持中国特色社会主义法治体系的复合型、应用型、创新型高素质立法专门人才及后备人才队伍。

第二节 方案创新

坚持全面推进科学立法、严格执法、公正司法、全民守法，这是新时代法治建设的"十六字"方针，也是习近平法治思想的核心要义之一。它要求我们"坚持建设德才兼备的高素质法治工作队伍，为全面推进依法治国建立坚强的组织保障"。然而，传统的法学专业人才培养方案受制于司法中心主义的观念，在人才培养目标以及课堂教学、实践教学与训练课程设置方面均体现出"重执法司法、轻立法"的特征，致使人才培养难以符合法治要求。因此，在全面推进依法治国的背景下，法学专业人才培养方案必须结合立法人才的需求作出适时的调整。全面推进依法治国背景下的法学专业人才培养方案，需要契合新时代法治建设的"十六字"方针，将"建立一支高素质立法工作队伍"作为其关键一环，将立法人才的培养作为法学人才培养的"领路型"目标；同时，也需要考虑当前学生的学业压力和课程实际情况，需要在立法人才培养目标和学生的实际学习情况之间寻找到一个恰当的平衡点，以确保在立法人才培养目标实现的同时，不至于使学生不堪重负。河北大学法学院研究制定的"立法理论与实务"微专业人才培养方案以及人才培养实施方案，就是要在契合这两个方面的要求上做出有益探索。

微专业是指在常规的本科专业目录以外，围绕某个特定行业技能领域，提炼开设的一组核心课程，目标是使学生通过定制化的培养，能够在特定领域具备一种或几种行业技能素质。"立法理论与实务"微专业培养立法人才的优势在于：首先，学习时间相对较短，可以在短时间内系统地学习和掌握立法相关的知识和技能。这对于急需立法人才的地方政府和立法机构来说，是一种高效的培养方式。其次，微专业的学习内容紧密结合实际需求，注重理论与实践的结合。学生不仅能够学习到立法的理论知识，还能通过实操项目，锻炼自己的立法能力和解决实际问题的能力。最后，微专业的学习方式也相对灵活，课程设置灵活多样，可以根据学员的需求进行个性化定制。学员可以选择他们感兴趣的专业方向进行学习，掌握自己感兴趣的领域的立法知识。这不仅能够提高学习的积极性和主动性，还能够更好地满足不同地区和部门的需求。综上所述，微专业培养立法人才具有学习时间短、内容实践性强、学习方式灵活多样等优势，有效平衡了立法人才培养和学生学业压力之间的关系，因此越来越受到师生的青睐。

相较于传统的法学人才培养方案，"立法理论与实务"微专业人才培养方案和人才培养实施方案具有五个方面的优势和创新。

一、思想"定盘星"：德法双修，强化价值引领

《新文科建设宣言》强调"坚持价值引领""坚持立德树人"，学生的思政教育是法学高等教育过程中不可缺少的部分，法治精神教育与爱国主义教育应共同培植于法学教育中，其培育出的高素质专门人才是未来中国法治社会的栋梁。法科学生需要有高尚的职业情操和正确的核心价值观引领，将所学知识运用到法治实践过程中，他们未来将深入法治的各个环节，与广大人民群众深入交流，全心全意为人民服务。在法学专业本科生人才培养中，大部分高校思政课程和专业课程通常分别开设，容易造成思想政治教育与所学专业相分离，难以遵循"德法融合"的教育理念。

思政教育对培养立法人才是极其重要的。立法作为法律体系中至关重要的一环，对于维护社会秩序、推动国家发展具有重要意义。在立法过程中，专业知识和道德素养同等重要。这就需要思政教育的介入，以培养具备立法素养和高尚道德情操的人才。

"立法理论与实务"微专业人才培养方案和人才培养实施方案秉持一个信念：知识教育和道德教育的有机统一是塑造未来立法工作者的重要环节。为了实现这一目标，我们将思政教育融入专业发展课程中。立法人才培养模式的首要前提是将思政元素与法学教育紧密结合，通过不断强调法律与社会、法律与伦理的关系，努力培养出具备社会责任感和公平正义感的新一代立法工作者。立法教育不仅是传授立法学知识，更注重培养学生的法律思维能力和法律道德素养。在教学过程中，我们深入分析国家法律法规背后的道德价值观，引导学生从宏观的角度理解法律存在的意义和作用；同时，鼓励学生主动关注社会问题，并提供专业的指导和支持，帮助他们学会如何运用法学知识解决现实生活中的法律难题。通过专业课程中的案例分析、讨论和研究，学生将逐渐形成批判性思维、独立思考和公正评判的能力。他们将学会如何

平衡不同利益主体之间的关系，如何通过立法来促进社会公平和正义。此外，我们也注重培养学生的责任感和团队合作能力，立法工作的团队协作和共同努力必不可少。只有将思政教育与法学教育有机结合，才能培养出既具备优秀的专业能力，又具有良好道德品质的立法工作者。

二、选拔"准定位"：对象限定，并行学分置换

"立法理论与实务"微专业招生面向法学专业大一学生，采取自愿报名、择优录取的方式招生。招生对象的确定主要是根据河北大学法学院进行的《政产学研协同育人模式下的立法人才培养调查问卷》结果，其中，法学专业一年级本科生参加"立法理论与实务"微专业课程的意愿最为强烈。微专业招生对象仅面向法学专业本科生的原因在于，微专业课程的培养目标为训练出未来的立法工作者，而立法人才需要具备强大的法学理论基础，具备法治思维，同时目前政府在招纳立法人才时通常将专业限定为法学专业，所以该微专业并不适合非法学专业学生学习。另外，此微专业的招生仅面向大一学生，这主要与当前高校法学生的实际学习情况有关。"立法理论与实务"微专业课程要历经两个学年的课程安排，大三、大四的学生已经形成自己的职业规划，一部分选择准备研究生招生考试，继续深造；一部分准备法律职业资格考试或公务员考试，为未来职业做打算，所以他们没有足够的时间和精力参与微专业课程的学习。在综合考虑微专业培养目标和计划并进行了"立法理论与实务"微专业调查问卷的基础上，法学院决定从法学专业大一学生中遴选"立法理论与实务"微专业优质学生进行培养。

"立法理论与实务"微专业采取学分置换机制，在模式设计中明确规定置换的范畴与流程。微专业课程中的实习课程学分可以置换学生主修专业培养方案中的实习课程学分，其他微专业课程可以置换主修专业培养方案中的学科拓展课和专业拓展课的学分。微专业采用学分置换机制，可以鼓励学生参与微专业课程学习，激发学生创新思想，让他们树立正确的学习观，突破传统教育壁垒；同时尊重学生的个人意愿，学生可根据兴趣自主选择置换不同课程，有利于培养具有差异性、个体性的立法人才。

学分置换机制为学生提供了更大的学习自由度和个性化选择。在传统的培养计划中，学生的学习课程通常是按照固定的安排和要求进行的，而学分

置换机制使学生可以根据自己的兴趣和职业发展目标，在微专业课程中进行选择，将学习重点放在自己感兴趣和需要发展的领域上。通过学分置换机制，学生可以将微专业课程中的学分置换为原培养方案中的学科拓展课和专业拓展课的学分，这样，学生既可以获得更广泛的知识面，也可以在专业领域中进行深入学习，提高自己的综合素养。学分置换机制还可以帮助学生培养更多的实践能力和专业技能。微专业课程中的实习课程通常更贴近实际职业需求，通过将实习课程学分置换为主修专业原培养计划中的实习课程学分，学生可以在培养自己专业知识的同时，获得更多的实践经验，这将有助于提升学生的职业竞争力，使他们更容易找到理想的工作或继续深造。此外，学分置换机制为学生提供了丰富多样的学习经历。通过参与微专业课程，学生可以接触到不同领域的知识和理念，拓宽自己的视野和思维方式，这将对学生的个人成长和综合素质的培养产生积极的影响。

在实行学分置换的同时，微专业又明确限定置换规则：学生只能在同类课程间置换学分，严禁随意置换。这样的规定依然以法学知识学习为本位，保障了本科学生对十六门法学主干课程的学习，在满足学生多元化发展需求的同时保障了教学质量。为避免学生产生利用微专业"混学分"的思想，学院对学分置换的审核流程进行严格把控。

"立法理论与实务"微专业建设采取的学分置换机制，是对原有学分制度的创新，有利于优化学分内部结构，突破原有的学分单一性现状，同时激发学生参与微专业课程的热情，扩大其自主选择权，培养法学生多样化的发展。

三、教学"模块化"：优化课程，兼顾理论实践

"立法理论与实务"微专业培养方案明确在以十六门法学主干课程为核心进行专业体系化培养的基础上，以人大、政府和其他机构对立法专业人才专业能力和专业结构的需求为参照，制订"立法理论与实务"微专业考核标准，构造立法理论拓展课组、立法实务强化课组、立法技能训练与提升课组三大课程模块，由专业教师和知名立法专家实施立法教学指导，并定期邀请立法机关等立法实务机构对专业设置质量进行评价。一方面，坚持微专业与通识教育相结合的宽口径培养路线，强调哲学、伦理学、政治学、社会学、语言学、逻辑学、经济学等其他人文社会科学与立法背景、立法知识、立法技术

和技能的协调,为学生构建合理的立法知识和技能体系。另一方面,在微专业课程模块的设计和实施上,注重运用法律文本研读、立法协调与磋商、法律检索及信息处理训练、立法模拟、立法竞赛、立法机构实习等多元教学手段,以真实立法案例为素材,以教师指导与学生直接参与并自主研发立法方案为过程,以专业评议、立法机构反馈为评价反思机制,培养学生形成理论、制度、政策、语言、技术、社会实效融会贯通的立法能力结构。同时,在教学过程中,学院采用项目制和导师制的双重手段,并且与实务部门联合教学,以提供全方位的培养。这两种制度的引入不仅能够增加学生的实践能力,而且可以更好地培养学生与实际工作环境相适应的能力,以保证经过"立法理论与实务"微专业学习的学生,掌握立法基础理论、熟悉立法制度规范、具备复合立法素质、拥有立法实操能力。

"立法理论与实务"微专业课程采取模块化教学设计,设置立法理论拓展课组、立法实务强化课组、立法技能训练与提升课组三大课程模块。其中立法理论拓展课组包括立法理论与制度、比较立法、立法技术与规范以及地方立法四门理论课程;立法实务强化课组包括立法规划与起草实务、立法咨询与论证实务、备案审查实务以及立法评估实务四门实践课程;立法技能训练与提升课组包括专业实习一门综合提升课程。

课程的模块化安排符合教育发展规律,由浅入深,从理论到实践,聚焦训练学生形成立体化的立法思维,激发学生学习热情。模块化教学以培养立法技能为主线,首先传授学生立法理论知识,使其具备基础知识储备,再进行立法实务的强化课程,提升实践立法工作技能,最后进入定向立法实务部门进行实习,将之前的理论学习融入实践中去,培养出理论与实践兼备合一的立法型人才。这样的模块化教学有助于立体提升学生的立法思维。不同的教师根据自己的优势负责不同的模块,不同的模块又注重培养学生不同的立法工作能力,教师之间互相配合协作,打造出深入浅出、条理清晰的模块化课程。同时,三个不同模块又根据自身特点灵活设置,配备独特的学时和考核的方式。比如,最后的定向立法实务部门的专业实习课程共 10 周学时,采用考查方式结课,密切贴合实习教育需求,合理设置考核评价体系,实现教师、实务部门与学生之间的密切交流,共同发展。

各个模块之间相互独立,但又承上启下,起承转合,协同协作,优化了传统法学教育课程体系，为学生提供了全面系统的法学知识和实践技能培养，旨在培养具备扎实的法学理论基础、宽广的学科视野和创新思维能力的专业人才。这种培养模式突出了培养学生的实践能力和应用能力，注重将理论知识与实践经验相结合，使学生能够解决实际问题并具备实践操作能力。

四、制度"强阵地"："双制"互动，筑基培养平台

"立法理论与实务"微专业实行导师制，对微专业学生进行小规模便利教学。从学生的角度来看，导师作为教育者，可以密切关注学生的学习情况，做到及时的督促和指导，同时根据学生的个体情况，因材施教，提供个性化培养方案和学生学习规划。导师制还有助于对学生法治精神的培养，注重对学生进行思想上的引导；从导师的角度来看，导师制更加快速地将学生的教学评价和相关意见回馈给老师，使其调整教学方法和教学内容，提升教学质量和教学效果，避免教学与学生之间的脱节。

与导师制师徒式针对性教学相配合，"立法理论与实务"微专业授课同时实施项目制培养，让学生深入立法项目中去，熟悉立法的理论知识与实践过程。传统本科法学教育体系往往重视理论知识教育，而忽略技能和方法的培养，这样的体系之下立法知识教学是抽象而分散的，无法与实际问题相联系，学生难以走出法学课堂，更难深入接触立法工作。而从立法学的学科特点视角来看，立法必须与社会实践相联系，脱离了实践的立法学知识将是"空中楼阁"。项目制培养使学生在微专业学习期间始终深入实践的立法项目中去，模糊了理论与实践之间的界限，与法学传统教育体制下的学生相比，他们更能快速上手开展立法实践工作。

项目制、导师制并行的培养方式，让学生在导师的指导下，参与立法项目，体验立法工作的调研、起草、论证、评估全过程，增强教学的针对性和互动性，这种培养方式是对传统法学教育的一大创新，有助于培养立法人才掌握基础立法理论知识，提高复合立法素质，拥有实操立法能力。

五、资源"聚宝盆"：要素协同，实现多方育人

鉴于高校自身立法配套教育资源的匮乏，不能满足对立法人才的立法技能以及立法素养的培育需求，为提升立法人才的培养质量，河北大学法学院

全面深化与立法实务部门的交流与合作，建设了河北省人大常委会法工委的立法研究基地、河北省司法厅、保定市人大常委会立法联系点等校外实践基地，将高校、科研机构、立法机构三方相互结合，共同作为教育主体参与到微专业建设过程中来，与立法实务部门共同制定立法人才培养方案和实施方案，共同组建师资团队，共同打造课程体系，共同开发教材资源，共同开展立法项目以及协同建设立法实践基地，为高素质立法专业人才培养搭建足够的立法实习实训平台，不断探索高等学校与立法实务部门之间的联合培养机制。政产学研协同培育为"立法理论与实务"微专业课程提供了全面立体的教学保障，解决了高校立法学教育资源缺乏问题，打造了创新性全要素协同教育模式。多元教育主体的参与，有助于优势互补、资源共享，共同促进了立法人才培养机制的完善。

第三节　教材建设

法学教材的建设，应遵循"立体化"的思路和路径，最大限度地实现"知识教学与实践教学"的同步、"知识学习与司法实践、法治发展"的同步、"规范学习与规范应用"的同步、"实体法学习与程序法学习"的同步，保证实务部门对法学教学的全过程参与。在这一思路的指引下，河北大学法学院积极推动了与立法相关的教材建设，组织策划了《立法理论与制度》《比较立法研究》《立法技术与规范》《立法实务与案例》等系列教材的编写，力求为学生提供理论和实践相结合的学习资源，提高他们在立法领域的专业素养。

河北大学法学院与立法实务部门共同商定教材研发计划，共同组建教材编写团队，共同拟定教材大纲，共享信息资源，合作编写、共同审定，以确保教材的全面性和准确性。同时，教材深度融合了法学院和立法实务部门的实务经验和专业知识，使之更加贴合实际需求。在此基础之上，双方共同持续打造具有鲜明特色的系列立法教材，理论与实践相结合，提高教材的针对性、实用性和时代性，最大限度满足立法专门人才培养的实际需求——在立法领域中，学术研究和实务经验密不可分，而教材的作用在于系统地总结和传授相关的理论知识和实务技巧。对于立法工作者和法学学子来说，《立法理论与制度》《比较立法研究》《立法技术与规范》《立法实务与案例》这四本教材是宝贵的学习资源，它们从不同的角度和层次对立法进行研究和探讨，为立法者和研究者提供了全面且专业的知识和方法论。四本教材相互关联，共同构建了立法学科的完整知识体系。无论是初学者还是专业人士，阅读这四本教材都能够在立法领域中受益匪浅。这些教材由河北大学法学院长期从事立法学教学与研究的教师与具有丰富立法实务经验的机关工作人员共同编写，是立法实务部门与高等院校协同、合作的"产品"。

一、《立法理论与制度》

《立法理论与制度》教材由河北大学法学院与河北省司法厅、石家庄市司法局等部门的立法理论专家和实务专家共同撰写完成。

该教材吸收法学界关于立法学研究所取得的最新理论成果，结合近年来的立法进展和备案审查实践，综合运用价值分析、历史分析、比较分析等方法，对立法的基本原理与基本制度进行全面系统的分析研究，致力于构建我国较为成熟和完善的立法理论体系和制度体系，为建设完备的法律规范体系，以良法促进发展，以良法保障善治，推进法治中国建设提供理论支持。

《立法理论与制度》教材在体例、结构等方面进行精心设计，力求体现如下特点：第一，新颖性。该书密切结合 2023 年修改后的《立法法》，并注重汲取最新的理论研究成果，努力在观点、内容、方法上创新。第二，实践性。该书以培养具有较强操作能力的专业化立法人才为目标，在对立法理论和制度进行深入介绍时，特别注意结合目前立法领域中出现的热点、难点、焦点问题进行分析。第三，可读性。该书文字简明易懂，贴近立法学初学者、爱好者，既适合高校教师、高校学生等群体阅读，也适合人大、政府等机关中从事立法工作的人员作为参考。

除绪论外，该教材共分十章。其中，第一章至第三章为立法基本理论；第四章至第十章为立法基本制度。立法基本理论部分侧重于研究立法理论，通过研究立法的概念、特征、立法的分类、立法的本质、立法的历史发展、立法的指导思想和基本原则等，将立法现象与其他现象区别开来，在深究立法现象背后的历史逻辑和变迁规律的基础上，探究立法本质，正确把握立法的规律，为立法活动指明正确方向。立法基本制度部分侧重于分析立法制度，主要剖析立法体制、立法主体、立法程序、立法效力、立法监督以及立法完善等问题，旨在介绍我国的立法基本制度。立法不仅是一项复杂的系统工程，而且是一个动态的发展过程，因此，需要用发展的眼光去看待立法的基本制度，从中发现制度缺陷并攻克相关制度难题，以期助力于中国特色社会主义法治体系建设，真正实现"良法善治"。当然，立法理论与立法制度无法截然分开。立法理论是立法制度的先导，而立法制度是立法理论分析的素材。随着立法活动的不断增加，立法现象越来越复杂。相应地，立法理论日趋发展，立法制度日益丰富，该书所研究的仅是立法理论与制度中最为重要的内容。

《立法理论与制度》这本书不仅涵盖了丰富的立法理论知识，还深入探讨了立法制度的运行机制，为学生提供了全面系统的学习资料和思考框架。首先，这本书的重要性在于其提供了立法人才所需的理论知识和专业素养，通过系统而简明的方式，介绍了立法的基本理论和原则，帮助学生建立起扎实的理论基础。其次，这本书注重培养读者的立法思维和决策能力，使其具备成为优秀立法人才所需的专业素养和能力。再次，这本书还从制度的角度对立法进行了深入研究，立法不仅仅是理论上的概念，更是一个复杂的制度体系。《立法理论与制度》一书通过对立法制度的运行机制进行分析和解读，揭示了立法过程中的各种规则、流程和机构安排，这有助于学生全面了解立法过程中的实践问题，使其具备应对各种复杂情况的能力。最后，该书提出了立法的整体观点，使读者能够更好地在实际工作中将理论知识与实践相结合。

《立法理论与制度》这本书对培养立法人才具有重要参考意义。它不仅提供了丰富的理论知识，还通过研究立法制度的运行机制，培养学生的立法思维和决策能力。同时，书中所采用的专业语气和用语，也有助于学生提高专业素养和语言表达能力。

二、《比较立法研究》

《比较立法研究》教材由河北大学法学院与河北省司法厅、河北省人大常委会法制工作委员会等部门的立法理论专家与实务专家共同撰写完成。

比较立法研究对于理解不同国家和地区立法实践的差异具有重要意义。通过比较，可以使学生了解各国在立法目标、立法原则、立法内容和立法程序等方面的异同，从而更好地借鉴其他国家的经验和教训。

对立法进行比较研究具有理论价值。每个时期的每个国家都有具体的立法制度，对不同时期、不同国家的具体立法制度进行比较研究，一方面有助于我们了解和概括不同立法制度具有的特征和发展规律，掌握更多的立法知识，从而更好地构建出立法制度的理论体系。在此基础上，我们还能依靠比较研究增进对立法制度认识的广度和深度，从而提出更多有创造性的观点。另一方面有助于我们开展对外文化交流。党的十八大以来，习近平总书记多次阐释文明交流的重要性，向世界描绘出一幅文明交流互鉴、人类命运与共的美好图景。每个国家的法律文化都是世界文化的重要组成部分，立法的比较研究有助于促进不同立法模式的交流对话，在学习中取长补短，在交流中共同发展。

对立法进行比较研究具有实践价值。立法是一种实践性很强的动态活动，对立法进行比较研究，有助于我们学习掌握较为优良的立法模式从而进行选取，以健全和完善我们现行的立法制度。当然不同国家、不同历史时期的立法都是会受到各种不同因素影响的，我们既不能坚决地抵制也不能盲目地照搬。我们必须通过比较来发现一些适合我国国情与实际需要的立法方面的产物，从而为本国立法实践服务，提高立法的整体质量，打造属于中国特色、具有时代特征的立法制度，为我国各项事业的发展提供更高水平的法治保障。

《比较立法研究》教材通过比较不同国家和地区的立法实践和理论，系统地探究其优势和不足之处，为培养立法人才提供全方位的参考和学习资料。该教材在对立法的基本理论和基本制度进行研讨的基础上，着重对中西方立法发展过程中的利益博弈与利益选择，立法主体产生和组成的异同，立法权限的划分，立法程序的运行，立法效力的比较，立法预测、立法规划与立法决策的发展，立法协商的主体、方式和渠道，立法评估的主体、对象、标准、方法和程序，法律解释的演变及制度，立法修正的系统化运行，立法监督的模式和具体制度，立法技术的内容及作用等方面的问题进行了剖析，并从宏观方面对中外立法制度进行比较研究，探索西方国家立法制度的经验及发展趋势，总结中国立法制度的特色与优势以及问题与不足，展望中国立法制度发展的未来。

在全球化的背景下，了解和掌握不同国家的立法经验，能够帮助立法人才更好地把握国际趋势和表现出更高的专业素养。同时,《比较立法研究》这本书不仅提供了理论知识,还具备实践指导的价值:在现实的立法工作过程中,面对复杂多变的社会问题和各种利益冲突,立法人才需要具备科学的立法方法和策略,因此,这本书通过比较不同国家和地区的立法过程和立法实例,将理论知识与实践经验相结合,为立法人才提供了丰富的实践指导和策略参考;通过深入研究不同国家的立法实践,培养立法人才解决实际问题的能力,使立法人才能够更好地应对现实挑战。这本书对于培养立法人才的意义还在于促进学科交流和合作:《比较立法研究》对立法人才专门培养的研究成果,其内容涵盖了广泛的学科领域,如法学、政治学、社会学等。通过广泛的立法比较,不仅可以促进不同学科间的交流和合作,也能够为培养立法人才提供全方位的学科视角和知识背景。这种学科交叉和合作的模式对于提升立法人才的综合素质和学科能力具有重要的推动作用。

《比较立法研究》这本书有助于拓宽学生的知识面,提供丰富的理论指导和实践参考,还传递了立法工作的核心要义和关键能力,对于培养立法人才具有重要参考价值。相信通过该书的出版和使用,我们能够培养出更多高水平、专业化的立法人才,为国家的法治建设和社会的稳定发展做出更大的贡献。

三、《立法技术与规范》

《立法技术与规范》教材由河北大学法学院教师撰写完成。

质量型立法就是要制定良法。良法不仅包括法律的精神、原则、指导思想和立法目的要合乎正义,合乎国家和社会的总体发展目标,合乎世界发展趋势,全面反映客观规律和人民意愿,还包括立法体制要合理,立法体系要完善,程序和规范设置合乎目标,文本严谨、简洁、明了、能操作、可执行,这些都需要立法技术发挥作用。立法技术包括立法预测、立法调查、立法规划、立法决策、立法协调、立法表达和立法监督等方面的技术。立法技术贯穿地方立法过程的始终,是地方立法机构和立法人员必须遵循的基本操作规程。地方立法作为规制人们行为的活动规则和制度规定,是一项技术性极强的实践操作,其最大特点和特色是体现立法的地方性和差异性,精准反映本地的经济、政治、文化、风俗和民情等实际情况。具体到地方立法技术而言,它的最大特点不只是追求地方特色，还必须致力于发挥立法引领和保障经济社会发展的作用，尽量与上位法使用的立法技术相协调，以维护国家法制统一。地方性事务的庞杂性和特殊性，决定了地方立法技术必须为地方治理提供法治保障，增强地方立法在地方治理中的话语权。所谓立法技术规范，通常是指有关立法权行使、体例结构、法条表述、责任设置、术语运用、立法文件撰写等技术层面的规则。地方立法活动中遵循基本的立法技术规范，能够提升地方立法的质量和水平，从而解决近年来制约地方立法质量的瓶颈和难题。总体来看，伴随着地方人大立法权扩大而产生的立法质量下降难题，本质上是地方立法活动缺少技术规范作为指引的问题。在这一背景下加强地方立法技术规范的研究，既具有重大的理论意义，也具备重要的实践价值。

本书以地方立法实践为基础，研究范围限定于地方立法的理论与实务。研究的主题可以分为两个组成部分，即立法技术标准和立法技术规范。其中，立法技术标准属于立法认识论的范畴，立法技术规范则属于立法方法论的范畴。二者的关系是，立法技术标准解决的是"是什么"的问题，立法技术规范则主要解决"怎么做"的问题。立法技术规范应围绕立法技术标准展开，是立法技术标准的实现路径和方法。基于前述关系分析，本书以地方立法的认识论和方法论为主轴予以展开。不同章节之间的逻辑关系是：第一章地方立法的认识论和方法论是全书的立论基础；在地方立法认识论基础上，总结、提炼出地方立法的技术标准，即第二章的内容；在地方立法方法论基础上，总结、提炼出地方立法的技术规范，即第三章至第六章的内容，包括地方立法权行使的技术规范、立法文件撰写的技术规范、立法案起草的技术规范、地方立法评价的技术规范等四章。为了方便立法学课程教学，本书在附录中收录了2023年最新修改的《中华人民共和国立法法》、全国人大常委会法工委编订的《立法技术规范（试行）》和部分省市有关立法评价的地方性法规或规章。

这本书在内容上十分丰富全面。它涵盖了立法理论、立法技术、立法过程等多个方面的知识，还深入探讨了立法人员的基本素养要求。通过系统而全面的讲解，学生能够全面了解立法的基本原理和方法，掌握实际操作中需要遵循的规范和程序。这些内容对于培养立法人才来说是非常宝贵的，可以帮助他们建立起扎实的理论基础和实践能力。这本书还具有很强的实用性和指导性，它并不仅仅是一本理论著作，更是一本实际操作手册。作者将立法技术和规范进行了系统化的整理和总结，提出了一系列实用的方法和步骤，帮助学生在立法实践中更好地解决问题和应对挑战。这对于培养立法人才来说意义重大，可以提高他们的工作效率和质量。《立法技术与规范》这本书对培养立法人才的意义不容忽视。它为广大立法工作者提供了专业的知识和技能，帮助他们更好地理解和应用立法原理和方法，提高工作质量和效率。

四、《地方立法实务与案例》

《地方立法实务与案例》教材由河北大学法学院与河北省人大常委会法工委的立法理论与实务专家共同撰写完成。

全书由九章构成，包括地方立法的实务知识和案例分析两个部分。地方立法的实务知识部分，包括地方立法理论概述、设区的市立法权的全面赋予与行使保障、地方立法听证制度以及地方立法评估四个章节的内容。该部分对地方立法的基本理论问题进行了系统阐释，解读了设区的市立法权的全面赋予和行使保障的问题，分析了我国的地方立法听证制度和地方立法评估制度，为学生学习立法案例奠定基础。地方立法的案例分析部分，对《河北省数字经济促进条例》《河北省优化营商环境条例》《河北省水污染防治条例》《河北省大气污染防治条例》以及京津冀的地方协同立法的案例进行了深入解读，着重分析了不同地方立法的背景、目的和实施细节，使学生能够通过案例看到地方立法的本质，进而形成良好的立法思维。

《地方立法实务与案例》教材能够对立法人才培养起到重要的指导性作用。首先，该书在内容上涵盖了丰富的立法实务知识，并结合大量实际案例进行展示和分析。这样做的好处是对立法实践的抽象优势进行了具体化，真实的案例可以帮助学生更好地理解相关法律条文的实际运用，培养立法思维和解决实际问题的能力。其次，《立法实务与案例》在论述立法方法和技巧的同时，也注重培养立法人才的判断能力和分析能力。通过阐述不同立法案例的背景、目的和实施细节，培养学生权衡利弊、辨析优劣的能力，帮助他们在提出法律条文时能够充分考虑个体和整体的利益，更好地完成立法工作。最后，《立法实务与案例》强调了立法人才需具备的综合素质。在现代社会，立法工作不仅仅是法律的书写，还需要对社会经济、政治文化等方面有较深的了解。该书在讲授立法实务的同时，也关注培养学生的跨学科思维和综合分析能力。通过引入多种案例、涉及多个领域的问题，鼓励学生从不同角度去理解和解决问题，培养其综合素养和创新能力。《立法实务与案例》作为一本对立法人才培养具有指导意义的书籍，通过丰富的内容、合理的论述和案例分析的方式，帮助学生全面提升自己的立法能力。无论是对立法实践的理解，还是对立法方法和技巧的掌握，该书都为立法人才的培养提供了有力的支持和指导。

第四节 团队建设

学院注重团队建设，在政产学研协同育人的模式下，探索多元合作融合式培养。学院致力于培养具备深厚法学知识和卓越立法能力的专业人才，打造一支专业的立法人才培养团队。团队由一批学术造诣深厚、经验丰富的教师组成，他们教学相长、互相借鉴，秉承着严谨务实的教学理念，为学生提供优质的教育资源和学术指导。团队以其严谨的教学态度、优质的教学资源和全面的培养方案，为培养具备深厚法学知识和卓越立法能力的专业人才做出了积极的贡献。当前，河北大学法学院已经形成了"立法理论与实务"的"双师制"团队，并在此基础之上建立了"立法理论与实务"教研室。

一、师资力量："双师制"导师团队

随着"慕课"等授课方式的日渐普及，今后的法学教育将面临重大改革，理论学习可能会更多地通过在线方式完成，但实务能力的训练仍然离不开面对面的培训和交流，所以，传统的"手把手"学徒式教育反而更能够成为实践教学中不可替代的优势。鉴于此，河北大学法学院在"立法理论与实务"的培养中引入了"双师制"的导师培养机制。所谓"双师制"指为学生同时指定两位教师，分别负责理论教学与实践指导，分工合作共同完成教学目标。该模式通过完善高校与立法机关的合作，在多方协同的基础上实现"立法理论与实务"微专业学生立法实践能力的提升，实现理论教育与实践训练的融合。

（一）理论教学：筑牢校内师资团队

校内的立法理论教学师资团队成员主要包括孟庆瑜、陈佳、尚海龙、刘广明四名教授，吕庆明、徐超、申静、刘茜四名副教授，其中还包括很多其他青年教师的参与。师资团队年龄结构合理，形成了丰富的经验传承和学术交流机制。年轻教师注重创新和研究，积极参与学术讨论和研究项目，为该专业的学术氛围注入了新的活力。年长教师则拥有丰富的教学经验和实践经验，为学生提供精准的指导和研究方向。师资团队学缘背景多元，成员均毕业于国内知名的法学院校，全部拥有博士学位，具备扎实的法学理论基础。多元化的学缘背景使得团队成员在教学和研究上能够提供全面而深入的视角，能够将不同学派的观点融入教学和研究中，培养学生的综合素质和学术能力。这些教师所拥有的不同知识、思维方式、教学风格在课前准备、课中授课、课后总结过程中潜移默化地实现了知识之间的交叉、融合、互补。由此教师的知识结构得以优化，以彼之长补己之短。同时，不同教师之间知识结构的优化能够突破原有因单一知识结构形成的思维惯性和局限，拓展思考分析问题的视野和角度。教师团队 2023 年被河北省教育厅认定为"河北省高校黄大年式教师团队"（图 5-2）。

校内师资团队注重教学方法的创新和优化，积极探索符合法学专业特点和学生需求的教学方式。他们精心设计教学计划和课程内容，注重培养学生的思辨能力、创新能力和团队合作能力。同时，他们也注重与学生的互动和交流，积极关注学生的学习进展和问题，及时给予帮助和指导。

图 5-2 河北大学法学教师团队荣获"河北省高校黄大年式教师团队"

（二）实践指导：开拓实践专家团队

经校地合作，我院的法学专业队伍迎来了新的发展。除本院校已有的师资力量外，我院还特聘了全国人大常委会法制工作委员会原副主任阚珂、河北省人大常委会法制工作委员会主任周英、河北省司法厅副厅长赵树堂等30多位立法实务部门专家作为校外导师。他们通过授课、讲座和指导立法实践等方式参与立法人才的培养（图5-3、图5-4）。如此一来，能够真正实现立法人才的培养路径的改变，充分发挥"双师制"的培养优势。

立法是一个实践性很强的专业性工作。高校法学教学不能局限于在课堂上大谈理论，而要更多地关注立法实践。我院的法学专业队伍通过引入立法实务专家力量，让学生能够迈出课堂，参与到地方立法活动中去，做到亲力亲为。这样学生才能真正地了解立法活动的进程、内容和特点，从根本上认识立法的规律和要求，真正实现"课内外对接，校内外联动"的实践教学。立法实践专家教师以立法理论与立法实践协同的对接模式驱动教学，以发展专业人才为目标，增强立法人才的实践能力与创新水平，在此基础之上，构建动态更新的人才培养平台，为立法人才的培养提供完备的实践经验，促使"双师制"的教学团队更趋完善。

图5-3　河北省人大常委会法制工作委员会办公室主任张培林应邀为我院师生讲授
"立法规划与起草实务"课程

图 5-4　河北省司法厅王晓平处长应邀为我院师生讲授"立法咨询与论证实务"课程

此外，为了更好地指导学生，河北大学法学院还设立"立法理论与实务"微专业人才培养导师组，负责微专业的教学与专业指导工作。同时，成立立法理论与实务微专业人才培养工作小组，负责监督、管理和修订微专业的人才培养方案和实施方案，确保人才培养质量的提升。

"双师制"导师团队可以充分发挥高校教师的理论教学优势和实务部门立法专家的实践教学优势，从人员上体现出教育的双元特征，从整体上实现教育师资配置的最优化，为"立法理论与实务"微专业的学生提供全方位、多层次、立体化的培养路径。多元化背景使得法学院的师资团队能够全方位地教授和指导立法工作中的理论与实践。他们通过丰富的课程设置和实践性的教学方法，培养学生对立法工作的深刻理解和实际操作能力，为立法人才的培养奠定坚实基础。河北大学师资团队在立法人才培养方面做出了不懈努力，通过他们的引导和培养，越来越多的优秀学子成为具备专业知识和扎实技能的立法人才，为社会治理提供了有力支持。未来，河北大学将继续发挥其师资优势，积极开展立法工作中的教育培训和实践指导，为立法人才培养保驾护航。

二、教研组织："立法理论与实务"教研室

2020 年 9 月，"立法理论与实务"教研室正式成立。教研室依托"立法

理论与实务"课程，由经济法教研室、民商法教研室、宪法与行政法教研室等教研室长期从事社会服务、富有立法经验的教师和河北省人大常委会法制工作委员会、河北省司法厅、保定市人大常委、承德市人大常委会法制工作委员会等地方立法部门的实务专家共同组成。教研室师资力量基础坚实，由来自经济法教研室、民商法教研室、行政法教研室和法学理论教研室的骨干教师组成，具有"起点高，实力强"的天然优势，并被认定为2022年度河北省高等学校优秀基层教学组织（表5-1）。

表5-1　2022年度河北省高等学校优秀基层教学组织名单

序号	学校	基层教学组织名称	隶属院系（部门）	类别	负责人	成员
1	河北大学	哲学核心课程教研室	哲学与社会学学院	课程类	张燕京	赵贤、刘东丽、郑小霞、程志华、许春华、黄云明、周浩翔、向慧、程橙、宋薇、冯燕芳、顿鹏、李恒熙、王开元
2	河北大学	安全+智能专业交叉教研组	网络空间安全与计算机学院	教学团队类	田俊峰	杜瑞忠、杨晓晖、吴万青、王亮、罗文劼、王苗、史青宣、宋鑫
3	河北大学	立法理论与实务教研室	法学院	课程类	孟庆瑜	东佳、尚海龙、刘广明、刘茜、申静、吕庆明、徐超、李芹、周英、赵树堂、韩朝红、相文举
4	河北大学	光电信息科学与工程系教研室	物理科学与技术学院	专业类	王淑芳	王颖、李盼来、冯亭、丁文革、再俊霞、张荣香、王志军、杨丽君、张素恒、李旭、苏亚、郝鹏、王春生、杨艳民、孙江、武利平、王凤和、吴胜保、杨景发、李晓莉、索浩、刘富成、乔双、韩育宏、崔省伟、李玲、姚晓天、梁宝来、李亚光、李磊朋、李志强、董丽芳、陈建辉、田晓头

续表

序号	学校	基层教学组织名称	隶属院系（部门）	类别	负责人	成员
5	河北大学	马克思主义基本原理教研室	马克思主义学院	课程类	沈艳华	田海舰、李维意、沙占华、王浩军、吕巧英、刘永艳、李新、高红雨、杨美虹、吕国升、黎群笑、王耕
6	河北工业大学	环境污染控制技术课程群教学团队	能源与环境工程学院	教学团队类	任芝军	沈伯雄、张长平、王美艳、马小东、张光明、张芝昆、孙优善、吕宏虹

目标决定方向。"立法理论与实务"教研室的建设目标明确，即在打造一支师德高尚、教育观念新、改革意识强、具有较高教学水平和较强实践能力的师资队伍的基础上，全面落实"立法理论与实务"微专业人才培养方案和人才培养实施方案。教研室在成立之初就针对师资培养、学术带头人培养、教研活动开展等制定了系列制度。在此基础上，"立法理论与实务"教研室形成了"两翼延伸"的特色优势：一是加强与其他优秀基层教学组织和立法学学者的交流，不断强化教研室制度建设，提高立法学理论研究水平；二是加强与实务部门，尤其是立法机关的交流，做到向实践学习，同时严抓制度落实、注重执行实效，旨在打通立法理论与实务融合通道，提高法学专业学生的立法理论素养和立法专业技能。这些举措对立法学实务教学及相关工作开展起到了重要的推动作用。

第五节　基地共建

基地共建是立法人才培养的重要依托，在政府、产学研各方的合作下，为学生提供更多实践机会和资源支持，推动人才培养质量的提升。河北大学法学院的立法人才培养依托校内和校外的双重优势资源，实现了校内立法资源基地和校外立法实践基地的双重高质量建设。

一、校内保障：立法资源基地建设

在传统的司法中心主义的教育思想下，各高校实践教学基地建设仍具有浓厚的司法实务中心导向，而立法机关实践教学基地建设存在一定程度的滞后，导致立法实践教学难以开展，学生无法通过全程参与、亲身体验切实提高立法能力。河北大学国家治理法治化研究中心在破解这一难题方面做出了有益探索。

河北大学国家治理法治化研究中心作为河北省高校人文社科重点研究基地，充分发挥了河北大学人大制度与地方立法研究中心智库功能，全面深化与立法实务部门的交流与合作，2019 年 12 月，中心在河北省高等学校人文社会科学重点研究基地首次评估中获评优秀等级。

中心广泛开展社会服务，有效对接法治河北建设和京津冀协同发展重大国家战略。中心自成立以来，接受河北省人大常委会法制工作委员会、原河北省人民政府法制办公室、河北省生态环境厅、承德市人大常委会法制工作委员会、原张家口市人民政府法制办公室、唐山市应急管理局、保定市自然资源和规划局等省市国家机关和企事业单位委托，完成《白洋淀生态环境治理和保护条例》《河北省文明行为促进条例》《河北省奥林匹克标志保护规定》等地方立法文本起草、立法咨询与论证、立法前/后评估、规范性文件合法性审查、地方法规释义编写各类研究课题 300 余项。《京津冀协同立法研究报告》《雄安新区立法构想》等 14 篇调研报告、研究报告和咨询报告获得省级领导肯定性批示。

河北大学国家治理法治化研究中心为"立法理论与实务"微专业的开展提供了丰富的学术资源，能够使"立法理论与实务"微专业的学生全方位、多维度、深层次地了解到立法活动的全过程，让学生充分了解到政府、企业、市场、社会等多元主体的立法需求，为学生投入立法实践工作打下坚实的基础。

二、校外拓展：立法实践基地建设

随着"开门立法"趋势的日渐显著，立法工作在内容和形式上表现出更多的丰富性与开放性，科研院所、律师事务所等主体对于立法工作的参与度不断提升，其表现出的立法人才需求和参与立法人才培养的积极性日益旺盛，建立资源融合共通、多元价值共创、风险成本共担、利益所得共享的人才培养多元主体协同共育模式的呼声高涨。在此需求之下，河北大学法学院致力于打破高校同有关主体多向交流的体制机制壁垒，将各主体的优质资源引进立法人才培养过程。目前，已建立了河北省人大常委会法工委、河北省司法厅、保定市人大常委会立法联系点等 66 个校外实践基地。学院与校外实践基地密切合作，共同完成或受托完成雄安新区首部省级地方立法——《白洋淀生态环境治理和保护条例》、服务北京冬奥会首部地方政府规章——《河北省奥林匹克标志保护规定》、承德市首部地方立法——《承德市水源涵养功能区保护条例》等起草，《河北省邮政条例》和《河北省无障碍环境建设管理办法》等河北省人大常委会和省政府法制办的首次立法后评估，全程参与京津冀协同立法进程，受托完成《京津冀协同立法研究报告》《京津冀协同立法回顾与展望总结报告》。学生通过积极参与学院承担的立法项目，能够全面、系统地学习和了解地方立法的过程，提升立法实务能力，为将来进入立法部门工作奠定坚实基础。相信通过协同努力，河北大学法学院有望培养出更多高素质的立法人才，为地方和国家的法治化进程贡献高校力量。

三、校内外立法基地协同建设

河北大学法学院在加强现有立法研究基地、立法联系点建设的基础上，致力于与校外立法基地的深度合作，协同建设立法人才培养基地，实现了包括培养方案、师资团队、课程体系、教材资源和实践基地五个方面在内的全要素协同。

第一，协同制订培养方案。河北大学法学院顺应高素质立法专门人才培养需求，尊重法治人才培养规律和教育教学运行规律，通过与立法实务部门之间的定期会商和研讨机制，按照"稳定、优化、提升"的原则要求，对标立法工作队伍的价值定位、知识体系、实践能力和创新精神，发挥校地双方积极性，科学制订培养方案，为立法专门人才培养提供专业性、可执行的总方案和总依据。

第二，协同组建师资团队。在巩固已有校地合作成果的基础上，河北大学法学院通过推动"三个拓展"，为高素质立法人才的培养创造条件、创新机制，引入多领域、多层级的立法实务专家，实现校外立法专家队伍规模扩大、结构优化和能力提升。同时，河北大学法学院实施"双师型立法团队培育计划"，推动校内教师通过立法机关交流挂职、赴外研修、项目承担等多种方式，积累立法实务经验，提升立法实操能力，为高素质立法专业人才培养提供强有力的师资保障。

第三，协同打造课程体系。河北大学法学院通过进一步整合法理学、法史学等理论课程的立法理论体系，深挖民商法、经济法、行政法等实务课程的立法实践资源，充分发挥高等学校与立法实务部门的协同育人优势，实现课程设计、课程讲授、课程评价的全过程协同，着力打造立法理论、立法技术、立法实践三大课程群，确保课程体系既能有效吸收立法理论的最新成果，又能充分反映立法实务工作的有益经验，为高素质立法专业人才培养提供完备的课程资源保障。

第四，协同开发教材资源。河北大学法学院与立法实务部门共同打造的《立法理论与制度》《比较立法研究》《立法技术与规范》《立法实务与案例》等系列立法教材，有助于打破传统教材"重理论而轻实践"的弊端，实现立法教材的"立体化"改革。本系列教材将充分弥补传统教材知识点繁多、例证不足、案例陈旧、对案件真实发生过程介绍不足等缺陷，从而真正实现立法理论与实践相结合，提高教材的针对性、实用性和时代性，最大限度满足立法专门人才培养的实际需求。

第五，协同建设实践基地。校内理论基地是实施立法理论教学的大本营，而校外实践基地则是立法实践教学的主力军。河北大学法学院在协同创新构建校内、校外实践基地的指导思想下，充分整合校内、校外各种资源，规划立法实践基地建设的布局，为高素质立法专业人才培养搭建足够的立法实习实训平台，持续推动立法实践基地共建共享，逐步实现省内设区的市地方立法实践基地建设的全覆盖。

学校与有关机关共建实践基地对于培养立法人才具有重要的意义。首先，实践基地是学校和有关机关共同营造的一个培养人才的载体，它能提供学生与实际立法工作环境接轨的机会，使他们能够将理论知识应用于实践，提升他们的专业能力和实践能力。其次，共建实践基地可以帮助学生深入了解并熟悉相关法律法规，从而更好地理解和了解立法的原则、程序和规范。通过实践，学生能够更加深入地思考和理解立法的方法和艺术，为今后成为优秀的立法人才打下坚实的基础。再次，共建实践基地还可以培养学生的实践能力和解决问题的能力。在实践基地，学生将面临各种各样的实际问题和挑战，需要通过自己的努力和思考来解决。这样的实践锻炼能够培养学生的独立思考能力、创新能力和解决问题的能力，使他们能够在未来的立法工作中作出理性和有效的决策。此外，共建实践基地还能够拓宽学生的视野和增强他们的实际操作能力。在实践中，学生将与各类人员和组织进行交流与合作，了解并参与到真实的立法过程中，这种实际的接触和实践将大大拓宽学生的视野，使他们对立法工作有更加全面和深入的认识，也让他们熟悉和掌握相关工具和技能，为他们今后从事立法工作打下扎实的基础。最后，共建实践基地为学生提供了与立法专业人士互动的平台。在实践基地，学生可以与立法人员、法官、律师等专业人士进行交流和合作，通过与专业人士的互动，学生可以获得专业指导和建议，了解实际立法工作中的问题和挑战，从而提高自身的专业素养。

第六节　全流程培养

河北大学法学院以项目为依托，与立法实务部门共同开展立法理论与实践研究，共同编写法律法规释义，共同推进法律法规宣传，产出一批高质量立法理论研究与实务成果（见附件3）。学院在全面总结业已完成的立法项目基础上，依托河北大学国家治理法治化研究中心，充分发挥高校研究智库功能，面向法治河北、京津冀协同发展、雄安新区建设等"十四五"地方立法需求，根据立法规划、计划要求，科学谋划立法合作项目，项目涵盖了立法工作的调研、起草、论证、评估全过程，为立法人才的培养提供了丰富的项目资源后盾。与立法实务部门合作，持续创新立法协作机制，指导学生全过程参与立法调研、起草、论证及评估等工作。

一、立法调研：全面了解立法需求

"法律是治国之重器，良法是善治之前提。"欲实现良法善治的目标，就必须精准识别立法需求，而识别立法需求主要方法即立法调研。当前，立法调研已经成为立法过程中的"必修课"，它不仅是一个了解民情民意的通道，而且成为一个指导学生立法实践的有效途径。

立法调研强调"深入基层，问法于民"。每一部地方性法律法规的出台，都需要"接地气"，进而提升立法质量。秉持着这样的思路，项目承担教师在进行立法工作时，会把立法的调查研究工作摆在突出位置。项目承担教师带领学生进行立法调研，要"通过深入村庄民居、走入社区街道、进入车间厂房，就立法热点难点问题，广泛听取来自村民群众、企业负责人、工人、人大代表、政协委员、法律工作者、专家学者及有关部门同志等各方面的声音，了解到人民和社会真正需要的是什么①"。学生在立法调研的过程中能够了解到不同主体之间的立法需求和利益诉求，进而结合这些需求和诉求提供"精准化"的立法建议，着重提高立法质量，切实增强法律的可执行性和可操作性，提高法律的权威性，更好地发挥立法的引领和推动作用。与此同时，项目承担教师也会指导学生辨别何为合理的立法需求，让学生能够有选择性地听取来自不同社会群体的声音，增强学生的判断力。例如，在《河北省结合民用建筑修建防空地下室管理规定》立法后评估的调研过程中，项目负责导师带领学生走访了河北省 11 个地级市，分别与当地的人防主管部门以及房产企业、物业和居民进行了座谈，并进行了实地调研工作（图 5-5）。在立法调研的过程中，学生能够了解到来自四方不同主体之间关于民用建筑修建防空地下室的立法需求，并记录相应的调研情况。深入一线的实地调研，将为学生今后参与该项目的立法后评估工作筑牢实践根基。这一过程不仅能够指导学生的立法调研，还可以进一步提升学生的沟通能力，为今后参与立法实务工作奠定基础。

---

① 张维炜. 新时代立法从这里启程［J］. 中国人大，2018（2）：12-15.

图 5-5 《河北省结合民用建筑修建防空地下室管理规定》项目中在张家口市人民
防空办公室、沧州市华北商厦和衡水市人防主管部门进行立法调研和座谈

二、立法起草：精准培养立法思维

立法起草是决定立法质量的关键一环。在这一环节中，立法者的思想与

法律法规本身高度融合，直接影响"良法善治"的实现。项目承担教师本身作为立法目的的表达者、经验理性的使用者、治理规则的创制者，以及社会改革的保障者，能够在立法起草的过程中将立法思维系统地传授给学生，教会学生用文字描绘出法律"真善美"的品质。

"有多少法律适用上的问题，根本是源于立法技术的不讲究，条文没有放对位置，用字不够精确，立法者只要在这些细节上多用点心，不知道可以让教书先生少白多少根头发，少打多少口水战，学生又可少读多少篇文章，少解多少无聊的考题。"① 由此观之，立法起草工作的重要性可见一斑。立法起草工作是从源头上创制社会治理规则，在维持社会秩序的同时，又承担着推动社会前进的重任。它将某一社会关系中所涉及的权利、义务、权力、职责、程序等进行原始创制，这要求起草者具备完备的立法思维与立法能力，通晓立法理论，娴熟立法技术，能够有效地认识、判断、处理和解决各种立法问题。② 项目承担教师在带领学生进行立法起草的过程中，将专业化、精细化的立法思维传授给学生，带领学生根据调研结果和立法目标，精心起草相关法律条文和政策建议，充分考虑各方面的需求和利益，在法律起草过程中力求做到严谨和精确。

河北大学国家治理法治化研究中心在召开《保定市旅游发展促进条例（草案）》立法研讨会时，项目负责导师和与会专家谈道："系统性的立法思维反映在立法起草中，即篇章结构、立法技术、表述逻辑、条文内容等方面内容，每一部地方性法律法规都应当做到立足实际、内容充实、体系完整，同时避免结构分散、逻辑冲突、内容重叠等问题。"每一次的立法起草工作，都是这一立法思维的具体体现。学生通过参与不同项目的立法起草，能够将这一立法思维运用到不同的项目中，从而不断学习立法知识，为立法实务工作筑牢根基。

立法思维的培养是培育立法人才的重要组成部分，它将引导学生以自由、公正、平等、秩序、人权等价值为导向，追求崇高的法治目标，为学生投身于立法实务工作储备良好的思维，促进高质量立法人才的孕育。

---

① 苏永钦. 走入新世纪的宪政主义 [M]. 台北：元照出版有限公司，2002：401.
② 刘风景. 需求导向的立法人才培育机制 [J]. 河北法学，2018，36（4）：15-22.

三、立法论证：着力培育立法逻辑

立法论证有着启动立法、确保立法具备一定的条件、促进立法的进程以及保障立法顺利实施的功能。项目承担教师在进行立法论证的过程中，将带领学生着重就立法的必要性、立法的可能性、立法形式的合理性与合法性、立法的可行性以及立法运行过程中出现的有关问题进行讨论，深入分析立法的实效问题，增强学生的立法逻辑思维能力。

针对立法的必要性、可能性、可行性，立法形式的合理性与合法性以及立法运行过程中出现的有关问题进行论证，是一个由浅入深，由单一到复杂的论证过程。项目承担教师就上述问题进行立法论证，实质上是带领学生重新对立法起草过程中的重点问题进行复盘和分析，让学生充分了解到立法的思维逻辑，确保立法的公平性、协调性以及立法项目效益和成本的平衡性（图5-6、图5-7）。在立法论证的过程中，项目承担教师着重就立法是否有配套的立法为其实施奠定基础；立法是否有良好的群众基础，群众是不是具有了一定的法律意识；立法实施是否具备一些基本的硬件设施和相应的技术条件；保障立法实施的具体人员素质条件等重点领域进行论证，通过座谈会、论证会、听证会、实地调研、统计调查、实证分析、文献研究等多种论证形式，让学生由表及里地学习立法论证的逻辑思维。

图5-6 《中华人民共和国立法法》修改专题研讨会成功举办

图 5-7　《河北雄安新区条例》研讨会在我校举行

　　以《保定市公共交通条例》的立法论证为例，通过校内项目承担教师和保定市交通局负责人的沟通，学生能够清晰地了解到本次立法论证的痛点，进而围绕条例的名称使用、逻辑架构、适用范围、主要制度安排、立法技术等问题展开论证和研讨。在立法论证过程中，学生能够层层深入、环环相扣地分析和论证问题，能够抽丝剥茧地发现论证问题的要害所在，由此逐渐形成一个良好的立法逻辑思维。

　　立法逻辑思维是保障制定"良法"的最后一道防线。这一思维的养成能够促使学生对立法项目进行整体性观察，全面地剖析每一个立法问题将如何影响立法质量，进而提升立法的专业性和实用性。

四、立法评估：坚持强调立法责任感

　　党的十八大以来，习近平总书记在一系列重要讲话中阐述了科学立法在推进全面依法治国进程中的重要性，指出"越是强调法治，越是要提高立法质量"，"人民群众对立法的期盼，已经不是有没有，而是好不好、管用不管用、能不能解决实际问题"。提高地方立法质量，开展立法评估就是其中重要一环。

　　项目承担教师在进行评估工作时，带领学生对已经实施的法律和政策进行评估，及时发现问题和不足，并提出改进和优化的方案。通过评估工作，他们不仅提高了法律的实施效果，还为未来的立法工作提供了宝贵的经验和教训。项目承担教师通过带领学生对立法之后的执法、司法以及守法等具体问题进行评估，分析法律实效性及其对经济、社会和环境的实际影响，让学生明白立法项目的制定完成并不代表"一劳永逸"，而是对立法质量检验的开始。

河北大学国家治理法治化研究中心在论证和审议《承德市水涵养功能区保护条例》立法后评估方案过程中，专家提出："评估方案整体内容全面，但评估范围较窄，主要制度评估应以条例内容为依据。"这就是在立法项目完成之后，仍需要对立法工作负责的重要体现。立法项目负责人需要对自己的立法成果负责，确保立法能够真正高效实施。由此，培养学生的立法责任感，使其在从事立法实务工作的过程中能够始终保持对立法工作的高度负责态度，认真对待自己的每一项立法工作，不会推卸责任或敷衍了事，并时刻关注立法的进展和实施情况，促使其真正成为德才兼备的立法人才。

河北大学立法教师团队通过项目制的培养方式，为学生提供了一个全方位、全流程的培养环境。学院的丰富资源不仅使学生能够接触到最新的学术研究成果和实践经验，还能够培养学生的独立思考和解决问题的能力。通过与专业师资团队的互动学习和与实践界的合作，学生可以深入了解立法领域的最新动态和发展趋势，不断拓宽自己的视野。同时，学生在专业实践平台上的实践经验也能够让他们将理论知识与实际应用相结合，提高自己的实操能力。

学生全过程参与立法调研、起草、论证等工作，对立法人才培养具有重要意义。首先，学生通过全过程参与立法工作，将理论与实践相结合，将所学的理论知识应用到实践中去，加深对立法原理和制度的理解。他们可以亲身经历并参与到立法调研、起草和论证等环节中，从中获得宝贵的实践经验。其次，学生通过参与立法工作，在立法过程中完成调研、收集和分析相关数据等任务，并进行法律解读和起草立法文本，还需要进行论证和辩论等工作，这些实际操作将帮助学生提升自己的专业技能，使他们成为具备实际操作能力的立法人才。再次，学生通过与其他团队成员密切合作，协调意见、分工合作、共同解决问题等，从而提高了团队合作和协作能力，这对于培养学生的领导才能和团队合作精神非常有益。从次，学生在全过程参与立法工作中将面临各种问题，需要运用自己的知识和智慧来解决，这将培养他们的问题解决能力和创新思维，使他们具备在复杂环境中找到解决方案的能力。最后，学生在参与立法的过程中，需要对自己的立法工作负责，并意识到自己的决策和行动对社会和公众有重要影响，他们在立法过程中将逐步具备严谨的思维、精确的表达能力和高度的责任心。

"立法理论与实务" 微专业人才培养方案

一、微专业介绍

河北大学法学专业历史悠久、源远流长，其最早可以追溯到天津工商学院（河北大学前身）时期。1939 年，天津工商学院增设法科，首届招收 18 名学生。1940 年 6 月，由于法国战败，欧美各国捐助几乎全部断绝，办学经费及政治环境遇到前所未有的困难，学校遂决定停办法科，法科学生大多转入商科各系。尽管法科停办，但学校的民商法、财政法教学从未中断，直到 1951 年津沽大学（河北大学前身）教师名录中仍有讲授财政法等法律课程的教师，如巴黎大学法学博士，讲授商事法、财政法规的沈晞教授，巴黎大学政治经济学博士，讲授法律、历史、地理、财政法规的尹凤藻教授等。1980 年，伴随着"发展社会主义民主、健全社会主义法制"的春风，经教育部批准，河北大学法学专业得以重新创建，并于 1981 年开始重新招收学生，是河北省最早创建的法学专业，也是改革开放后全国最早重新创建的法学专业之一。2012 年获批全国首批教育部、中央政法委卓越法律人才教育培养基地，2013 年获批国家级大学生校外实践教育基地以及河北省专业学位研究生实践教育基地。同时，法学专业还是河北省高等学校政治法律教育创新高地重点建设专业和河北省品牌特色专业、河北省高等学校综合改革试点专业，法律硕士是河北省唯一的教育部专业学位研究生教育综合改革试点专业。拥有河北省高等学校实验教学示范中心——河北大学法学实验教学中心以及 40 余个校外实践教育基地（其中国家级大学生校外实践教育基地和省级专业学位校外实践教育基地各1个)。自2015年以来,学院教师承担省级以上教改教研课题10余项,获得河北省优秀教学成果二等奖2项。2018年获批法学一级学科博士点,2019年获批国家一流本科专业建设点。

法学专业拥有一支职称年龄结构合理、学缘背景多元、教学能力强、研究水平高、富有合作与创新精神的师资团队,现有专任教师54人。其中,教育部高等学校法学类教学指导委员会委员1人,河北省社会科学优秀青年专家1人,河北省社会科学优秀青年专家优秀提名奖1人,河北省杰出中青年法学专家4人,河北省杰出中青年法学专家提名奖1人,河北省"三三三"人才工程人选3人,河北省青年拔尖人才2人,宝钢教育基金优秀教师奖获得者1人等。

近年来,不断加强与河北省各级党委、政府、人大、政协和企事业单位的交流与合作,服务地方法治建设的能力和水平快速增强与提升。与省人大常委会、原省政府法制办、省高级人民法院、省人民检察院、省文明办、省财政厅、省司法厅、省环保厅、省应急管理厅、省知识产权局等省直机关,以及石家庄、张家口、承德、保定等设区的市人大常委会、原市政府法制办等实务部门深度合作,承担京津冀水源涵养保护、生态环境支撑、白洋淀水环境保护与污染治理、地理标志保护、专利保护与冬奥知识产权保护、文明行为促进等100余项委托地方立法、立法后评估和其他调研论证项目,30余项成果获得省委、省政府主要领导的肯定性批示,产生重要反响。2021年11月,《政产学研协同育人模式下的立法人才培养机制研究》获批教育部首批新文科研究与改革实践项目,这是法学专业首次获批国家级教改项目,标志着法学专业教学改革工作取得了重大突破,这也是法学专业多年来与政府部门、科研院所、行业企业实施协同育人工程结出的硕果。

二、培养目标

本微专业旨在努力培养一支信念坚定、品德优良、本领过硬,具有扎实的法学理论基础和熟练的职业技能、合理的知识结构,具备高效高质量立法能力与创新能力,熟悉和坚持中国特色社会主义法治体系的复合型、应用型、创新型高素质立法专门人才及后备人才队伍。本微专业学生在毕业后5年左右预期能够较好地胜任立法专业工作,能够分析、处理较为复杂的立法事务,成为高素质立法专门人才；具有较高的理论素养，具有创造性思维和创新精神，具有从事立法研究工作的能力。

三、培养要求

本微专业学生除了具备法学专业学生基本要求，还应当达到以下要求：

（1）掌握立法基础理论。

（2）熟悉立法制度规范。

（3）具备复合立法素质。

（4）拥有立法实操能力。

四、核心课程设置

（一）专业理论课程

立法理论与制度、比较立法、立法技术与规范、地方立法

（二）专业实践课程

立法规划与起草实务、立法咨询与论证实务、备案审查实务、立法评估实务

（三）专业实习

专业实习

五、毕业学分

26 学分

六、颁发证书

"立法理论与实务"微专业结业证书

七、课程设置及学时分配表

课程号	课程组	课程名称	学分	学时	考核方式	开设学期	备注
07WZY00001	立法理论拓展课组	立法理论与制度	2	34	考试	2	
07WZY00002	立法理论拓展课组	比较立法	2	34	考试	2	
07WZY00003	立法理论拓展课组	立法技术与规范	2	34	考试	3	
07WZY00004	立法理论拓展课组	地方立法	2	34	考试	3	
07WZY00005	立法实务强化课组	立法规划与起草实务	2	2周	考查	4	
07WZY00006	立法实务强化课组	立法咨询与论证实务	2	2周	考查	4	
07WZY00007	立法实务强化课组	备案审查实务	2	2周	考查	5	
07WZY00008	立法实务强化课组	立法评估实务	2	2周	考查	5	
07WZY00009	立法技能训练与提升课组	专业实习	10	10周	考查	6	定向立法实务部门

八、主要课程与培养能力、素质要求对应关系

课程名称	能力			素质		
	专业能力	创新思维	合作沟通	人文素质	职业伦理	社会责任感
立法理论与制度	H	L	L	M	H	H
比较立法	H	L	L	M	M	M
立法技术与规范	H	M	M	M	M	M
地方立法	H	M	M	M	M	H
立法规划与起草实务	M	H	H	M	M	H

续表

课程名称	能力			素质		
	专业能力	创新思维	合作沟通	人文素质	职业伦理	社会责任感
立法咨询与论证实务	M	H	H	M	M	H
备案审查实务	M	H	H	M	M	H
立法评估实务	M	H	H	M	M	H
专业实习	M	H	H	M	M	H

备注：H：高支撑；M：中支撑；L：低支撑

"立法理论与实务" 微专业人才培养实施方案

一、培养目标

本微专业旨在努力培养一支信念坚定、品德优良、本领过硬，具有扎实的法学理论基础和熟练的职业技能、合理的知识结构，具备高效高质量立法能力与创新能力，熟悉和坚持中国特色社会主义法治体系的复合型、应用型、创新型高素质立法专门人才及后备人才队伍。本微专业学生在毕业后 5 年左右预期能够较好地胜任立法专业工作，能够分析、处理较为复杂的立法事务，成为高素质立法专门人才；具有较高的理论素养，具有创造性思维和创新精神，具有从事立法研究工作的能力。

二、选拔方式与时间

选拔方式："立法理论与实务" 微专业实行自愿报名、择优录取的原则，以笔试和面试相结合的方式，从法学专业大一学生中遴选 20 名优秀本科生。

选拔时间：每学年春学期初，首次选拔时间为 2022 年（2021 级）。

三、培养方案和培养方式

（一）培养方案

"立法理论与实务" 微专业培养方案以培养应用型、复合型立法人才为目标，以夯实专业基础、培养复合能力、强化立法技能为特色。

夯实专业基础。在以十六门法学主干课程为核心进行专业体系化培养的基础上，以人大、政府和其他机构对立法专业人才专业能力和专业结构的需求为参照，制订"立法理论与实务"微专业考核标准，构造立法理论拓展课组、立法实务强化课组、立法技能训练与提升课组三大课程模块，由专业教师和知名立法专家实施立法教学指导，并定期请立法机关等立法实务机构对专业设置质量进行评价。

培养复合能力。坚持立法专业与通识教育相结合的宽口径培养路线，哲学、伦理学、政治学、社会学、语言学、逻辑学、经济学等其他人文社会科学与立法背景、立法知识、立法技术和技能的协调，为学生构建合理的立法知识和技能体系。三大专业课程模块对学生的立法理论知识进行深度和广度的扩展，使学生的立法实践能力和立法技能进一步强化和提升，培训学生形成整合运用法律知识、法律技术、法律制度处理立法实务的能力。通过实务的反复训练，深化学生对立法知识的理解和对立法技能把握的能力，了解、感受、掌握立法知识实际应用的一般规律和方法。

强化立法技能。在专业课程模块的设计和实施上，注重运用法律文本研读、立法协调与磋商、法律检索及信息处理训练、立法模拟、立法竞赛、立法机构实习等多元教学手段，以真实立法案例为素材，以教师指导与学生直接参与并自主研发立法方案为过程，以专业评议、立法机构反馈为评价反思机制，培养学生形成理论、制度、政策、语言、技术、社会实效融会贯通的立法能力结构。

（二）培养方式

1. 项目制

以项目为依托，以学生为主体，创新项目学习方法。学生全部进入立法项目组，在导师指导下，实现立法调研、起草、论证、评估等立法全过程、全链条参与。创新和完善立法人才的培训机制，以科学合理的立法培训方案和进度安排为规划，利用专业立法实践，激发学生学习热情，实施渐进深入、循环认知、多元整合、高强度密集化的立法专业训练，建立良好的培育机制。

2. 导师制

充分利用立法人才培养的小规模便利，实施"师徒式"针对性教学。聘请立法实务部门专家和富有立法理论和实务经验的校内优秀教师，一起组成导师团队，指导学生全程参与立法活动，让学生从立法者的立场了解立法工作规程，制定立法工作方案，熟习法律法规的写作技术，掌握立法规则与立法技巧，形成以立法业务为取向的法律实务专业结构。

3. 与实务部门合作培养

在加强现有立法研究基地、立法联系点建设的基础上，持续深化与省内11个设区的市人大的立法合作，积极对接和服务雄安新区建设，重点推动生态环境、应急管理等特色基地建设；通过推动"三个拓展"，即向省市政府职能部门拓展、向京津立法机关拓展、向中央立法机关拓展，为高素质立法专业人才培养搭建足够的立法实习实训平台，进一步提升"五个共同"的成效。

四、学生管理

微专业不单独编班，但是所选拔的同学必须选修"立法理论与实务"微专业人才培养方案所要求的全部课程。

五、学分置换

培养方案中的专业实习课程可以置换法学专业人才培养方案、卓越法律人才教育培养实验班人才培养方案、涉外法律人才教育培养实验班人才培养方案中的专业核心课的专业实习课程学分，其他立法课程可以置换法学专业相关人才培养方案中的学科拓展课和专业拓展课的学分。

六、组织保障

为保障教育培养计划有效执行，学校成立"立法理论与实务"微专业人才培养工作小组，负责对本微专业人才培养方案和实施方案的开展进行监督、管理和修订。成立"立法理论与实务"微专业人才培养导师组，负责本微专业的教学与专业指导工作。

七、转专业

按照河北大学相关规定执行。

八、合格标准

学生在规定学习年限内修完"立法理论与实务"微专业人才培养方案规定的全部课程，完成全部教学环节，达到本微专业要求的总学分及各环节所要求的 26 学分，其中理论教学 8 学分，实践教学环节 18 学分，颁发结业证书。

九、颁发证书

"立法理论与实务"微专业结业证书。

附件 3

河北大学法学院近五年立法项目

项目名称	主持人	立项时间
《河北省水污染防治条例（草案）》论证	刘广明	2018 年
河北省人民政府规章审视与评估	孟庆瑜	2018 年
张家口市 2017 系列立法项目委托起草（共 5 项）	孟庆瑜	2018 年
河北省机动车污染防治条例立法项目研究	孟庆瑜	2018 年
张家口市滑雪场所安全管理办法规章草案的论证	马　雁	2018 年
《河北省生产经营单位安全生产隐患排查治理规定》立法调研与起草	尚海龙	2018 年
《河北省安全生产条例释义》编写	尚海龙	2018 年
《石家庄市人才发展促进条例》立法研究	尚海龙	2018 年
《河北省有限空间作业安全生产监督管理办法》立法调研与起草	申　静	2018 年
坚持习近平新时代中国特色社会主义法治思想，推进京津冀协同发展与创新	陈玉忠	2018 年
《白洋淀水环境保护与污染防治条例》立法问题研究	孟庆瑜	2018 年
《河北省文明行为促进条例》委托起草	吕庆明	2018 年
《河北省优化营商环境条例》释义编写	孟庆瑜	2019 年
《保定市封山禁牧条例》立法问题研究	孟庆瑜	2019 年
《河北省信息化条例》修订研究	孟庆瑜	2019 年
委托起草《承德市城市机动车停车场所建设和管理条例（送审稿）》	刘广明	2019 年
委托起草《承德市养犬管理条例（送审稿）》	范海玉	2019 年
省级党内法规制定权限研究	伊士国	2019 年
《清西陵保护管理条例》立法问题研究	伊士国	2019 年

项目名称	主持人	立项时间
生态环境法律保障机制研究	刘 茜	2019 年
雄安新区立法体制问题研究	陆 州	2019 年
《河北省环境保护条例》修订	孟庆瑜	2019 年
《承德市农村环境卫生管理条例（草案）委托立法》	孟庆瑜	2019 年
《河北省冶金企业安全生产监督管理条例》立法调研与起草	尚海龙	2019 年
《保定市城市公共交通管理条例（暂定名）（草案）》委托立法合同书	孟庆瑜	2019 年
《河北省结合民用建筑修建防空地下室管理规定》后评估及立法项目	孟庆瑜	2019 年
河北省设区市规章审视	尚海龙	2019 年
《保定市居民住宅项目配建中小学校幼儿园移交管理办法（试行）》《保定市居民住宅项目配建中小学校幼儿园资金缴纳标准和管理使用办法（试行）立法研究》	尚海龙	2019 年
加强重点领域地方立法研究	孟庆瑜	2019 年
法治雄安示范区建设研究	尚海龙	2019 年
《廊坊市烟花爆竹安全管理办法》等立法后评估	尚海龙	2019 年
《河北省促进绿色建筑发展条例》释义编写	孟庆瑜	2020 年
承德市规范性文件审查	孟庆瑜	2020 年
保定市历史文化名城保护立法项目	陈玉忠	2020 年
《廊坊市房屋租赁管理暂行办法（草案）》《廊坊市城市停车场管理办法（草案）》审查论证、修改完善	尚海龙	2020 年
《定兴县扬尘污染防治专项规划》编制研究	尚海龙	2020 年
《唐山市防灾减灾救灾条例》委托起草	孟庆瑜	2020 年
《河北省生态环境保护条例》释义	孟庆瑜	2020 年
公共卫生事件依法防控问题研究	苏艳英	2020 年
保定市科技创新生态体系建设实效评估	袁 刚	2020 年
《廊坊市国土绿化条例（草案）》《廊坊市政府规章制定程序规定（修订草案）》审查论证、修订完善	尚海龙	2020 年
《河北省扬尘污染防治方法（草案）》委托起草	尚海龙	2020 年
《张家口市相对集中行政许可权实施办法》委托起草	孟庆瑜	2020 年
提供垄断案件咨询及公平竞争审查评估	王心怡	2020 年
《承德市水源涵养功能区保护条例》立法后评估	孟庆瑜	2020 年
河北省省直部门及设区市行政规范性文件合法性审核	尚海龙	2020 年

项目名称	主持人	立项时间
"保定市药品零售和医疗器械经营企业"改革成效评估	汪远忠	2020 年
《承德市旅游市场管理条例（草案）》立法委托协议	孟庆瑜	2021 年
国际比较视角下的生物安全法律机制研究	宋　阳	2021 年
设区的市地方性法规审查批准制度研究	伊士国	2021 年
我国住房保障的法治构建研究	孟庆瑜	2021 年
《石家庄市农村聚餐食品安全管理办法》立法后评估和修订	申　静	2021 年
《河北省审批服务管理办法》委托起草	孟庆瑜	2021 年
《河北省中医药条例》修订	陈　佳	2021 年
保定市居家养老条例	申　静	2021 年
《石家庄市停车场管理办法（送审稿）》立法审查	陈　佳	2021 年
《石家庄市城乡网格化服务管理条例（送审稿）》立法审查	陈　佳	2021 年
"十四五"时期建设法治政府、推进法治保定建设思路举措研究	尚海龙	2021 年
《法治保定建设规划（2021—2025 年）》《保定市法治社会建设实施方案（2021—2025 年）》《法治保定分工》《法治社会分工》编制	许双全	2021 年
乡村振兴的法律促进	范海玉	2021 年
保定市城市供水用水管理条例	孟庆瑜	2022 年
保定市 12345 热线接诉即办条例 4 立法编制	孟庆瑜	2022 年
河北省地方性法规体系完善研究	陈　佳	2022 年
《河北省数字经济促进条例》宣讲材料撰写研究	刘广明	2022 年
沧州"一码（卡）通办"项目合作银行筛选方案公平竞争审查评估	刘广明	2022 年
市政府规章、行政规范性文件；省政府部门行政规范性文件备案审查	尚海龙	2022 年
《大厂回族自治县文明行为促进条例》立法问题研究	伊士国	2022 年
承德市历史文化名城保护立法项目	刘广明	2022 年
《唐山市生态环境保护条例》立法项目	刘广明	2022 年
《保定市物业管理条例》立法研究项目	申　静	2022 年
保定市网络预约出租汽车经营服务管理办法后评估项目	申　静	2022 年
《河北省审批服务管理办法》委托起草	孟庆瑜	2022 年

后　记

　　本书是教育部首批新文科研究与改革实践项目"政产学研协同育人模式下的立法人才培养机制研究"（项目编号 2021090019）的最终研究成果。在国际国内环境发生深刻复杂变化的背景下，我国立法工作面临的任务越来越重、难度越来越大、要求越来越高、节奏越来越快的纷繁社会场景，这也决定了立法人才应当具备更高标准、更高质量的复合型素质。然而，无论是设置"法学+N"特色课程体系还是跨学院交叉联合培养等方式，高校面向复合型卓越法治人才培养的"实验"大多浅尝辄止，人才培养"四不像"等实验副作用依然明显。起步探索阶段的立法人才复合型素质培养仍应当将重点置于学生的跨学科思维能力、非专业领域学习能力、法学思维转换能力以及职业场景代入能力等方面。政产学研协同育人模式是针对立法人才培养复杂性的应对之策，是多元主体围绕立法人才培养形成教育资源整合的过程。立法人才培养在未来的高质量发展需要政产学研各主体共同化解横亘于协同组织间的育人初心、利益分配、评判标准等诸多矛盾关系，以破茧精神共同构建动态、开放的合作教育网络系统和运行机制。鉴于政产学研协同参与立法人才培养在我国仍处于实验探索阶段，可供借鉴的理论与实践成果依然有限。本成果初步从立法人才培养的重要意义、理念重塑、政产学研协同育人模式与立法人才培养的逻辑契合性和具体运行机制出发，尝试打开立法人才培养相关理论研究的突破口。同时，法治人才培养的关键在于实践，政产学研协同育人模式下的立法人才培养还需根据立法工作实际、学生教育需求、多元主体现实需要等时境而形成特色化人才培养路径。申言之，本成果以培养高质量立法人才为目标，以政产学研深度协同为主线，破除培养机制壁垒，探索革新人才培养目标、优化人才培养方案、调整课程设置、合作开发教材、共建教学团队、协作建设教学基地，系统构建立法人才培养新机制，为高等法学教育教学改革和立法专门人才培养提供体系化解决方案。

同时还需说明的是，本项目对于立法人才培养的理论研究与实践探索，绝非是对现行法学教育模式的整体性或系统性否定，而是在现行法治人才培养模式基础上，结合全面依法治国、建设法治中国的现实需要，适应科学立法、民主立法、依法立法的客观需求，深化政产学研融合发展，探索建立一种价值引领、知识传授、能力培养有机结合的复合型、创新型法学教育和法治人才培养新体系。面向未来，我国法学教育体系还需适应国家或地区立法工作的现实需要，厚植培育高质量立法人才的优质土壤，紧紧围绕立法人才培养目标，大力推进课程体系和教学方式等体制机制方面的改革与实践，逐步形成各具特色的立法人才培养模式和长效机制，为完善中国特色社会主义法律体系，推进法治国家、法治政府、法治社会建设，持续提供有力的人才保证和智力支持。

本成果是在学校教务处等有关职能部门和法学院、国家治理法治化研究中心的热情支持下，由课题组成员共同商定写作大纲、分工撰写完成的，最后由课题负责人孟庆瑜教授审核定稿。具体撰写分工如下：

前　言：孟庆瑜（河北大学法学院教授、博士生导师）；

第一章：张思茵（华北理工大学文法学院讲师、法学博士）；

第二章：高雅楠（河北大学法学院师资博士后）；

第三章：刘广明（河北大学法学院教授、博士生导师）；

第四章：尚海龙（河北大学法学院教授、博士生导师）；

第五章：陈　佳（河北大学法学院教授、法学院院长）。

其间，阚珂（全国人大常委会法工委原副主任）、周英（河北省人大法制委员会副主任委员）、赵树堂（河北省司法厅一级巡视员）等立法实务专家参与了项目申报、研究方案制定、立法项目实践等方面工作，课题组成员申静、吕庆明、刘茜、徐超等参加了项目申报、研究方案论证与实施等方面工作，河北大学法学院博士研究生李汶卓等参与了项目调研和阶段性成果的撰写工作。

值此本书付梓出版之际，谨向为本书付出辛勤劳动和智慧的全体同人表示感谢！向支持本课题立项和有效实施的立法实务机关、兄弟院校同行专家、河北大学有关职能部门表示感谢！向知识产权出版社给予的支持与协助表示感谢！

孟庆瑜

2023 年 9 月 2 日于河北大学